KB104656

몽골제국의 후예들

A History of the Mongol Successor States in Central Eurasia
by Joo-Yup Lee

― 티무르제국부터 러시아까지,

몽골제국의 후예들

이주엽 지음

몽골제국 이후의 중앙유라시아사 ―

책과함께

일러두기

- 외국 인명·지명 등의 한글 표기는 주로 국립국어원의 외래어표기법을 따르되, 경우에 따라 관행화된 표기나 원발음에 가까운 표기를 하기도 했다(예: 투르크).
- 페르시아어, 아랍어, 투르크어 단어들의 로마자 표기는 주로 《International Journal of the Middle East Studies》의 방식을 따랐다.

이 책을 고^故 안 소피아Sofia An 교수님(1966~2019)의
영전에 바칩니다.

들어가며

    몽골제국은 어떻게 되었는가? 어떤 유산을 남기고 세계사의 무대에서 사라졌는가? 이 물음은 필자가 몽골제국사를 처음 접한 이후부터 늘 관심을 가져온 주제이다. 《몽골제국의 후예들》은 이에 대한 오랜 탐구의 결실로서 "몽골제국은 어느 한 시점에 소멸한 것이 아니라 여러 계승국가로 분화, 발전했으며, 주요 유라시아 제국의 등장에도 영향을 줌으로써 근대 유라시아의 출현에 기여했다"는 메시지를 담고 있다.

    이 책의 큰 틀은 필자가 토론토대학교에서 행하는 몽골제국사 강의를 바탕으로 한다. 독자들은 이 책에서 역사 전공 학생 혹은 전문 연구자가 아니면 직접 찾아보기 힘든 정보와 지식을 접할 수 있을 것이다. 독자들이 이 책을 읽고 몽골제국사의 관점에서 포스트 몽골 시대의 중앙유라시아를 바라보는 시각을 갖게 되기 바란다.

    이 책의 집필과 출판에 도움을 주신 분들께 깊은 감사의 말씀을 전한다. 우선 필자의 연구에 늘 관심과 지지를 보내준 고故 안 소피아 나자르바예프 대학교 교수의 영전에 이 책을 바친다. 안중근 의사의 친족인 안 소피아 교수는 안타깝게도 작년 9월 위암으로 세상을 떠났다.

필자의 논저들을 칭찬하고 격려해주신 오스만제국사의 대가 빅토르 오스탑축Victor Ostapchuk 지도 교수님, 티무르제국사 연구의 권위자 마리아 섭텔니Maria Subtelny 지도 교수님, 무굴제국사 연구의 권위자 스테판 데일Stephen Dale 교수님, 투르크·몽골 유목민족사 연구의 일인자 피터 골든Peter B. Golden 교수님, 주치 울루스 연구의 대가 이스트반 바사리Istvan Vasary 교수님, 몽골사 연구의 대가 크리스토퍼 아트우드Christopher Atwood 교수님과 티모시 메이Timothy May 교수님께도 뜻깊은 감사의 마음을 전한다.

단국대학교 몽골학과 대학원에서 필자를 가르치신 고故 강신 교수님과 서영수, 이성규, 유원수, 박원길, 김선호 교수님, 한국의 몽골사와 유목민족사 연구에 기여하신 주채혁, 김호동, 박한제, 이희수, 이평래, 정재훈, 이은정 교수님께도 큰 빚을 졌다는 말씀을 드린다.

그리고 이 책이 학술서임에도 출간제안서와 서문만을 보고 출판을 결정해주신 류종필 대표님과 이정우 편집장님, 원고를 잘 다듬어 책으로 완성해준 정큰별 편집자님께 고개 숙여 감사드린다.

필자의 연구를 재정적으로 후원해준 여동생 이지양 님과 사촌형 임호준 변호사님께도 마음 깊이 감사드린다. 끝으로 불효자를 낳고 길러주신 부모님, 나의 자녀들 재현, 재준, 재인이와 가난한 선비의 아내로 함께 살아온 부인 임리아 님께 사랑과 미안한 마음을 전한다.

토론토에서 이주엽

차
례

들어가며   6

서장 유라시아 대륙을 제패했던 몽골제국은 14세기 이후
어떻게 되었는가?   17

1. 18세기 초 유라시아 대륙의 몽골제국 후예들   19

2. 몽골제국 울루스 체제의 지속성   21

3. 몽골제국과 초기 근대 유라시아 제국들   26

1부 중앙아시아와 인도의 차가다이 몽골 계승국가들

1장 티무르제국: 티무르가 건설한 제2의 몽골제국   33

1. 티무르는 몽골인인가 투르크인인가?   35

2. 차가다이 몽골인 국가인 티무르제국   40

3. 정복자 티무르   43

4. 샤루흐 지배하의 티무르제국   54

5. 후기 티무르제국   60

2장 무굴제국: 인도의 '몽골'제국   65

1. 무굴제국은 왜 인도의 '몽골'제국인가?   67

2. 바부르와 무굴제국의 건설   70

3. 무굴제국의 전성기   77

4. 무굴제국의 쇠퇴와 멸망   83

3장 모굴 칸국: 동차가다이 울루스 국가　　　91

1. 모굴인은 몽골인인가?　　　93
2. 투글룩 테무르와 모굴 칸국의 수립　　　94
3. 15세기의 모굴 칸국: 티무르제국과의 세력 균형　　　96
4. 16세기 이후의 모굴 칸국: 동투르키스탄의 지배　　　99
5. 모굴 칸국의 멸망　　　105

2부 중동과 서아시아의 일 칸국 후예들

4장 오스만제국: 몽골 세계에서 탄생한 투르크제국　　　111

1. 일 칸국의 제후국이었던 초기 오스만 왕조　　　113
2. 오스만제국 내 칭기스 왕조의 위상　　　115

5장 잘라이르 왕조: 중동의 잊힌 몽골제국 계승국가　　　123

1. 몽골제국의 중동 지배는 언제까지 지속되었는가?　　　125
2. 잘라이르 왕조의 시조 샤이흐 하산　　　126
3. 샤이흐 우와이스와 잘라이르 왕조의 전성기　　　128
4. 술탄 아흐마드와 티무르의 대결　　　130

3부 동유럽과 중앙아시아의 주치 울루스 계승국가들

6장 모스크바 대공국: 주치 울루스를 계승한 초기 러시아제국   139

1. 몽골 지배가 남긴 긍정적 유산   141

2. 팍스 몽골리카와 러시아의 경제 발전   142

3. 모스크바 공국의 기원: 주치 울루스의 조세 징수 국가   143

4. 몽골제국 군사·정치 제도의 도입   145

5. 주치 울루스 출신의 용병들   146

6. 몽골 혈통의 러시아 군주들: 이반 4세, 시메온, 보리스 고두노프,
   표트르 대제   148

7장 크림 칸국: 16세기 동유럽의 군사 최강국으로 군림한
주치 울루스 계승국가   161

1. 몽골제국의 잊힌 계승국가   163

2. 크림 칸국의 건국   165

3. 16세기의 크림 칸국: 동유럽의 군사 최강국   168

4. 17세기의 크림 칸국   179

5. 크림 칸국의 쇠퇴와 멸망   186

8장 카자흐 칸국: 유라시아 초원의 마지막 칭기스 왕조 국가   189

1. 몽골제국의 산물인 카자흐인   191

2. 카자흐 칸국의 기원: 주치 울루스의 좌익   194

3. 주치 울루스의 분열과 우루스 왕조의 출현   195

4. 카자흐 칸국의 수립   199

5. 카자흐 칸국의 발전과 전성기   201

6. 카자흐 칸국의 쇠퇴와 멸망   207

9장 우즈벡 칸국: 중앙아시아에서 칭기스 왕조를 부흥시킨

몽골제국 계승국가   209

  1. 주치 울루스의 후예인 우즈벡인   211

  2. 마와라안나흐르(트란스옥시아나)의 우즈벡 칸국   216

  3. 페르가나의 우즈벡 칸국: 코칸드 칸국   234

  4. 호레즘의 우즈벡 칸국: 히바 칸국   238

4부 동내륙아시아의 몽골제국 후예들

10장 청제국: 몽골인의 협력으로 건설된 만주인의 제국   249

  1. 만주인의 非중국인 정체성   251

  2. 청제국의 건설과 경영에 이바지한 몽골인   252

  3. 몽골의 보르지긴 가문과 만주의 아이신 기오로 가문 254

11장 북원: 대원제국의 후예   257

  1. 북원北元은 몽골제국의 유일한 계승국가인가?   259

  2. 1368년 대도의 함락과 북원 시대의 개막   262

  3. 에센 타이시와 오이라트제국의 건설   268

  4. 다얀 칸과 칭기스 왕조의 부흥   269

  5. 알탄 칸과 16세기 몽골 울루스의 전성기   272

  6. 릭단 칸: 북원의 마지막 대칸   274

  7. 몽골의 할하 투멘: 현대 몽골의 전신   276

나오며   283

주   289

참고문헌   311

찾아보기   337

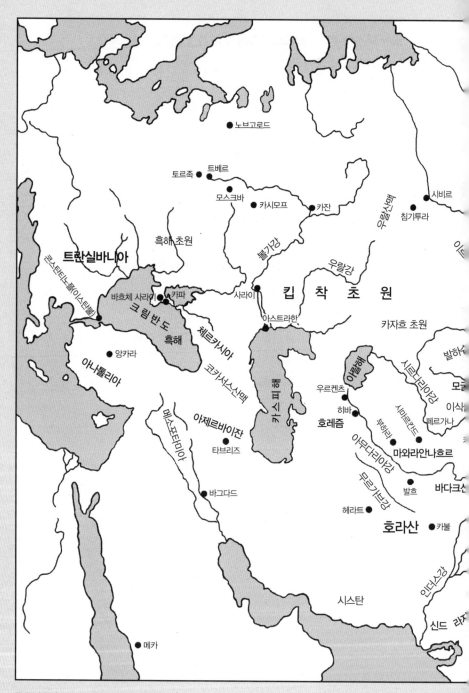

노브고로드

트베르
토르족
모스크바 • 카시모프 카잔 시비르
침기투라

흑해 초원
볼가강 우랄강
트란실바니아 킵 착 초 원

콘스탄티노플(이스탄불) 카자흐 초원
바흐체 사라이 • 카파
크림반도 사라이 발하
체르카시아 아스트라한 아랄해 시르다리야강
흑해 시스탄
앙카라 우르켄츠 이식
아나톨리아 코카서스산맥 히바 사마르칸트 페르가나
카스피 해 호레즘 부하라 모
아제르바이잔 마와라안나흐르

메소포타미아 타브리즈 아무다리야강 바다크산
바그다드 무르가브강 발흐

헤라트 • 호라산 카불

인더스강
시스탄

신드 라
메카

몽골제국과 포스트 몽골 시대의 중앙유라시아

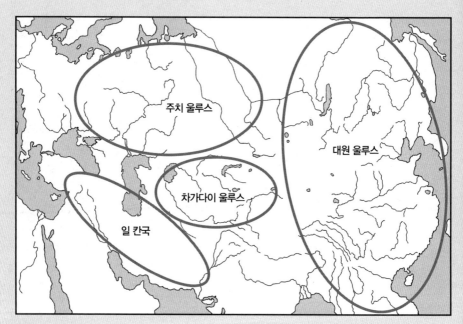

몽골제국의 4울루스

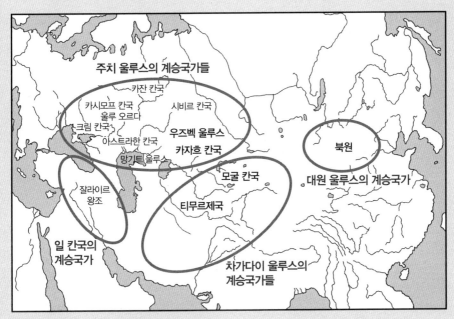

몽골제국의 계승국가들(14세기 중반에서 15세기 말)

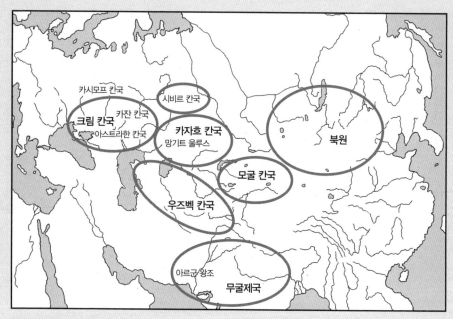

카시모프 칸국

시비르 칸국

크림 칸국

카잔 칸국

아스트라한 칸국

카자흐 칸국

망기트 울루스

북원

모굴 칸국

우즈벡 칸국

아르군 왕조

무굴제국

몽골제국의 계승국가들(16세기/최대 판도)

유라시아 대륙을 제패했던 몽골제국은
14세기 이후 어떻게 되었는가?

1. 18세기 초 유라시아 대륙의 몽골제국 후예들

13세기 중반 몽골제국은 동으로는 태평양에서 서로는 지중해, 남으로는 인도양에서 북으로는 바렌츠해에 이르는 광활한 지역을 지배하는 세계 제국으로 발돋움했다. 현대 유라시아의 대국들인 러시아, 인도, 중국뿐 아니라 터키, 이란, 카자흐스탄과 같은 서아시아와 중앙아시아의 주요 국가들이 한때 몽골제국과 그 계승국가들의 지배를 받았다. 그런데 이처럼 유라시아 대륙을 제패했던 몽골제국은 이후 어떻게 되었는가? 그리고 어떤 유산을 남겼는가?

잠시 《투르크인의 계보Shejere-i Türk》라는 역사서로 눈을 돌려보자. 《투르크인의 계보》는 칭기스 칸Chinggis Khan(1206~1227 재위)의 후예 아불 가지 칸Abū al-Ghāzī Khan(1643~1663 재위)이 태고부터 17세기 중후반에 이르는 시기의 칭기스 일족의 역사를 기록한 몽골제국사이다. 포스트 몽골post-Mongol 시대의 중앙아시아에서[1] '투르크'란 명칭은 현대적 개념의 투르크인이 아니라 몽골인으로 대표되는 '내륙아시아 유목민'을 의미했기 때문에 이 역사서는 '몽골인의 계보'로 이해하면 된다. 《투르크인의 계보》의 첫 불역본 제목이 《타타르인의 계보Histoire généalogique des Tatars》, 즉 '몽골인의 계보'였던 것도 이런 연유다.

그런데 이 《투르크인의 계보》가 다루는 칭기스 일족의 역사는 이 문헌이 유럽에 소개된 18세기 초중반 당시에도 현재 진행 중인 역사였다.[2] 당시 유라시아 세계를 조망해보면 칭기스 일족은 여전히 서로는 러시아 남부의 크림반도와 흑해 초원(크림 칸국)에서, 동으로는 카자흐 초원(카자흐 칸국)과 현 우즈베키스탄(우즈벡 칸국)에 이르는 중앙유라시아의 광대한 지역을 통치하고 있었다. 칭기스 칸의 후예들이 몽골 초원(북원)에서 만주인의 청제국에 병합된 것은 불과 수십 년 전의 일이었고, 이들은 인도 대륙(무굴제국)에서도 여전히 권좌를 지키고 있었다. 18세기 초중반 당시에도 몽골제국은 그 후예들이 여전히 옛 영역의 상당 부분을 지배하고 있는 현존하는 실체였던 것이다.

이 책은 "유라시아 대륙을 제패했던 몽골제국은 14세기 이후 어떻게 되었는가"라는 물음에 답하기 위해 몽골제국이 해체되기 시작한 14세기 중반에서 칭기스 칸의 후예들이 유라시아 대륙 각지에서 마지막으로 권좌를 유지했던 18세기 중반 사이의 400여 년에 걸친 몽골제국의 '후기 역사'를 살펴본다. 몽골제국이 러시아와 오스만제국과 같은 유라시아 제국들의 출현과 발전에 기여하는 동시에 티무르제국, 무굴제국, 우즈벡 칸국, 카자흐 칸국, 크림 칸국과 같은 강력한 계승국가들로 분화, 발전함으로써 '근대 유라시아의 형성'에 중대한 역할을 했다는 것이 이 책의 주된 메시지이다.

2. 몽골제국 울루스 체제의 지속성

몽골제국은 어느 한 시점에 소멸한 것이 아니다. 몽골제국은 칭기스 칸의 손자 쿠빌라이Khubilai Khan(1260~1294 재위)가 1260년 대칸의 자리에 오른 시점부터 중앙집권적 제국이 아닌 4울루스³ 병립 체제를 이루었다. 몽골 초원과 중국, 티베트를 지배한 대칸 울루스와 더불어 아나톨리아(현 터키 반도)에서 아프가니스탄에 이르는 서아시아 일대를 지배한 일 칸국, 킵착 초원(흑해 북안에서 카자흐스탄에 이르는 초원 지역)과 러시아 지역을 지배한 주치 울루스, 동서 투르키스탄(현 중국 신장 남반부와 우즈베키스탄에 해당하는 지역)과 천산산맥 북방의 초원 지역을 지배한 차가다이 울루스가 몽골제국의 4대 울루스였다.⁴

1271년 대원大元으로 국호를 개칭한 대칸 울루스는 명목상의 종주국이었지만 중앙 정권의 역할을 하지는 못했다. 몽골제국은 1259년에 4대 대칸 뭉케Möngke(1251~1259 재위)가 사망한 이후 장기적인 내분을 겪었다. 뭉케의 동생들인 쿠빌라이와 아릭 부케Ariq Böke가 칸위 쟁탈전을 벌였으며, 승자 쿠빌라이는 3대 대칸 우구데이Ögödei(1229~1241 재위)의 손자 카이두Qaidu와도 수십 년에 걸친 전쟁을 치렀다. 그사이 일 칸국은 주치 울루스, 차가다이 울루스와 국경 분쟁을 벌였다. 즉, 각 울루스들은 사실상 개별 제국들로 존재했던 것이다.

몽골제국이 강력한 계승국가들로 분화, 발전했다는 말은 몽골제국의 울루스들이 14세기 중반 전후 공통적으로 혼란기를 거치며 약화되거나 분열되었지만, 15세기 초 소멸한 일 칸국의 계승 세력을 제외하고는 17세기 말까지 유라시아 대륙 각지에서 강력한 군사·정치적 세력을 유지했고, 특히 16세기에는 제2의 전성기를 누렸던 사실을 말한다.

14세기 중엽 내분과 전염병 등으로 인해 쇠약해진 대원 울루스는 1368년 수도 대도大都(현 북경)가 중국 한인漢人의 명제국(1368~1644)에 함락된 이후 그 영역이 몽골 초원으로 축소되었다. 원의 후예들은 15세기 중반까지 오이라트 집단에 밀려 세력이 더욱 위축되었으나 16세기 들어 쿠빌라이 칸의 후손인 다얀 칸Dayan Khan(1480?~1517? 재위)과 그의 손자 알탄 칸Altan Khan(1508~1582)의 치세에 전성기를 맞이했다. 내부적으로는 오이라트 집단을 제압하며 몽골 초원을 평정했고, 대외적으로는 명나라를 군사적으로 압박해 1571년에는 명이 거부해오던 통상 조약 체결을 관철시켰다. 이후 쿠빌라이 칸의 후예들은 만주인의 청제국에 병합당하는 17세기 말까지 몽골 초원에서 정권을 유지했다.

14세기 말 이후 번영기를 누리던 일 칸국에서는 1335년에 아부 사이드 칸Abū Saʿīd Khan(1316~1335 재위)이 후사 없이 사망하면서 칸위 계승 분쟁이 벌어졌다. 이어서 1353년에 토가 테무르 칸Togha Temür Khan(1335~1353 재위)이 암살되면서 칭기스 일족의 중동 지배가 막을 내렸고, 일 칸국은 여러 정권으로 분열되었다. 그렇지만 일 칸국의 영역에서 몽골인의 지배는 잘라이르 왕조(1336~1411)를 통해 15세기 초까지 지속되었다. 일 칸국의 중심부였던 아제르바이잔(이란 서북부 지역과 현 아제르바이잔을 포괄하는 지역)과 이라크를 지배한 몽골계 잘라이르 왕조는 샤이흐 우와이스Shaikh Uvays(1356~1374 재위)의 치세에 전성기를 누리며 일 칸국의 옛 제후국가들에 종주권을 행사했다. 잘라이르 왕조는 차가다이 울루스의 티무르Temür(1370~1405 재위)의 침공을 받아

쇠망할 때까지 일 칸국 옛 영역의 서반부에서 맹주의 지위를 지켰다.

우즈벡 칸Uzbek Khan(1313~1341 재위)의 치세에 전성기를 누린 주치 울루스는 1359년에 우즈벡 칸의 손자 베르디 벡 칸Berdibeg Khan(1357~1359 재위)이 암살된 후 20여 년에 걸친 극심한 칸위 계승 분쟁에 휘말리게 되며 그 세력이 크게 약화되었다. 1395년 티무르의 침공으로 궤멸적인 타격을 입은 후에는 여러 계승국가들로 분열되기 시작했다. 결국 15세기 중반이 되어 주치 울루스의 우익(흑해 초원과 볼가-우랄 지역)은 울루 오르다, 크림 칸국, 카잔 칸국, 아스트라한 칸국, 카시모프 칸국 등으로 나뉘었다. 이들 중 크림반도를 중심으로 흑해 초원에서 코카서스산맥에 이르는 지역을 지배한 크림 칸국은 주치Jöchi(1225년 혹은 1227년 사망)의 후손인 멩글리 기레이 칸Mengli Girāy Khan(1466~1515 재위)과 그의 아들 메흐메트 기레이 칸Meḥmed Girāy Khan(1515~1523 재위) 의 통치기를 거치며 동유럽의 군사 최강국으로 발돋움했다. 이들은 울루 오르다를 멸망시키고 카잔 칸국과 아스트라한 칸국을 정복했다. 이반 4세Ivan IV(1533~1584 재위)하에 러시아(모스크바 대공국)가 강대국으로 부상했지만 크림 칸국은 1571년에 모스크바를 점령하는 등 러시아에 공세를 취해나갔고, 1655년에 발발한 제2차 북방전쟁에도 폴란드의 동맹국으로 참전해 스웨덴군, 브란덴부르크-프로이센군, 헝가리군 등을 상대로 승리를 거두는 등 17세기 중반에도 동유럽에서 군사강국으로 군림했다. 이러한 실력을 바탕으로 크림 칸국은 17세기 말까지 러시아와 폴란드로부터 공납을 받았다.

주치 울루스의 좌익(현 카자흐스탄 지역)은 주치의 후손인 아불 하이르 칸Abū al-Khair Khan(1428~1468 재위)의 치세에 통일 상태를 유지했으나 16세기 초 카자흐 칸국과 우즈벡 칸국으로 나뉘었다. 아불 하이르 칸의 손자 무함마드 시바니 칸Muḥammad Shībānī Khan(1501~1510 재위)이 서투르키스탄(현 우즈베키스탄 일대)을 정복하고 세운 우즈벡 칸국은 압둘라 칸ʿAbdallāh Khan(1583~1598 재위)의 치세에 무굴제국과 사파비제국을 상대로 영토를 확장하는 등 16세기 후반기에 동이슬람 세계의 최강국으로 군림했다. 우즈벡 칸국은 이후 망기트 왕조, 쿵그라트 왕조, 밍 왕조로 삼분되었지만 19세기 중반기까지도 중앙아시아의 정주 지역 대부분을 지배해나갔다. 카자흐 칸국은 카심 칸Qāsim Khan(1512?~1521? 재위)의 통치기를 거치며 중앙유라시아 초원에서 가장 거대한 유목 국가로 부상했다. 이후 카자흐 칸국은 19세기 초중반까지 존속하며 마지막으로 멸망한 칭기스 왕조 국가가 되었다.

차가다이 울루스는 14세기 초중반 케벡 칸Kebek Khan(1318~1326 재위)의 치세에 전성기를 맞이했다. 그러나 전성기 이후에 혼란기를 겪은 일 칸국과 주치 울루스와 마찬가지로 차가다이 울루스는 14세기 중반 동서 울루스로 분열되었다. 동투르키스탄(현 중국 신장 남반부)과 천산산맥 북방의 초원 지역을 지배한 동차가다이 진영은 16세기 들어와서는 카자흐 칸국과 우즈벡 칸국의 공세에 밀려 그 영역이 신장 지역으로 축소되었다. 그러나 차가다이 칸Chaghaday Khan(1242 사망)의 후예들은 17세기 말 오이라트인의 준가르제국에 정복될 때까지 동투르키스탄에서 정권을 유지했다. 서투르키스탄을 지배한 서차가다이 울루스에선 칭기스 일족의 권력이 약화되고 몽골계 부족장들이 실권을 장악했는데 이들 중 한 명이 몽골계 바를라스 부의 티무르였다. 그는 1370년 서차가다이 울루스의 권좌에 오른 뒤 활발한 정복활동을 펼쳐 차가다이 울루스, 주치 울루스, 잘라이르 왕조를 통합하며 몽골제국의 서반부를 재통일하는 데 성공했다. 더 나아가 델리 술탄국, 맘루크 술탄국, 오스만제국까지 차례로 제압하고 러시아 남부에서 북인도와 아나톨리아에 이르는 제2의 몽골제국을 건설했다. 티무르의 사후 티무르제국은 그 영역이 중앙아시아의 정주 지역으로 축소되었지만 티무르의 후예들은 서구 학자들이 '티무르 왕조의 르네상스Timurid Renaissance'라고 부르는 문예 전성기를 이끌었다. 티무르와 칭기스 칸의 후손인 바부르Babur(1494~1530 재위)는 티무르제국이 16세기 초 우즈벡 칸국에 패망한 뒤 티무르제국의 유민들을 이끌고 북인도에 무굴제국(1526~1857)을 세웠다. '무굴'제국이란 명칭은 16~17세기 유럽인들이 만들어낸 것으로 그 기원은 이들이 접한 인도 토착민들이 무굴제국의 지배 집단을 무굴인, 즉 몽골인이라 부른 데 있다. 무굴제국의 티무르 일족 또한 스스로를 몽골인의 후예라고 여겼고, 무굴 왕조를 '티무르' 혹은 '차가다이' 왕조라고 불렀다. 무굴제국은 악바르Akbar(1556~1605 재위)의 치세에 북인도 전역을 정복하며 강대국으로 부상했고, 타지마할을 건설한 샤 자한Shāh Jahān(1627~1658 재위), 인도 대륙의 남부를 정복한 아우랑제브Aurangzīb(1658~1707 재위)의 치세를 거치며 18세기 초까지 오랜 전성기를 누렸다.

이처럼 몽골제국의 후예들은 15세기 초까지 이라크에서 몽골 초원에 이르는 광대한 지역에서 4대 울루스 체제를 유지했고, 이들이 유라시아 대륙 각지에 세운 계승국가들은 16세기에 전성기를 누리고 17세기 말까지 지역 강국으로 군림했다. 17세기 중반 몽골제국 계승국가들의 권역은 4대 울루스 체제가 확립된 1260년경의 몽골제국 영역과

비교하면 중국과 중동 지역이 제외되고, 인도 대륙이 추가된 양상이었다.[5]

3. 몽골제국과 초기 근대 유라시아 제국들

앞서 살펴본 바와 같이 몽골제국의 4대 울루스의 역사를 보면 이후의 티무르제국과 무굴제국, 그 외의 여러 칸국이 몽골제국의 계승국가라는 것을 알 수 있다. 그렇다면 몽골제국이 러시아와 오스만제국처럼 몽골제국과 관련 없어 보이는 주요 유라시아 제국의 출현과 발전에 기여했다는 것은 무슨 말인가?

일부 몽골제국사 연구자들은 투르크멘인이[6] 주축이 되어 세운 오스만제국(1299~1922)을 몽골제국의 계승국가로 보기도 한다.[7] 여기에는 여러 가지 이유가 있다. 원래 오스만 왕조는 몽골 군대의 침공을 피해 중앙아시아에서 아나톨리아반도로 이주해 온 투르크멘 집단에서 기원했다고 알려져 있다. 그런데 초기 오스만제국의 사료들 중 가장 중요한 문헌 중 하나인《오스만 가문의 역사Tevârih-i Âl-i 'Oṣmân》는 오스만 왕조의 건국 집단이 투르크멘인과 몽골인의 혼합 집단이었다고 기록하고 있다.[8] 사료의 부족으로 정확한 내막은 알 수 없지만 14세기 초 오스만 왕조가 일 칸국 내에서 하나의 지방 정권을 구성했다는 점은 분명하다. 오스만제국은 1453년에 콘스탄티노플을 함락시키고 동로마제국을 멸한 뒤에 독자적 정통성을 내세웠지만 여전히 몽골제국을 모방의 대상으로 삼았다. 예컨대 술레이만Süleyman(1520~1566 재위)

을 포함한 몇몇 오스만 황제들은 칭기스 칸의 법인 '자삭'의 영향을 받아 자신들의 법전을 편찬했다. 그리고 일부 오스만제국의 문인들은 오스만 가문이 칭기스 가문과 혈연 관계에 있다고 주장했다. 그중 한 명인 문인 여행가 에블리야 첼레비Evliya Çelebi(1611~1684)는 자신의 여행기《세야하트나메Seyahatnâme(여행기)》에 오스만 왕조가 칭기스 가문과 조상을 공유하며, '타타르인' 집단에서 갈라져 나왔다고 주장했다.⁹ 또한 오스만제국의 정치·군사 엘리트 사이에선 오스만 왕조가 단절될 경우 크림 칸국의 칭기스 왕조가 제위를 이어야 한다는 시각도 존재했다.

근세 이란을 지배한 사파비제국(1501~1736) 역시 몽골제국의 유산 위에 출현했다. 그 시조 사피 알딘Safi al-Dīn(1252~1334)은 이슬람으로 개종한 일 칸국의 가잔 칸Ghāzān Khan(1295~1304 재위)과 후임 칸들의 후원 속에 성장한 일 칸국의 종교 지도자였다. 그가 이끈 사파비 수피(이슬람 신비주의) 교단은 일 칸국의 후광과 재정적 지원 덕분에 일 칸국의 중심부였던 아제르바이잔 지방에서 번성할 수 있었다. 사파비제국은 사피 알딘의 후손 샤 이스마일Shāh Ismā'īl(1501~1524 재위)이 사파비 교단을 추종하는 투르크멘 집단을 규합해 세운 나라이다. 이 외에도 18세기 말 이란에는 또 다른 투르크멘 국가인 카자르 왕조(1794~1925)가 등장했는데 이 왕조는 공식 역사서들을 통해 일 칸국 몽골인의 후예를 자처했다. 사실 잘라이르 왕조의 멸망 후 이란을 포함한 서아시아 지역에 거주했던 몽골 후예들의 행방에 대해서는 알려진 것이 많지 않다. 이들이 투르크멘 집단에 흡수되었을 것으로 추정될 뿐이다. 카자르 왕조의 몽골 후예 의식은 조작된 것일 수도 있지만 카자르 일족이 실제로 투르크멘 집단에 흡수되었던 일 칸국 몽골인들의 후손일 가능성 또한 배제해서는 안 될 것이다. 한편 일 칸국은 7세기 아랍제국의 이란 정복 이후 소멸되었던 '이란Iran' 정체성을 부활시켰다는 평을 받는다. 일 칸국의 지배자들은 '이란의 파디샤(황제)'라는 칭호를 사용하는 동시에 자국 영토를 '이란'이라고 지칭했는데 이를 통해 이슬람 정체성에 밀려 수 세기간 사라졌던 '이란'이라는 정치·지리적 개념이 부활했기 때문이다.

16세기 이전의 러시아도 몽골제국 계승국가라는 평을 많이 듣는다. 이는 몽골제국의 정복 이전 여러 공국으로 분열되어 있던 러시아가 주치 울루스를 추종한 모스크바 대공국에 의해 통일되었기 때문이다. 몽골제국 지배하에서 출현한 모스크바 대공국은 주치 울루스로부터 모든 러시아 공국들에 대한 조세 징수권을 위임받은 후 부를 축적하며 러시아 내 가장 강력한 세력으로 성장할 수 있었다. 이와 더불어 모스크바 대공국은 기병 전술과 역참제 등의 몽골 군사·행정 제도를 받아들이며 국가시스템을 정비했다. 또한 주치 울루스가 분열된 이후에는 그 유민들을 받아들여 군사력을 강화했다. 이들을 이끈 주치 울루스 출신의 칭기스 일족과 군 지휘관들은 모스크바 대공국의 지배층에 편입되어 영토 확장과 방어 과정에서 중요한 역할을 수행했다. 보리스 고두노프Boris Godunov(1598~1605 재위)가 바로 14세기 중반 러시아로 이주한 몽골 귀족의 후손이었다. 칭기스 일족은 러시아 사회에서 19세기까지도 귀족의 지위를 누렸는데 그중 한 명인 시메온 벡불라토비치Simeon Bekbulatovich는 1575년에 이반 4세에 의해 러시아의 수반으로 추대되기도 했다. 아울러 이반 4세와 표트르 대제Peter the Great

(1682~1725 재위)는 모계 선조를 통해 몽골인의 혈통을 이어받은 자들이었다.

일 칸국과 주치 울루스가 각각 오스만·사파비제국과 러시아제국의 출현 혹은 발전에 영향을 주었다면 북원 몽골은 청제국의 부상에 이바지했다. 17세기 들어 청제국에 병합된 몽골인들은 청의 주력 군사 조직인 팔기병의 한 축을 이루며 만주인의 중국 정복과 경영에 기여했다. 청의 시조 누르하치Nurhachi(1616~1626 재위)가 국가의 기틀을 세우기 위해 창제한 만주 문자는 몽골 문자를 차용·발전시킨 것이었다. 또한 청 황실은 몽골과의 동맹 강화를 위해 몽골 귀족 가문들과 혼인 관계를 맺었는데, 실제로 강희제(1661~1722 재위)를 포함한 순치제(1643~1661 재위) 이후의 청 황제들은 몽골인의 피를 이어받은 몽골제국의 후예들이었다.

일본의 몽골제국사 연구자 오카다 히데히로는 "몽골제국이 아시아와 동유럽에 남긴 유산은 로마제국이 서유럽에 남긴 유산과 유사했다"라고 말하며 몽골제국 최대의 유산은 러시아와 청제국을 계승한 중국이라고 강조한 바 있다.[10] 사실 오늘날의 몽골과 러시아, 중국뿐 아니라 인도 그리고 서아시아와 중동의 지역 강국들인 터키와 이란, 중앙아시아의 맹주인 카자흐스탄과 우즈베키스탄 등 수많은 유라시아 국가들이 몽골제국의 계승국가이거나 몽골제국의 유산 위에서 변화·발전한 나라이다. 이런 의미에서 근대 유라시아는 몽골제국의 산물이자 유산이라고 볼 수 있다. 이에 대해 살펴보는 것이 이 책의 목적이다.

중앙아시아와 인도의
차가다이 몽골 계승국가들

1장

티무르제국

티무르가 건설한 제2의 몽골제국

티무르제국은 14세기 후반부터 15세기 말까지 중앙아시아 지역 대부분을 지배한 몽골제국 계승국가이다. 서부 차가다이 울루스의 유목민 지배층을 계승했고, 스스로를 차가다이 울루스라고 불렀다. 그 건국자는 몽골 바를라스 부 출신의 티무르이다. 티무르는 옛 몽골제국의 서반부를 재통합하며 차가다이 울루스를 세계 초강대국으로 발돋움시켰다. 그의 후손들은 '티무르조 르네상스'라 알려진 문예 부흥을 일으켰다. 티무르 왕조는 16세기 이후 인도의 무굴제국으로 이어졌다.

1. 티무르는 몽골인인가 투르크인인가?

티무르제국의 건국자 티무르Temür(1370~1405 재위)는[1] 칭기스 칸을 존경하여 모방하고자 한 정복자이다. 그는 몽골계 바를라스 부의 일원이었지만 그의 모어는 몽골어가 아닌 포스트 몽골 시기 중앙아시아와 킵착 초원 유목민의 공통어였던 투르크어였다. 이런 까닭에 현대 역사가들은 티무르를 '투르크인' 혹은 '몽골인', '투르크화된 몽골인' 등으로 다양하게 지칭한다. 일부 역사가들은 14세기 차가다이 울루스의 칭기스 일족은 '몽골인'으로, 티무르는 '투르크인'으로 구별하기도 한다.

그러면 과연 티무르와 그의 후손들은 어떤 정체성을 가지고 있었을까? 15세기 초중반 편찬된 티무르제국의 공식 역사서들은 이 물음에 분명한 답을 제공한다. 이 역사서들은 티무르 일족이 '몽골인'이라고 기술한다. 티무르의 아들 샤루흐Shāhrukh(1409~1447 재위)의 명으로 편찬된 《무이즈 알안삽Muʿizz al-ansāb(계보의 강화자)》은 티무르 일가와 칭기스 일가의 계보를 상세히 기록한 문헌이다. 그런데 이 책은 티무르 일족을 '몽골인 지배자들salāṭīn-i Mughul'이라고 지칭한다.[2] 아울러 티무르 일족이 에르게네 쿤으로 피신했던 몽골인 두 명의 후손이라고 기록한다.[3]

티무르 본인의 '몽골인 정체성'은 그의 명으로 편찬된 니잠 알딘 샤미 Niẓām al-Dīn Shāmī의 《승전기勝戰記, Ẓafarnāma》를 통해 확인할 수 있다. 《승전기》는 다음과 같은 한 일화를 기록하고 있다. 티무르의 이라크 원정 당시 그의 부하들은 바그다드 인근의 카발라 사막에서 물 부족으로 인해 탈진 상태에 이르게 되었다. 겨우 소량의 물을 구해 나누어 마시기로 했는데 주치 울루스 출신의 이바즈 오글란이라는 자가 자신의 몫을 다 마신 후 차가다이인(티무르 왕조의 일원을 의미)인 아미르 잘랄에게 다음과 같이 말했다. "나는 갈증 때문에 정말 죽을 것 같네. 자네 몫도 내가 마시게 해주게나. 안 그러면 나는 정말 죽을 것 같네." 이 말을 들은 아미르 잘랄은 "좋다. 내가 차가다이인의 관용이 후대에 기억되도록 자네에게 내 물을 주겠네"라고 말하며 자신의 물을 양보했다. 나중에 이 이야기를 들은 티무르는 다음과 같은 말로 아미르 잘랄을 칭찬했다. "너는 키야트 출신의 우즈벡인(주치 울루스인을 의미)에게 네 물을 양보했으니 네 고귀한 행위는 차가다이 울루스(티무르제국) 내에서 오래 기억될 것이다." 이에 아미르 잘랄은 다음과 같이 화답했다. "네. 우리 몽골인은 이러한 단합과 관용으로 세계를 정복했습니다."[4]

티무르의 몽골인 정체성은 15세기 역사가 이븐 아랍샤Ibn ʿArabshāh의 기록을 통해서도 확인할 수 있다. 티무르는 1402년에 오스만제국을 침공하기에 앞서 당시 오스만 군대에 속해 있던 일 칸국 출신의 몽골인 집단에 서신을 보내 자신에게 투항할 것을 권유했는데 이때 다음과 같이 자신의 몽골인 정체성을 표현했다. "우리는 같은 민족이다. 우리의 조상은 같다. 우리는 한 나무에서 나온 싹이며 가지이다. … 왜 당신들은 과거 셀주크제국의 노예 출신 군주(오스만 술탄을 지칭)를 섬기는가?"[5]

몽골제국 후예의 기준은 무엇인가?

현대적 의미의 몽골인은 현 몽골국의 몽골어 사용 민족을 지칭한다. 이와 달리 몽골·포스트 몽골 시기의 몽골인은 칭기스 칸에 의해 하나로 통합되어 몽골제국을 건설하고 여러 울루스를 구성했던 유목민들을 지칭했다. 일 칸국의 역사서 《집사集史, Jāmi' al-tavārikh》는 이들을 신·구 몽골 부족들로 나눈다. 그런데 주치·차가다이 울루스의 유목민들은 점차 투르크어를 사용하게 되었고 그 계승국가들도 마찬가지였다. 그럼에도 불구하고 이들을 몽골제국의 후예로 볼 수 있는 근거는 무엇인가?

우선 몽골 계승국가들의 통치자들은 칭기스 칸의 후손들이었다. 크림·우즈벡·카자흐 칸국의 군주들은 칭기스 칸의 맏아들 주치의 후손들이었고, 무굴제국 황제들은 칭기스 칸의 둘째 아들 차가다이 칸의 후손들이었다. 티무르 일족은 칭기스 칸의 후손들은 아니었지만 몽골계 바를라스 부의 일원들이었다.

아울러 이들 국가들의 유목민 혹은 유목민 지배층은 몽골계 부족민들이 그 주류를 이루었다. 정복자 티무르를 포함한 서차가다이 울루스의 유목민 지배층은 바를라스, 술두스, 아를라트, 잘라이르와 같은 몽골계 부족민들로 이루어졌다. 우즈벡 칸국에서는 망기트, 쿵그라트와 같은 몽골계 부족민들이, 크림 칸국에서는 바린, 망기트, 시지우트와 같은 몽골계 부족민들이 (이란계 쉬린, 투르크계 킵착 부와 함께) 유목민 지배층을 구성했다. 카자흐 칸국의 주요 부족들 역시 쿵그라트, 우신, 잘라이르, 케레이트, 나이만 등과 같이 칭기스 칸에 의해 통합되었던 몽골 초원 출신의 부족들이었다.

끝으로 몽골제국 계승국가들의 유목민 지배층은 스스로를 몽골인 혹은 몽골인의 후예로 여겼다. 이들에게 돌궐제국 Turk Khaganate, 셀주크제국Seljuk Empire, 호레즘제국Khwarazmian Empire, 카라한 왕조Qarakhanids, 킵착 유목민 등과 같이 몽골제국의 출현 이전 존재했던 투르크계 국가나 집단을 선조로 여기는 계승의식은 존재하지 않았다.

13세기 전반기에 몽골제국에 정복된 다양한 투르크계 언어 사용 집단들은 결코 하나의 민족 혹은 종족 집단이 아니었다. 우선 이들은 체질인류학적으로 다양한 집단을 이루었다. 이들은 주로 황인종에 속했지만 적잖은 수는 혼혈 인종 혹은 백인종에 속했다. 유전학적으로도 단일 투르크 민족이란 현재뿐 아니라 몽골제국 시기에 존재하지 않았다. 예컨대 현대 킵착 부족민(현 카자흐스탄의 한 부족), 투르크멘인(오구즈인의 후예), 유구르인(위구르인의 후예), 사하/야쿠트인(철륵 유목민의 후예)은 유전자 조사 결과에 따르면 상이한 부계 기원을 갖는다. 이들이 공통의 선조 집단으로부터 갈라져 나오지 않았다는 말이다.[6] 이런 까닭에 중세 시기의 위구르인, 킵착 유목민, 셀주크제국의 오구즈인, 카라한 왕조의 투르크인 등은 서로 다른 기원 신화들을 가지고 있었으며, 서로를 동일한 민족이라고 여기지 않았다.[7]

이러한 사실은 몽골제국 내에서 주치 울루스나 차가다이 울루스를 구성한 유목민들이 '소수의 몽골인'과 '다수의 투르크인'으로 이루어지지 않았다는 것을 의미한다. 정확히 말하면 이들은 몽골인과 다양한 부계 기원과 정체성을 가진 비몽골인 집단들로 이루어졌다. 후자 그룹에 속한 유목민들은 스스로를 하나의 '투르크' 민족이라고 보지도 않았고, 동시대인들도 그렇게 여기지 않았다. 이들은 개별적 차원에서는 오히려 몽골인에 비해 소수였고 결국 칭기스 울루스들에 포함되어 '몽골인'이 되었다.

따라서 중앙아시아와 킵착 초원의 몽골제국 계승국가들은 몽골제국 등장 이전에 이미 소멸했거나 몽골제국에 정복되며 소멸했던 돌궐제국, 셀주크제국, 호레즘제국, 카라한 왕조, 킵착 유목민 집단 등을 자신의 선조로 내세운 적이 없다. 티무르제국, 무굴제국, 우즈벡 칸국, 크림 칸국의 공식 역사서들과 카자흐 칸국의 구전 설화들은 공통적으로 칭기스 칸과 몽골인을 자국의 선조로 기술한다. 예컨대 티무르제국의 공식 왕조

계보《무이즈 알안삽》이나 무굴제국의 공식 역사서《악바르나마 Akbarnāma》는 티무르와 무굴 일족을 몽골인 혹은 몽골인의 후예라고 기술한다. 《압둘라나마 Abdallāhnāma》와 같은 우즈벡 칸국의 공식 역사서들도 우즈벡인을 몽골인 혹은 몽골인의 후예로 기록한다. 마찬가지로 《역사의 기둥 Umdat al-aḥbār》과 같은 크림 칸국의 역사서들도 크림 타타르인을 몽골제국의 후예로 기술한다. "카자흐인의 기원"이라 불리는 카자흐 구전 설화는 칭기스 칸을 카자흐 민족의 시조로 묘사한다. 이 설화와 더불어 위에서 언급한 《무이즈 알안삽》, 《압둘라나마》, 《악바르나마》, 《역사의 기둥》은 중세 몽골인들이 시조로 추앙하던 알란 고아도 자국의 시조로 기술한다. 주치 울루스와 차가다이 울루스의 몽골 후예들은 몽골어는 잊었지만 몽골인 정체성을 잃은 것은 아니었던 것이다.

2. 차가다이 몽골인 국가인 티무르제국

티무르 일족의 몽골인 정체성 외에도 티무르제국을 몽골 계승국가로 볼 수 있는 또 다른 근거는 티무르제국이 차가다이 몽골 국가였다는 점이다. 티무르제국은 차가다이 울루스의 유목민 지배층과 기마군단을 그대로 계승했고 그 집단명도 '차가다이인'이었다.

티무르 본인은 13세기에 칭기스 칸과 함께 몽골 초원에서 현 우즈베키스탄 지역으로 이주해 온 몽골 바를라스(몽골명 '바룰라스') 부의 일원이었다.[8] 티무르제국의 지배층을 구성한 유목민 집단은 바를라스, 잘라이르, 술두스, 아를라트, 카라우나스 등과 같은 몽골계 부족민들이었다. 이들은 스스로를 '차가다이인'이라고 불렀다. 즉, 티무르제국은 '차가다이 울루스' 그 자체였고, 그 지배층을 이룬 집단은 '차가다이 몽골인'들이었다. 따라서 티무르제국의 출현은 차가다이 울루스 내에서 권력의 중심이 칭기스 가문에서 몽골 바를라스 부 출신의 티무르 가문으로 이동한 것을 의미했을 뿐이다. '몽골계' 국가가 '투르크계' 국가로 변모한 것은 결코 아니었다.

카자흐인 매 사냥꾼. 티무르제국, 크림 칸국, 우즈벡 칸국의 유목민들도 이들과 외모가 비슷했다.

몽골제국 후예들의
투르크인 정체성

❁

오늘날 학계에서는 과거와 현재에 투르크계 언어들을 사용했던 집단들을 모두 투르크인이라고 지칭한다. 그러나 근대 이전에는 투르크계 언어들을 사용했던 여러 집단들 사이에 현대적 의미의 투르크인 정체성은 존재하지 않았다. 돌궐인 정체성의 경우 돌궐제국과 카라한 왕조와 같은 돌궐 계승국가들에 한정된 집단 정체성이었다.[9] 따라서 투르크Türk 집단명은 투르크계 언어 사용 유목민들 모두가 사용한 공통 명칭이 아니었다. 비돌궐계 집단들이었던 위구르, 키르기즈, 오구즈, 킵착 등과 같은 유목민들은 투르크란 집단명을 자체적으로 사용하지 않았다. 여러 다른 유목민 집단들을 모두 투르크인이라고 부른 것은 이슬람 세계의 학자들과 문인들이었다. 이들은 투르크 집단명을 몽골인을 포함하는 '내륙아시아 유목민'과 동의어로 사용하며 확산시켰다.

일 칸국에 이어 중앙아시아의 몽골제국 계승국가들인 티무르제국과 우즈벡 칸국에서는 바로 이런 의미로 투르크 집단명을 사용했다. 이들 국가들에서 '투르크인'이란 '타직인Tajik'이라 통칭된 이란계 정주민에 대비되는 내륙아시아 유목민을 의미했다. 그리고 중요한 사실은 몽골인이 투르크인의 대표 집단으로 여겨진 점이다. 칭기스 칸의 후예인 아불 가지 칸이 자신이 저술한 몽골제국사의 제목을 '투르크인의 계보'라 지은 것도 이런 이유에서였다. 여기서 간과되지 말아야 할 점은 이러한 투르크 정체성이 돌궐 정체성과는 무관했다는 사실이다. 돌궐제국에 대한 기억은 몽골제국의 등장 이전 이미 내륙아시아 유목민들 사이에서 사실상 사라진 상태였기 때문이다.

한편 현 우크라이나에서 카자흐스탄에 이르는 초원 지역, 즉 킵착 초원의 몽골제국 후예들은 투르크 집단명을 사용하지 않았다. 애당초 투르크 집단명은 서돌궐계 부족들 사이에서만 사용되었었기 때문이다. 카자흐인과 크림 타타르인 같은 몽골제국의 후예들뿐 아니라 볼가강 유역의 여러 투르크계 언어 사용 집단들은 투르크 집단명을 사용하지 않았다.[10]

3. 정복자 티무르

1) 티무르의 선조 카라차르

티무르Temür(1370~1405 재위)는 1320년대 중반[11] 차가다이 울루스의 케슈Kesh에서 태어났다. 케슈가 위치한(현 우즈베키스탄) 사마르칸드 남부 일대는 바를라스 부의 영지가 있던 곳이다. 티무르의 부친 타라가이는 높은 신분의 소유자는 아니었다. 그렇지만 티무르는 명문가의 일원이었다. 그의 5대 선조 카라차르Qarachar가 차가다이 칸 아래서 최고위급 아미르amir(이슬람 세계에서 군사령관을 지칭)를 지냈기 때문이다. 일 칸국의 역사서 《집사集史, Jāmi' al-tavārikh》는 카라차르가 칭기스 칸

이 차가다이 칸의 부하로 임명한 2명의 아미르 중 한 명이었다고 기록한다.[12]

모굴리스탄과 마와라안나흐르(트란스옥시아나): 동서 차가다이 울루스의 중심부

차가다이 울루스는 크게 '모굴리스탄'과 '마와라안나흐르(트란스옥시아나)'라는 지리적으로 상이한 두 지역으로 이루어져 있었다.

페르시아어로 '몽골인의 땅'을 의미하는 모굴리스탄Moghulistan은 천산산맥의 북방에 위치한 초원 지역을 지칭했다. 현 카자흐스탄의 동남부와 중국 신장의 서북부에 해당하는 지역이다. 몽골제국 이전 시기에는 서돌궐, 카라한 왕조, 카라 키타이Qara Khitai(서요西遼)의 중심부가 위치했던 곳이다.

아랍어로 '(아무다리야)강의 건너편 지역'을 의미하는 '마와라안나흐르Mā Warā' an-Nahr'는 아무다리야강과 시르다리야강 사이에 위치한 오아시스 정주 지역을 지칭하며 현 우즈베키스탄의 영토와 겹친다. '옥서스강(아무다리야강) 건너편의 땅'을 의미하는 트란스옥시아나Transoxiana는 그리스어로 이 지역을 지칭하는 말이다. 사마르칸드와 부하라 같은 중앙아시아의 주요 도시들이 위치한 곳으로 그 주민의 대부분은 이란계 정주민이었다.

13세기 이래 차가다이 울루스의 중심부는 수도라 할 수 있는 알말릭이 위치한 모굴리스탄이었다. 그러나 14세기 중반 차가다이 울루스가 동서 진영으로 분열된 이후 동차가다이 울루스는 모굴리스탄을 중심으로 현 신장의 타림 분지('알티샤흐르'라고도 불린 지역)와 투르판 분지('위구르스탄'이라고도 불린 지역)를 지배했고, 서차가다이 울루스는 마와라안나흐르를 지배했다. 한편 중앙아시아 최초의 투르크계 이슬람 국가였던 카라한 왕조 역시 양 지역을 중심으로 동서로 분열된 바 있다. 이는 차가다이 울루스의 동서 분열이 지리적 요인의 영향을 받았었다는 점을 보여준다.

2) 티무르의 정치적 방랑 생활

티무르가 역사의 무대에 처음 등장한 것은 1360년에 동부 차가다이 울루스의 군주 투글룩 테무르 칸Tughluq-Temür(1347~1363 재위)이 서부 차가다이 진영을 점령했을 때였다. 당시 차가다이 울루스는 10년 넘게 동서 진영으로 분열되어 있는 상태였다.

서부 차가다이 진영에서는 1340년대 말부터 몽골계 카라우나스Qara'unas 부의 수령 아미르 카자간Amīr Qazaghan이 실권을 장악하고 칭기스 일족을 허수아비 칸으로 추대해오고 있었다. 그중 한 명인 바얀 쿨리 칸Bayan Quli(1348~1358 재위)이 서차가다이 울루스에서 즉위했을 당시 동부 차가다이 진영에서는 투글룩 테무르가 몽골계 두글라트 부의 수령에 의해 칸으로 추대되었다. 1358년에 아미르 카자간이 살해된 후 서차가다이 진영이 내분에 휘말리자 이 틈을 타 투글룩 테무르는 마와라안나흐르를 1360년과 1361년 두 차례 침공해 차가다이 울루스를 재통일했다. 이때 티무르는 투글룩 테무르에게 신속臣屬했고 바를라스 부의 수령으로 임명되었다.

그러나 투글룩 테무르가 자신의 아들 일리야스 호자Ilyās Khvāja를 서차가다이 지역의 통치자로 임명하고 모굴리스탄으로 되돌아간 뒤 티무르는 일리야스 호자에 반기를 들었다. 이후 티무르는 거의 10년 동안 정치적 방랑 생활을 하게 된다. 그는 먼저 카라우나스 부의 수령 아미르 후사인Amīr Ḥusain의 신하가 되어 그와 함께 동차가다이 점령군에 맞서 싸우거나 변경 지방에서 약탈 활동에 종사했다. 일리야스 호자와 동차가다이 군대는 투글룩 테무르 칸의 사망 소식을 듣고 모굴리스탄으로 귀환했다가 1365년에 다시 마와라안나흐르를 침공해 아미르 후사인과 티무르가 이끄는 군대를 격파했다. 그러나 사마르칸드를 함락시키지 못하고 진중에 역병마저 퍼지자 모굴리스탄으로 되돌아가야 했다.

이후 아미르 후사인이 서차가다이 진영의 맹주가 되었는데 티무르는 그와의 불화로 다시 변경 지역으로 도주해 약탈자 생활을 하기도 했다. 러시아의 《니콘 연대기Nikonian Chronicle》, 이븐 아랍샤의 티무르 전기, 스페인 사신 클라비호의 티무르제국 방문기 등의 사료들은 일개 도적 집단의 우두머리에 불과했던 티무르가 약탈전들을 성공적으로 이끌며 휘하 세력을 늘려나가다 군주의 지위에까지 올랐다고 공통적으로 기록한다. 실제로 티무르는 약탈 집단을 이끌며 보여준 리더십 덕분에 서차가다이 유목민들 사이에서 인기 있는 지도자로 부상

몽골 카라우나스 집단의 후예인
현대 아프가니스탄의 하자라인

❖

카라우나스는 13세기 중반 현 아프가니스탄과 파키스탄의 변경 지역에 배치되었던 몽골 군사 집단과 주치 울루스의 파견 부대에서 유래하는 부족이다. 카라우나스라는 집단명의 정확한 의미는 알려져 있지 않지만 13세기 이탈리아인 여행가 마르코 폴로Marco Polo는 이 명칭이 '혼혈인'을 뜻하며, 카라우나스 집단이 몽골인 병사들과 인도 현지인 여성들 사이에서 태어난 혼혈인 집단이라고 《동방견문록》에서 밝힌 바 있다.

파슈툰인과 타직인에 이어 현 아프가니스탄에서 세 번째로 큰 민족인 하자라인은 이들의 후예이다. 하자라Hajara라는 집단명은 천千을 의미하는 페르시아어 하자르hazâr에서 유래했고, 이는 몽골제국의 천인대千人隊, minggan를 번역한 것으로 추정된다.

하자라인은 파슈툰인과 타직인처럼 현재 이란계 언어를 사용한다. 그러나 수니파 이슬람을 믿는 아프가니스탄의 다른 민족 집단들과는 달리 시아파 이슬람을 믿는다. 그리고 이들은 대부분 상대적으로 평면적인 얼굴, 작은 눈과 코 등을 특징으로 하는 몽골로이드 외모를 가지고 있다. 근래에 실시된 실제 유전자 조사들에 따르면 하자라인의 대표적 Y-염색체 DNA 하플로그룹은 몽골인에게서 흔히 나타나는 하플로그룹 C2b이다.[13] 이는 하자라인이 몽골 카라우나스 집단의 후예라는 점을 말해준다.

할 수 있었다. 그는 특히 약탈물을 공정하게 배분한 것으로 유명했다. 반反아미르 후사인 세력은 티무르에게 몰려들었고 티무르는 불과 수 년 만에 군사력 면에서 아미르 후사인을 압도하게 되었다. 1370년, 티무르는 발흐를 수도로 삼은 아미르 후사인을 공격해 그를 제압하고 서차가다이 울루스의 패권을 차지했다. 그가 투글룩 테무르에 의해 발탁된 지 약 10년 만의 일이었다.

3) 티무르의 몽골제국 계승의식

서차가다이 울루스의 실권자가 된 티무르가 먼저 한 일은 칭기스 일족인 소유르가트미슈Soyurghatmïsh(1370~1384 재위)를 칸으로 옹립한 일이다.[14] 몽골 세계에서는 칭기스 칸의 남계 후손만이 군주가 될 수 있다는 전통이 헌법과 같은 효력을 발휘하고 있었기 때문이다. 티무르는 대신에 군사령관을 의미하는 아미르를 자신의 칭호로 삼았다. 그는 또한 차가다이 가문의 공주 사라이 말릭Saray Malik과의 혼인을 통해 '칭기스 황실의 사위'를 뜻하는 '구레겐güregen(현대 몽골어로 '후르겡')'을 칭호로 사용했다. 티무르는 이처럼 칭기스 왕조의 권위와 정통성을 중요시하는 인물이었다. 그는 칭기스 칸의 법령인 자삭jasaq도 중요시했다. 티무르제국의 역사서 《사료집史料集, Muntakhab al-tavārīkh》에 따르면 그는 칭기스 군주에 대한 복종의 당위성에 대해 적장들에게 다음과 같이 말했다. "하늘의 명과 칭기스 칸의 법에 따르면 (칭기스 군주에 대한) 복종과 묵종은 의무이자 필요이다."[15]

4) 티무르의 정복 활동과 몽골제국의 재건

서차가다이 울루스 전체의 기마 군단을 거느리게 된 티무르는 정복자로서의 진면모를 보여주기 시작한다. 30년 넘게 계속된 군사 원정을 통해 그는 몽골제국의 서반부를 재통합했을 뿐 아니라 더 나아가 몽골제국이 정복하지 못했던 이집트의 맘룩 술탄국과 북인도의 델리 술탄국을 복속시켰다. 한 개인이 정복한 땅의 면적을 놓고 보면 세계사에서 그를 능가하는 정복자는 없다.

차가다이 울루스의 통일과 주변 국가들 제압

티무르가 우선 과제로 삼은 것은 차가다이 울루스를 재통일하는 일이었다. 이를 위해 그는 동차가다이 울루스를 수차례 침공해야 했다. 티무르는 이와 동시에 이웃 국가들인 수피 왕조Sufi dynasty와 카르트 왕조Kartid dynasty를 병탄했다. 마와라안나흐르의 서부 호레즘 지역에 위치했던 수피 왕조는 몽골계 국가였고, 동남부 호라산 지역에 위치했던 카르트 왕조는 이란계 왕조로서 일 칸국의 옛 제후국이었다. 그러나 이들 국가들은 계속해서 반란을 일으켰기 때문에 티무르는 이들을 거듭 침공해야 했다.

주치 울루스 제압

이웃 국가들을 복속시켜 나가는 동안 티무르는 주치 울루스의 정권 교체에도 영향력을 행사했다. 1376년경 칭기스 일족인 톡타미슈Toqtamïsh가 주치 울루스의 통치자 우루스 칸에[16] 반기를 들고 도망해오자 티무르는 그를 군사적으로 지원해주었다. 톡타미슈는 여러 차례 실패한 끝에 우루스 칸이 사망한 후 1378년경 그의 아들 테무르 말릭 Malik Temür을 몰아내고 권좌에 오를 수 있었다.[17]

이후 주치 울루스의 좌우익을 재통일하며 몽골 세계에서 티무르 못지않은 강력한 군주로 부상한 톡타미슈는 티무르를 견제하기 시작했다. 그는 티무르가 눈독을 들이고 있던 일 칸국의 옛 중심부 아제르바이잔 지방을 침공(1385~1386)한 데 이어 티무르제국의 중심부인 마와라안나흐르 지방도 침공(1387)했다. 이는 몽골 세계의 맹주를 꿈꾸는 티무르로서는 용납할 수 없는 도발이었다. 따라서 티무르는 원거리 원정의 위험을 무릅쓰고 1391년과 1395년 두 차례의 주치 울루스 원정을 단행했다. 첫 번째 전투는 현 러시아 사마라 지방의 쿤두르차 강변에서, 두 번째 전투는 코카서스산맥 북부의 테렉 강변에서 벌어졌는데 당시 세계 최강의 기마 군단들이었던 주치 울루스군과 차가다이 울루스군이 맞붙은 두 차례의 대전투에서 티무르가 모두 승리했다. 두 번째 전투 후에 티무르의 군대는 주치 울루스의 정치, 경제 중심지였던 사라이와 아스트라한과 같은 볼가강 유역의 주요 도시들을 철저히 파괴했다. 이후 주치 울루스는 다시는 옛 세력을 회복하지 못하고 결국 여러 계승국가들로 분열된다.

일 칸국 옛 영역 정복

톡타미슈와 대결하기에 앞서 티무르는 일 칸국의 옛 영역을 수중에 넣기 위해 힘을 쏟고 있었다. 주 공격의 대상은 일 칸국의 계승국가인 몽골계 잘라이르 왕조였다. 티무르는 1386년 잘라이르 왕조가 지배하고 있던 일 칸국의 옛 수도 타브리즈에 입성한 데 이어 여러 차례의 원정을 통해 일 칸국의 옛 중심부인 아제르바이잔과 이라크 지역을 잘라이르 왕조로부터 탈취했다. 이와 더불어 티무르는 아나톨리아 동부의 투르크멘계 카라 코윤루 왕조를 복속시키고 이란 남부의 아랍계 무자파르 왕조를 멸망시켰다.

몽골 세계의 확장

차가다이 울루스와 주치 울루스, 그리고 일 칸국 옛 영토, 즉 몽골제국의 서반부를 재통합한 티무르는 이후 델리 술탄국(1398), 맘룩 술탄국(1400~1401), 오스만제국(1402)을 차례로 굴복시켰다. 몽골제국사의 관점에서 보면 이는 몽골 세계가 일시적으로나마 확대되었음을 의미했다.

델리 술탄국은 13세기 초부터 델리를 중심으로 북인도 지역을 지배했던 투르크계와 아프간계 이슬람 왕조들을 일컫는다. 차가다이 울루스의 군대는 13세기 중반 이래 여러 차례 북인도를 침공했었지만 델리를 1303년에 일시 점령했을 뿐 델리 술탄국을 정복하지는 못했었다. 하지만 티무르는 1398년에 투글룩 왕조 지배하의 델리 술탄국을 쉽게 정복했다. 이와 같은 티무르의 델리 술탄국 정복은 티무르의 군대가 차가다이 울루스의 유목민으로 이루어졌다는 점에서 몽골 군대의 성취를 의미했다. 당시 인도의 현지인들도 티무르의 군대를 몽골 군대로 보았다.

티무르의 맘룩 술탄국 제압도 마찬가지다. 맘룩 술탄국은 1260년대부터 이집트를 중심으로 시리아와 아라비아반도 서부 지역을 지배해 온 이슬람 세계의 군사 강국이었다. 맘룩 술탄국은 원래 킵착 투르크계 맘룩mamluk(노예군인)들이 주류를 이루었으나 14세기 말부터는 북코카서스 지방 출신의 체르카스계 맘룩들이 정권을 잡고 있었다. 전자는 바흐리 맘룩Bahri Mamluk 집단, 후자는 부르지 맘룩Burji Mamluk 집단이라 불린다. 일 칸국은 중동 지역의 맹주였지만 끝내 맘룩 술탄국을 굴복시키지는 못했었다. 그러나 티무르가 이끄는 차가다이 울루스 군대는 1401년 다마스쿠스 인근에서 맘룩 군대를 대파하고 이후 맘룩 술탄으로부터 항복을 받아냈다. 이로써 일 칸국의 오랜 숙원이 풀린 것이었다. 중동의 현지인들도 인도인들과 마찬가지로 티무르를 몽골인으로 여겼다. 예컨대 당시 티무르와 회견한 아랍 역사가 이븐 할둔Ibn Khaldūn은 이후 저술한 자신의 저서에서 티무르를 '몽골인 술탄'이라고 지칭했다.[18]

티무르는 이듬해 오스만제국을 침공했다. 잘라이르 왕조의 술탄 아흐마드Sultān Aḥmad(1382~1410 재위)에게 피신처를 제공했다는 이유에서였다. 당시 오스만제국은 바예지트 1세Bayezid I(1398~1402 재위)의 통치기에 중동과 남유럽에서 가장 강력한 국가로 발돋움하고 있었다. 이미 아나톨리아반도 대부분을 장악하고 있던 오스만제국은 발칸반도로 진출해 세르비아를 정복하고, 헝가리군, 프랑스군, 독일군 등으로 이루어진 유럽 십자군을 니코폴리스 전투(1396)에서 대파한 뒤 동로마제국의 수도 콘스탄티노플을 포위하고 있던 중이었다. 천년 제국 로마의 멸망은 시간문제였다. 티무르가 이끄는 차가다이 군대는 이처럼 패배를 모르던 오스만 군대를 앙카라 전투(1402)에서 궤멸시키고 바예지트를 생포했다. 이는 티무르의 몽골 군대가 당시 유럽 군대보다 훨씬 더 강했음을 간접적으로 보여준다. 앙카라 전투 후 티무르의

티무르제국의 수도 사마르칸드 소재 레기스탄 광장. 좌측의 마드라사(이슬람 고등 교육기관)는 티무르
제국 시기에, 중앙과 우측의 마드라사들은 우즈벡 칸국 시기에 세워졌다.
(ⓒEkrem Canli / Wikipedia)

군대는 오스만 군대가 수년 동안 점령하지 못했던 십자군의 스미르나 요새를 대형 공성 무기들을 동원해 단 2주 만에 함락시켰다. 한편 오스만 투르크인도 티무르를 몽골인(타타르인)으로 보았다. 예컨대 오스만제국의 역사가 무스타파 알리Muṣṭafā ʿĀlī는 자신의 저서에서 티무르를 몽골인을 지칭하는 타타르인이라고 부르며[19] 그가 앙카라 전투 승리 후 몽골 관습Moġul āyīni에 따라 연회를 열었다고 적었다.[20] 티무르 덕분에 멸망의 위기를 넘긴 동로마제국 황제 요한 7세John VII는 자발적으로 티무르에 복속했다. 이는 로마제국의 후예가 몽골제국의 후예에게 고개를 숙인 상징적인 사건이었다.

티무르는 이처럼 30여 년에 걸친 군사 원정을 통해 몽골제국의 서반부를 재통합했을 뿐 아니라 몽골 세력권을 일시적으로나마 북인도, 북동아프리카, 그리고 발칸반도 남부까지 확장했다. 이제 몽골제국의 완전한 재통합을 위해 남은 과제는 원 제국의 고토 회복이었다. 티무르는 1404년에 차가다이 군대를 이끌고 중국 원정길에 나섰다. 그러나 70~80대 노인이었던 티무르는 1405년 2월 현 카자흐스탄 남부의 오트라르에서 사망했다. 과거 우구데이와 뭉케 칸의 사망이 몽골 군대의 서유럽과 북아프리카로의 진출을 중단시켰던 것처럼 티무르의 죽음은 몽골 군대의 중국 진격을 막았다.

4. 샤루흐 지배하의 티무르제국

1) 후계 구도를 둘러싼 티무르 일족 간의 분쟁과 샤루흐의 승리

티무르는 정복지 대부분을 토착 세력을 통해 간접 통치했다. 방대한 전역을 직접 지배하기에는 차가다이인의 수가 부족했기 때문이다. 반면 정주 농경 지역이었던 서차가다이 울루스와 일 칸국의 옛 영역은 자신과 아들들이 직접 통치했다.

티무르에게는 4명의 아들이 있었는데 맏아들 자한기르Jahāngīr는 1376년에, 차남 우마르 샤이흐Umar Shaikh는 1394년에 티무르보다 먼저 사망했다. 티무르는 셋째 아들 미란샤Mirānshāh와 막내 아들 샤루흐Shāhrukh에게 각각 일 칸국의 서부(아제르바이잔과 아나톨리아, 시리아)와 동부(호라산) 지역의 통치를 맡겼다. 이란의 중남부 지역은 우마르 샤이흐의 아들들에게 주었다.

티무르는 생전에 맏아들 자한기르의 아들인 무함마드 술탄Muḥammad Sulṭān을 후계자로 지명했다. 무함마드 술탄에게는 칭기스 칸의 피가 흘렀다. 그의 외할머니가 주치 울루스의 군주 우즈벡 칸의 후손이었기 때문이다. 그러나 무함마드 술탄 또한 1403년에 티무르보다 먼저 사망했고, 티무르는 죽기 전 자한기르의 다른 아들인 피르 무함마드Pīr Muḥammad를 후계자로 지명해야 했다.

그러나 티무르가 1405년 오트라르에서 갑자기 사망했을 때 그의 아들들과 손자들은 그의 유지를 무시하고 후계자 지위를 놓고 서로 싸우기 시작했다. 이들 중 승자는 미란샤의 아들 할릴 술탄과 호라산의 통치자 샤루흐였다. 할릴 술탄Khalīl Sulṭān(1405~1411 재위)은 외할머니를 통해 칭기스 칸의 피를 이어받은 인물로서 스스로 사마르칸드에서 권좌에 올랐었다. 그러나 그는 티무르의 옛 부하 아미르들의 지지를 얻지 못했고 1409년 샤루흐에게 투항해야 했다. 샤루흐는 할릴 술탄을 라이Ray(현 테헤란의 인근 도시)의 총독으로 임명하고 자신의 아들 울룩 벡Ulugh Beg에게는 마와라안나흐르의 통치를 맡겼다. 자신은 호라산의 헤라트를 수도로 삼고 티무르제국을 통치했다. 샤루흐가 호라산을 통치의 중심지로 삼은 것은 헤라트 일대가 마와라안나흐르에 비해 더 규모가 크고 부유한 농경 중심지였기 때문이다. 샤루흐는 이어 1414년과 1415년 두 차례의 원정을 통해 우마르 샤이흐의 아들 이스칸다르Iskandar로부터 이란 중남부 지역을 빼앗은 다음 자신의 아들 이브라힘 술탄Ibrāhīm Sulṭān에게 주었다.

2) 15세기 티무르제국의 영역

티무르의 사망 후 주치 울루스와 동차가다이 울루스가 독립함에 따라 티무르제국은 북방 초원 지역에 대한 지배권을 상실했다. 그러나 샤루흐의 통치 기간 중 오스만제국, 맘룩 술탄국, 델리 술탄국은 티무르제국의 종주권을 계속 인정했고 일 칸국의 옛 영역도 티무르제국의 영토로 남았다.

샤루흐의 통치 기간 중 티무르제국에게 가장 큰 위협 세력은 투르크멘계의 카라 코윤루Qara Qoyunlu 왕조(흑양黑羊조)였다. 카라 코윤루의 군주 카라 유수프Qara Yūsuf(1410~1420 재위)가 1408년 티무르의 아들 미란샤를 패사시키고 아제르바이잔 지역을 점령한 데 이어 1411년에는 잘라이르 왕조도 멸망시키고 이라크 지역을 수중에 넣었기 때문이다. 따라서 샤루흐는 일 칸국의 옛 영역을 탈환하기 위해 친정군을 이끌고 아제르바이잔 원정에 나서야 했다. 그는 1421년 카라 유수프의 아들들이 이끄는 카라 코윤루 군대를 격파하고 일 칸국의 옛 수도들인 타브리즈와 술타니아를 되찾을 수 있었다. 샤루흐는 이후 두 차례 더 원정에 나서 카라 코윤루를 굴복시켰다. 그러나 샤루흐의 아들 울룩 벡은 15세기 중반 주치 울루스와 동차가다이 울루스에 각각 시르다리야강의 중하류 지역과 카슈가르 지역을 빼앗겼다.

3) 샤루흐의 몽골인 정체성

샤루흐는 부친 티무르와는 달리 칭기스 일족을 명목상의 군주로 추대하지 않았다. 티무르 왕조가 칭기스 일족 못지않은 정통성을 가지고 있다고 보았기 때문일 것이다. 그리고 샤루흐는 칭기스 칸의 법령

투르크멘 유목민이란?

투르크멘Turkmen은 9세기 들어 아랄해 북안의 초원 지대에 등장한 오구즈 유목민들의 또 다른 이름이다. 오구즈 투르크계 유목민들은 몽골제국의 등장 이전에는 셀주크제국을 세웠고 그 이후에는 오스만제국, 카라 코윤루(흑양조), 악 코윤루(백양조), 사파비제국을 세웠다.

투르크멘 유목민들은 일반적으로 황인종에 속했던 다른 투르크계 유목민들과는 달리 혼혈로 인해 이란계 정주민의 외모를 갖게 된 집단이었다. 일 칸국 역사서 《집사》와 우즈벡 칸국의 역사서들인 《압둘라나마》와 《투르크멘인의 계보Shejere-i Terākime》는 투르크멘인이 기후 등의 조건 때문에 작은 눈과 코, 넓은 얼굴 등을 특징으로 하는 투르크인의 형질을 상실하고 타직인(이란계 정주민)의 외모를 갖게 된 집단이라고 기록한다.[21]

몽골제국 후예의식을 가지고 있었던 티무르제국의 일원들은 투르크멘 유목민들을 동족으로 보지 않았을뿐더러 이들을 멸시하거나 적대시했다.[22]

이었던 자삭jasaq보다 이슬람법인 샤리아sharia를 우선시한 것으로도 유명하다. 그러나 그가 몽골제국 계승의식을 가지지 않았던 것은 결코 아니다. 그가 군주로서의 롤 모델로 삼은 인물은 일 칸국의 가잔 칸 Ghāzān Khan(1295~1304 재위)이었다.[23] 그리고 그는 부친 티무르와 마찬가지로 몽골인 정체성을 가지고 있었다. 샤루흐는 칭기스 가문과 티무르 가문의 계보를 상세히 기록한 《무이즈 알안삽》의 편찬을 명했는데 앞에서도 언급했듯이 이 문헌은 티무르 왕조를 '몽골인 술탄'들이라고 지칭한다. 샤루흐는 궁정 역사가 하피즈 아브루Hāfiz-i Abrū로 하여금 일 칸국의 몽골제국사인 《집사(자미 알타바리흐)》의 후속편을 편찬하도록 했다. 이리하여 나온 문헌이 《마즈마 알타바리흐Majma' al-tavārikh》라는 역사서이다. '자미 알타바리흐'와 '마즈마 알타바리흐'는 모두 '사료들의 모음집'을 의미한다. 이들을 포함한 티무르 왕조의 역사서들은 티무르제국을 몽골제국의 계승국가로 묘사한다.

티무르 가문과
칭기스 가문의 통혼

※

티무르와 그의 후손들은 빈번하게 칭기스 가문의 여성들과 혼인했고, 이를 통해 티무르제국은 '구레겐(칭기스 황실의 사위를 의미)' 왕조가 되었다.[24] 먼저 티무르 본인의 황후 사라이 말릭 Saray Malik이 차가다이 울루스의 군주 카잔 칸의 딸이었다. 그의 다른 부인 토켈 카님도 칭기스 일족이었다. 티무르의 맏아들 자한기르도 모친을 통해 주치 울루스의 우즈벡 칸의 피를 이어받은 칸자다Khanzada라는 여성과 혼인했다. 티무르가 생전에 자신의 후계자로 지명했던 무함마드 술탄은 이들의 아들이었다. 칸자다는 자한기르의 사망 후 티무르의 셋째 아들 미란샤와 재혼을 했는데 티무르의 사망 후 사마르칸드에서 스스로 권좌에 오른 할릴 술탄은 이들 사이에서 태어난 아들이었다. 티무르의 막내아들 샤루흐도 부인 중 한 명이 동차가다이 울루스의 공주 말리카트 아가였다. 샤루흐는 자신의 아들들인 울룩 벡과 무함마드 주키도 칭기스 가문의 여성들과 혼인시켰다. 미란샤의 손자 술탄 아부 사이드 또한 칭기스 일족을 아내로 맞이했고 이를 통해 구레겐 칭호를 사용했다. 그는 자신의 세 아들을 동차가다이 울루스의 군주 유누스 칸의 딸들과 혼인시켰는데 그의 손자 중 한 명이 무굴제국을 건설한 바부르였다.

한편 티무르의 부인 중 한 명인 투멘 아가는 몽골계 타이치우트 부 출신의 여성이었다. 샤루흐의 황후 가우하르 샤드Gowhar shād는 칭기스 칸으로부터 타르칸(공신) 칭호를 받은 신하의 후손이었다.[25]

요컨대 몽골계 바를라스 부 출신의 티무르 일족은 칭기스 일족을 포함한 몽골 후예들과의 통혼을 통해서 몽골인 혈통을 이어나갔다. 이는 티무르제국을 몽골제국의 계승국가로 볼 수 있는 또 다른 근거이다.

5. 후기 티무르제국

샤루흐가 1447년에 사망한 뒤 그의 아들 울룩 벡Ulugh Beg(1447~1449 재위)이 티무르제국의 권좌를 승계했다. 그러나 그의 통치 기간은 오래 가지 못했다. 그의 조카들인 술탄 무함마드Sulṭān Muḥammad와 아불 카심 바부르Abū al-Qāsim Babur가 각각 이란 중부와 북부 지역에서 독립했는 데 이들 중 아불 카심 바부르는 1449년에 호라산 지방까지 점령했다. 이들을 제압하는 데 실패한 울룩 벡은 같은 해 자신에게 반기를 든 아 들 압둘 라티프ʿAbd al-Latīf와의 싸움에서 패하고 살해당했다. 압둘 라티 프 또한 이듬해 울룩 벡의 아미르들에게 살해되면서 티무르제국은 분 열 상태에 빠지게 된다.

티무르제국을 다시 통일한 이는 미란샤의 손자 술탄 아부 사이드 Sulṭān-Abū Saʿīd(1451~1469 재위)다. 울룩 벡의 신하였던 그는 주치 울루 스 좌익의 지배자 아불 하이르 칸의 군사적 도움을 받아 1451년에 사 마르칸드에서 권좌에 오를 수 있었다. 1457년에 아불 카심 바부르가 사망하자 그는 헤라트를 점령하고 티무르제국의 핵심 영역이었던 마 와라안나흐르와 호라산 지역을 재통합했다. 아부 사이드의 다음 목표 는 샤루흐의 사망 후 카라 코윤루 왕조에게 넘어간 일 칸국의 옛 중심 부 아제르바이잔 지역을 수복하는 일이었다. 1467년에 카라 코윤루 왕 조가 우준 하산Uzūn Ḥasan(1453~1478 재위)이 이끄는 또 다른 투르크멘 계 국가인 악 코윤루Aq Qoyunlu 왕조(백양白羊조)에 멸망을 당하자 아부 사이드는 악 코윤루를 상대로 1468년에 아제르바이잔 원정에 나섰다. 그러나 아부 사이드는 정면전을 피하고 산악 지역에서 게릴라 전술을

울룩 벡과 그의 부인들과 신하들을 그린 티무르제국의 세밀화(15세기 전반기 작).
몽골인들과 크게 다르지 않았던 차가다이인들의 외모와 복장을 엿볼 수 있다.

펼친 악 코윤루 군대에 생포되었고, 같은 티무르 일족이지만 그의 정
적이었던 야드가르 무함마드에게 넘겨져 처형되었다. 이 원정의 실패
로 티무르제국은 이란 지역을 영구히 상실하게 된다.

아부 사이드의 사망 후 티무르제국은 그의 세 아들이 통치하는 마와
라안나흐르 지역과 티무르의 둘째 아들 우마르 샤이흐의 후손 술탄

몽골군의 바그다드 공성전을 그린 세밀화. 티무르제국에서 재출간된《집사》수록(1430년경 작).

술탄 후사인 바이카라의 인물화(15세기 말의 비흐자드Bihzād 작). 무굴제국의 건국자 바부르에 따르면 작은 눈이 그의 특징이었다.

후사인 바이카라Sulṭān-Ḥusain Bayqara(1469~1506 재위)가 지배하는 호라산 지역으로 분열되었다. 술탄 후사인 바이카라는 아불 카심 바부르와 아부 사이드를 주군으로 섬겼던 티무르 일족으로서 아부 사이드가 사망한 뒤 헤라트를 점령했던 악 코윤루 군대를 몰아내고 1470년에 호라산 지역을 수중에 넣었다. 이후 1506년에 사망할 때까지 수십 년 동안 호라산을 지배했다. 술탄 후사인 바이카라의 통치 기간 중 헤라트는 티무르조 문예 부흥의 중심부가 되었다.

세밀화 제작을 통한 몽골제국의 계승

✿

티무르가 정복 활동으로 몽골제국을 계승했다면, 그의 후손들은 몽골제국의 역사서 편찬과 몽골제국사 관련 세밀화 제작을 통해 계승했다. 예컨대 일 칸국의 몽골제국사인《집사》를 재간행하며 새로운 삽화들도 제작, 추가했다. 우리가 국내외에서 보는 몽골제국 관련 서적들의 책 표지나 삽화로 자주 쓰이는 세밀화들은 대부분 티무르제국과 무굴제국에서 제작된 것들이다.

2장

무굴제국

인도의 '몽골'제국

무굴제국은 1526년부터 18세기 중반까지 인도를 지배한 몽골 제국 계승국가이다. 바부르가 이끄는 티무르제국의 유민들이 세운 나라로서 '티무르 왕조' 혹은 '차가다이 왕조'라 불렸다. 바부르는 부계로는 티무르의 피를, 모계로는 칭기스 칸의 피를 이어 받았다. 바부르와 마찬가지로 무굴제국의 핵심 지배층은 차가다이 몽골인의 후예들이었다. 바부르 이래 유능한 황제들인 악바르, 자한기르, 샤 자한, 아우랑제브의 통치 아래 무굴제국은 세계적 강대국으로 군림했다. 그러나 18세기 들어 쇠락의 길을 걷다가 1858년 대영 제국에 합병되었다.

1. 무굴제국은 왜 인도의 '몽골'제국인가?

　무굴제국은 인도에서 부활한 '몽골'제국이었다. 일반적으로 무굴제국은 인도 역사의 일부분이라고 여겨진다. 더욱이 무굴제국 황제들이 몽골어를 사용했던 것도 아니고 3대 황제 악바르 이후로는 더 이상 중앙아시아인의 외모를 지녔던 것도 아닌데 무굴제국을 몽골제국의 계승국가로 볼 수 있는 이유는 무엇인가? 우선 무굴제국의 건국자 바부르가 칭기스 칸과 티무르의 혈통을 이어받은 점을 들 수 있다. 그러나 보다 본질적인 이유는 무굴제국의 건국 집단 및 핵심 지배층이 바부르와 함께 중앙아시아에서 당시 힌두스탄이라고 불린 인도로 이주해 온 '차가다이인'들이었다는 점이다.

　이란계와 인도계 모친을 둔 무굴 황제들은 중앙아시아인의 외모를 상실했지만 자신들이 몽골인의 후손이라는 정체성은 잃지 않았다. 무굴제국의 공식 역사서 《악바르나마Akbarnāma》는 무굴 황제와 티무르의

선조들을 '몽골 민족ulūs-i Mughul'이라고 부른다.[1] 아울러 《악바르나마》
에는 칭기스 칸이 죽기 전 티무르의 선조 카라차르 노얀을 차가다이
칸의 참모로 임명하고 차가다이에게 카라차르를 부친처럼 대하라고
명했기 때문에 무굴 왕조가 '차가다이 왕조'라 불리게 되었다고 적혀
있다.[2] 이는 물론 과장된 이야기이다. 그렇지만 카라차르 노얀이 차가
다이 칸의 부하 장수였던 것과 무굴 일족이 차가다이인이라고 불렸던
것은 모두 역사적 사실이다.

　'무굴제국'은 바부르가 인도에 세운 티무르 왕조의 공식 명칭이 아
니었다. 이는 16~17세기 유럽인들이 무굴제국의 지배층을 '무굴인'이
라 불렀던 데서 유래하는 명칭이다. 무굴제국의 공식 명칭은 '티무르
왕조al-Timūrriya' 혹은 '구르칸 왕조Gūrkhāni'였다. 구르칸은 '칭기스 황
실의 사위'를 뜻하는 티무르의 칭호 '구레겐güregen(몽골어로 '후르겐')'의
페르시아어식 음차이다. 두 명칭 모두 무굴제국의 티무르제국 계승
의식을 잘 드러내준다. 그리고 무굴 왕조는 앞에서 밝혔듯 스스로를
'차가다이 왕조'라고도 인식했다. 따라서 18세기 초에 쓰여진 무굴제
국의 한 역사서는 그 제목이 《타즈키라트 알살라티니 차가타Taẓkirat al-
salāṭīn-ī Chaghatā》, 즉 '차가다이 술탄들의 연대기'였다.[3]

무굴(몽골)제국 명칭의 유래

✾

　왜 유럽인들은 인도의 티무르 일족을 '무굴인'이라고 불렀을까? 무굴 황제들도 스스로를 몽골인의 후예로 보았지만 이들이 유럽에 '무굴인'으로 알려진 것은 인도의 현지인들이 이들을 그렇게 불렀기 때문이다. 인도인들은 차가다이 칸국의 유목민들과 티무르제국의 유목민들, 그리고 무굴제국의 중앙아시아 출신 기마민들 모두를 동일한 몽골인(무굴인) 집단으로 보았다. 이들은 모두 차가다이 울루스의 유목민들이었기 때문이다. 따라서 16세기 인도의 역사가 피리슈타Firishta가 집필한 인도의 이슬람 왕조사도 바부르를 칭기스 칸과 티무르의 후손으로 기술하며 세 명 모두를 몽골인(무굴인)이라고 지칭한다.[4] 이후 인도에서 '무굴인'이란 집단명은 점차 중앙아시아와 이란 출신의 무굴제국 지배층도 포괄하게 된다. 그러나 아우랑제브 황제 치세의 무굴제국 역사가 카피 칸Khāfi Khān은 이를 염두에 두고 자신의 저서에서 진정한 무굴인이란 칭기스 칸과 훌레구, 차가다이 그리고 티무르의 후손들이라고 주장했다.[5] 그 또한 티무르와 무굴 황제들을 몽골인으로 본 것이다. 19세기까지도 인도의 일반 주민들 역시 무굴 일족을 차가다이 칸과 몽골인의 후예라고 보았다.[6] 따라서 '무굴제국'이란 이름은 현대 학계의 용어지만 역사적 현실을 반영하는 적절한 명칭이다.

2. 바부르와 무굴제국의 건설

1) 사마르칸드의 마지막 티무르조 통치자

무굴제국을 세운 바부르Ẓahīr- al-Dīn Muḥammad Babur(1483~1530)는 명문가의 자제였다. 그의 친조부는 티무르제국의 마지막 통일 군주 아부 사이드였고, 외조부는 동차가다이 울루스(모굴 칸국)의 부흥을 이끈 유누스 칸이었기 때문에 바부르는 티무르와 칭기스 칸의 피를 모두 물려받은 인물이었다. 그는 부친 쪽으로 티무르의 5대 후손, 모친 쪽으로 칭기스 칸의 12대 후손이었다.

바부르는 1483년 부친 우마르 샤이흐'Umar Shaikh(1494 사망)의 영지인 페르가나 지방(현 우즈베키스탄 동부 지역)의 주도 안디잔에서 태어났다. 부친이 사망한 1494년 12살의 어린 나이에 페르가나 왕국의 권좌를 물려받은 그는 티무르와 칭기스 칸의 후손답게 대단한 야심가였다. 그가 원한 것은 페르가나의 왕좌가 아닌 티무르 왕조의 제위였다. 그의 삼촌들이 1494년과 1495년에 연이어 사망하면서 사마르칸드가 어린 사촌 형제의 지배 아래 놓이게 되자 15살에 불과했던 바부르는 1497년 군사를 일으켜 티무르제국의 수도인 사마르칸드를 점령했다. 그러나 페르가나 지방에서 반란이 일어나는 바람에 그는 100일간의 짧은 통치를 마치고 사마르칸드에서 철수해야 했다. 바부르는 3년 뒤인 1500년에 우즈벡 칸국의 건국자 무함마드 시바니 칸Muḥammad Shībānī Khan(1500~1510 재위)의 점령하에 있던 사마르칸드를 기습 공격해 두 번째로 사마르칸드에 입성하는 데 성공한다. 바부르는 이를 두고 자신의 자서전 《바부르나마Baburnāma》에서 다음과 같이 자랑스럽게 적었다. "140여 년 동안 수도 사마르칸드는 우리 가문(티무르 왕조)의 소유였다. … 이제 신께서 빼앗겼던 영토를 되찾아주셨다."[7]

그러나 티무르제국의 황제가 되는 것은 바부르의 운명이 아니었다. 불과 1년 뒤 그는 무함마드 시바니 칸에게 다시 사마르칸드를 빼앗기고 동차가다이 울루스의 군주인 자신의 외삼촌 마흐무드 칸Sulṭān Maḥmud Khan에게 몸을 의탁해야 했다. 무함마드 시바니 칸이 1503년에 마흐무드 칸도 제압한 뒤 티무르제국 전역을 정복해나가자 바부르는 마와라안나흐르를 떠나야 했다. 그는 1504년에 자신을 따르는 차가다이 울루스의 유민들을 이끌고 아프가니스탄 지역으로 남하해 몽골계 아르군 왕조의 수중에 있던 카불을 빼앗고 새로운 거점으로 삼았다.

2) 북인도 정복

차가다이 울루스의 유민들을 규합하며 카불의 소왕국을 다스리던 바부르는 1511년에야 다시 한번 사마르칸드에 입성할 수 있었다. 전년도에 무함마드 시바니 칸이 샤 이스마일이 이끄는 사파비 군대와의 전투에서 패사한 덕분이었다. 바부르는 이때 시아파 이슬람교도인 샤 이스마일의 지원을 받기 위해 시아파로 개종하기까지 했다. 그러나 이듬해 시바니 칸의 조카 우바이달라Ubaidallāh(1533~1540 재위)가 이끄는 우즈벡 군대가 기즈두반 전투에서 사파비 군대를 대파하고 마와라안나흐르 지역을 탈환하자 바부르는 다시 카불로 퇴각해야 했다.

바부르는 이후 카불 왕국의 통치에 전념하는 동시에 옛 차가다이 몽골인들과 마찬가지로 북인도 지역에 대한 약탈 원정을 여러 차례 감행했다. 그런데 1523년, 그에게 새로운 기회가 찾아왔다. 델리 술탄국에 반기를 든 편잡 지방의 영주가 그에게 지원을 요청한 것이다. 당시 델리 술탄국은 아프간인이 세운 로디 왕조Lodi dynasty의 지배하에 있었다.

바부르가 이끄는 티무르 군대는 1526년 4월 20일 델리 인근의 파니파트에서 벌어진 전투에서 술탄 이브라힘 로디Sultan Ibrāhīm Lōdī가 이끄는 델리 군대에 대승을 거두었다. 바부르는 《바부르나마》에서 이 전투에 대해 상세히 기록하고 있다. 그의 군대는 1만 2000명의 기병과 포병 부대로 이루어져 있었다. 바부르는 중앙에 포병 부대를 배치하고 좌우 측면을 기병들이 보호하는 진형을 갖추고 수적으로 우위에 있던 델리 술탄국 군대에 맞섰다. 이는 오스만제국 군대가 1514년 찰디란 전투에서 사파비 군대를 격파할 당시 취했던 진형이었다. 전투가 개시되자 바부르의 중앙군은 대포와 화승총을 사용해 델리 군대의 공격을 격퇴했고, 좌우익의 동차가다이(모굴) 기병들이 화살 세례를 퍼부으며 적군의 후방을 공격해 델리 군대를 궤멸시켰다.

바부르는 이듬해 인도의 토착 세력인 라즈푸트Rajput 연맹군을 격파하고, 1529년에는 북인도 동부의 벵갈 지역에 위치한 아프간계 국가들을 제압함으로써 북인도 정복을 마무리했다. 그가 인도 땅에서 재건한 티무르제국의 영역은 남북으로 괄리오르에서 히말라야산맥, 동서로 벵갈 지역에서 아프가니스탄의 칸다하르에 이르렀다. 중앙아시아에서 황제가 되고자 했던 바부르의 꿈이 마침내 인도 대륙에서 실현된 것이다.

아프간인은 누구인가?

❁

　오늘날 아프간인이란 명칭은 아프가니스탄의 국민을 지칭
한다. 이들은 파슈툰인, 타직인, 하자라인 등 여러 민족으로 이
루어져 있다. 그런데 근대 이전 인도에서 활약한 아프간인은 이
들 중 파슈툰인을 말한다. 이들은 용맹스러운 전사 민족으로서
구소련군에 이어 미군과 맞서 싸운 탈레반 집단의 주축을 이루
었다. 파슈툰인은 서이란계West Iranic 언어인 페르시아어Farsi를
사용하는 현대 이란인과는 달리 스키타이족의 언어가 속한 동
이란계 언어East Iranic를 사용한다. 유전자 조사에 따르면 파슈
툰인은 고대 중동 지역의 토착민에 유전적으로 더 가까운 현대
이란인에 비해 현 우크라이나 지역에서 기원한 고대 아리아인
(이란인)의 혈통을 더 잘 보존하고 있다. 1526년 당시 델리 술탄
국은 아프가니스탄 지역으로부터 남하한 아프간인들의 지배하
에 있었다. 따라서 바부르의 티무르 군대와 로디 왕조의 인도
군대의 대결은 그 내막을 들여다보면 차가다이 몽골인과 아프
간인의 싸움이었다.

무굴제국의 역참

무굴제국을 수립한 바부르는 몽골제국의 후예답게 먼저 북인
도의 아그라와 아프가니스탄의 카불을 잇는 역참(몽골어 '잠jam')
을 건설했다. 이 역참은 18코스kos(약 72킬로미터)마다 말 6마리,
운송병과 마부용 보급품, 말 사료 등을 비치해두는 거점들의 연
결망으로 이루어졌다.

바부르의 '투르크인' 정체성

중앙아시아 출신의 바부르는 스스로를 '인도인'이라 생각한
적이 없다. 그는 자서전인 《바부르나마》에서 인도에 대한 인상
을 다음과 같이 적었다. "인도는 이상한 나라이다. 우리나라와는
다른 세상이다. 인도의 산, 강, 숲, 황야, 마을과 지방, 동물과 식
물, 사람과 언어, 심지어는 비바람조차도 다르다."[8] 여기서 바부

르가 말한 '우리나라'란 어느 나라를 말하는가? 물론 티무르 왕조였다. 바부르는 《바부르나마》에서 자신을 포함한 티무르 왕조의 일원을 '투르크인'이라고 부른다. 반면 자신의 외가가 속한 동차가다이인은 '모굴인'이라고 부르며 이들을 문화적으로 미개한 집단으로 묘사한다. 이런 까닭에 일부 역사가들은 바부르가 몽골인이 아닌 투르크인 정체성을 가졌었다고 평가하기도 한다.

그런데 바부르가 말하는 '투르크인'은 현대적 의미의 '투르크인'이 아니었다. 바부르는 '투르크인'이라는 집단명을 티무르 제국의 일원을 지칭하는 데만 사용했다. 다른 투르크어 사용 집단인 우즈벡인, 카자흐인, 오스만인, 키질바슈인Qizilbāsh(사파비 제국의 투르크멘인)은 '투르크인'이라고 부르지 않았다. 현대 터키인의 선조인 오스만 투르크인은 '룸Rum인', 즉 로마인(비잔틴인)이라고 불렀다. 한편 바부르는 칭기스 칸은 '모굴인'이라고 부르지 않았다. 바부르가 사용한 '모굴인' 명칭 역시 현대적 의미의 '몽골인'이 아니었다. 다시 말해 바부르의 투르크인 정체성은 현대적 의미의 '투르크인' 정체성이 아닌 '티무르 일족 정체성'이었다.

바부르의 투르크인 정체성을 이해하기 위해서는 그의 학문적 스승이었던 알리쉬르 나바이Alīshīr Navā'ī(1441~1501)의 투르크관을 살펴볼 필요가 있다. 나바이는 페르시아어와 차가타이 투르크어로 많은 문학 작품을 남긴 티무르제국의 대표적 문인이다. 나바이는 자신의 저작 《두 언어의 비교Muhākamat al-lughatain》에서 투르크어가 페르시아어보다 문학 언어로서 더 우수하다는 지론을 펼치기도 했다. 그런데 나바이는 이 글에서 일 칸국의 시조 훌레구 칸Hülegü Khan을 최초의 '투르크인' 군주로 지칭한 반면 셀주크제국의 건국자 토그릴 벡Tughril Beg(1037~1063 재위)은 '이란인Sart'이라 지칭했다.[9] 몽골과 포스트 몽골 시기 중앙아시아에서 '투르크인'은 '타직인/사르트인'이라 불린 이란계 정주민에 대비되는 내륙아시아 유목민을 의미했으며 몽골인이 투르크인의 주류라고 인식되었다.[10] 즉, 나바이는 칭기스 칸을 따라 중앙아시아로 이주해 온 몽골제국의 건국집단을 자신의 선조로 본 것이다. 마찬가지로 바부르도 《바부르나마》에서 칭기스 칸의 법 '자삭'에 대해 이야기하며 칭기스 칸을 자신의 조상으로 묘사한다.[11] 따라서 우리는 나바이나 바부르의 '투르크인' 정체성에 대해 논할 때 이들이 차가다이 울루스 이전 중앙아시아를 지배했던 카라한 왕조나 셀주크제국의 투르크인이 아닌 '몽골인'을 자신의 선조로 여겼었던 점을 간과하면 안 된다.

바부르(우)와 그의 아들 후마윤(좌)을 그린 무굴제국 인물화(1650년경 작). 인도인을 닮은 악바르 이후의 무굴 황제들과는 달리 차가다이인의 외모를 지녔다.

3. 무굴제국의 전성기

1) 후마윤과 무굴제국의 일시적 와해

1530년 어느 날 바부르의 장남 후마윤이 중병에 걸려 사경을 헤매기 시작했다. 그러자 바부르는 아들의 침대 주위를 일곱 번 돌며 아들 대신 자신이 죽게 해달라고 신에게 기도했다고 한다. 그의 간청대로 후마윤은 회복했고 바부르는 그해 겨울에 4년간의 짧은 치세를 끝으로 삶을 마감했다.

후마윤Humāyūn(1530~1540, 1555~1556 재위)이 제위를 승계했는데 그가 물려받은 무굴제국은 중앙집권적 국가가 아니었다. 후마윤의 형제들은 각자의 영지를 지배했고 후마윤의 통치력은 이들 지역에 미치지 못했다. 후마윤은 셰르 샤Shēr Shāh(1540~1545 재위)가 이끄는 아프간인들이 인도 동북부 지방에서 세력을 확대해나가자 1539년에 이들을 진압하러 원정에 나서야 했는데 이 과정에서 형제들의 지원을 받지 못했다. 결국 원정은 큰 실패로 끝났고 후마윤은 오히려 이듬해 델리로 쳐들어온 아프간 군대에 패주해야 했다. 후마윤과 휘하 무굴인 집단은 북인도와 아프가니스탄 변경 지역을 떠돌다 사파비제국의 군주 타흐마습Tahmāsp(1524~1576 재위)을 찾아갔고 1545년 사파비 군대의 도움으로 동생 캄란의 수중에 있던 카불을 점령할 수 있었다. 후마윤은 이후 10년가량 카불에서 망명 정권을 이끌었다. 후마윤과 휘하 무굴인 집단은 1555년이 되어서야 셰르 샤의 사망 후 내분에 빠진 아프간인들을 몰아내고 델리로 귀환할 수 있었다.

그러나 후마윤은 이듬해 자신의 도서관 계단에서 발을 헛디디는 바람에 큰 부상을 입고 죽음을 맞이하게 된다. 기도 시간에 맞추어 움직이다 발생한 사고였다. 무굴제국을 재건한 지 불과 6개월 만의 일이었다.

2) 악바르와 무굴제국의 전성기

후마윤에 이어 그의 아들 악바르_Akbar_(1556~1605 재위)가 열세 살의 어린 나이에 황제의 자리에 올랐다. 무굴제국의 세밀화에 그려진 그의 외모가 중앙아시아인을 닮지 않은 것은 그의 모친이 이란인 여성이었기 때문이다. 악바르는 또한 무굴제국의 황제들 중 처음으로 인도(현 파키스탄의 신드 지방)에서 태어난 황제이기도 했다.

무굴제국은 '인도인' 황제 악바르의 치세에 진정한 제국으로 발돋움했다. 악바르는 수십 년간에 걸친 군사 원정을 통해 남부 데칸고원을 제외한 인도 대륙 대부분을 정복했다. 그는 1568년 라자스탄, 1573년 주요 무역항들이 위치한 구자라트, 1576년 아프간인이 지배하던 벵갈, 1585년 동생 미르자 하킴이 지배하던 카불, 1586년과 1596년 사이 카슈미르, 칸다하르, 신드를 무굴제국에 합병했다.

무굴제국의 건설과 운영을 뒷받침해준 군사·행정 제도는 병력과 자원의 효율적 동원을 가능하게 해준 만사브다리_manṣabdārī_ 제도이다. 악바르가 도입한 이 제도는 각지에 파견된 군지휘관(만사브다르 _manṣabdār_)들로 하여금 십진 단위의 기병 부대를 지휘하며 군사·행정 업무를 관장하게 하는 제도였다. 만사브다르들의 주 업무는 각 주둔지에서의 조세 징수와 기병 부대의 관리였다. 악바르가 직접 만사브다르들의 등급(만사브)을 정하고 이들의 주둔지역을 3~4년마다 바꾸었기 때문에 이 제도는 무굴제국의 중앙집권화에도 기여했다. 그런데 만사브다리 제도는 병력을 십진 단위로 편성한 유목 제국의 전통을 따랐다는 점에서 일부 연구자들은 이 제도가 몽골제국의 천호제千戶制에서 기원했다고 본다.[12]

한편 악바르는 왕권 강화를 위해 인도 북부와 중부 지역에 거주하는 토착 힌두교도 전사 집단인 라즈푸트인들을 무굴제국의 지배층에 편입시키는 동시에 이들과 혼인 동맹을 맺었다. 이는 유목민의 특성상 중앙집권적 통치 체제보다는 분권적 권력 구조를 선호하는 차가다이 울루스와 주치 울루스 출신의 귀족들을 견제하기 위해서였다. 아울러 악바르는 시아파 이슬람 국가인 사파비제국에서 종교적 박해를 피해 인도로 이주해 온 수니파 이슬람 학자들과 예술인들도 우대했다. 그 결과 16세기 중반에 무굴제국 지배층 내에서 과반수를 차지하던 차가

무굴제국의 수도(1571~1585) 파테푸르 시크리의 전경. '승리의 도시'를 의미하는 파테푸르 시크리는 악바르 황제의 명으로 1571년에 건설되었는데 같은 해 크림 칸국은 모스크바를 점령했고, 북원은 명나라에 통상조약의 체결을 관철시켰다.

다이 울루스와 주치 울루스 출신의 귀족 비율은 점차 줄어들게 되었다.

악바르의 치세에 무굴제국이 안정적으로 번영할 수 있었던 요인 중 하나는 그의 관용적 종교정책이었다. 악바르는 비이슬람교도에 부과되던 인두세인 지즈야jizya를 폐지했고 힌두교 사원들의 건설도 용인했다. 그는 수니파 이슬람교도뿐 아니라 시아파 이슬람교도, 힌두교도, 시크교도, 기독교도 등이 참여하는 종교 토론회들을 주관할 정도로 개방적인 종교관을 가진 군주였다. 악바르 본인은 이슬람교, 힌두교, 기독교, 조로아스터교 등의 교리들을 수용한 '신성한 종교Din-i ilāhi'라 불린 열린 신앙을 가졌던 것으로 유명하다.

악바르의 치세에 무굴제국은 문화, 예술적으로도 번영했다. 악바르

몽골제국의 역사를 묘사한 무굴제국의 세밀화들

❋

악바르의 치세에 꽃을 피운 무굴제국의 세밀화들은 일 칸국과 티무르제국에서 발전한 이란의 미술 기법과 인도 고유의 미술 기법의 융합으로 탄생했다. 무굴제국에서는 악바르의 명으로 일 칸국의 몽골제국의 역사서인《집사》가 재출간되었는데 여기에 많은 세밀화가 제작, 수록되었다.

는 일 칸국과 티무르제국의 통치자들과 마찬가지로 특히 건축 분야와 세밀화 부문을 후원했다. 그가 추진한 대표적 건축 프로젝트는 1571년에 건설된 파테푸르 시크리Fatehpur Sikri시이다. 악바르는 '승리의 도시'를 의미하는 파테푸르 시크리를 약 1571년부터 1585년까지 무굴제국의 수도로 삼았다. 악바르가 종교 토론회들을 개최한 곳도 바로 이곳이었다.

3) 자한기르와 샤 자한

악바르의 뒤를 이은 그의 아들 자한기르Jahāngīr(1605~1627 재위)는 악바르의 힌두교도 포용 정책을 유지해나가는 동시에 군사 원정을 통해 인도 남부 데칸고원의 여러 왕국들을 복속시켰다. 자한기르의 아들 샤 자한Shāh Jahān(1628~1658 재위)도 유능한 황제였다. 그는 특히 인도의 대표적 건축물인 타지마할의 건설자로 유명하다. 타지마할은 샤 자한이 총애하던 황후 뭄타즈 마할Mumtāz Maḥal이 1631년에 사망하자 그녀를 기리기 위해 아그라에 그가 건설한 영묘이다.

샤 자한은 또한 티무르제국의 고토 회복을 위해 대규모 군사 원정을 단행한 유일한 무굴 황제이기도 하다. 그는 우즈벡 칸국에 내분이 발생하자 1646년에 포병 부대를 포함한 6만 대군을 파견해 우즈벡 칸국의 남부에 위치한 발흐를 점령하고 아들 아우랑제브Aurangzib를 총독으로 임명했다. 그러나 무굴 군대는 더 이상 북상하지 못하고 우즈벡 칸국과 카자흐 칸국의 동맹군대의 반격을 받아 1년 뒤 퇴각해야 했다.

한편 자한기르와 샤 자한의 통치기에는 농업과 상업, 그리고 수공업 분야가 발전했는데 그 결과 조세 수입이 크게 늘어나 무굴제국은 세계 적인 부국으로 발돋움했다.

4) 아우랑제브와 무굴제국의 분열

샤 자한에게는 네 명의 아들들이 있었다. 1658년 그가 병상에 눕게 되자 아들 간에 왕위 다툼이 벌어졌는데 승자는 아우랑제브(1658~1707 재위)라는 아들이었다. 알람기르ʿĀlamgir라는 이름으로도 알려진 아우 랑제브는 이후 정복 군주로서 이름을 떨친다. 그는 17세기 중반까지 도 무굴제국이 합병하지 못했던 인도 남부 데칸고원의 이슬람 왕조들 을 정복했다. 그의 치세에 무굴제국은 인도 대륙 거의 전역을 지배하 게 되었다. 그러나 최대 판도를 이룬 그 시점에 무굴제국은 쇠퇴하기 시작한다. 아우랑제브의 비포용적 종교 정책 때문이었다. 이슬람 광신 도라고 할 수 있는 아우랑제브는 악바르 이래 유지되어 온 힌두교도 포용정책을 폐기했다. 힌두교도들을 관직에서 축출했고 악바르가 폐 지했던 인두세 지즈야도 부활시켰다. 더 나아가 힌두교 사원들을 파 괴하고 그 폐허 위에 이슬람 사원들을 세우기도 했다. 이러한 그의 비 포용적 종교 정책은 결국 무굴제국에 협력했던 인도 북서부의 라즈푸 트인, 인도 중서부 지역의 힌두교 집단인 마라타Maratha인, 유일신을 믿으며 인도의 카스트 제도를 거부한 펀잡 지방의 신흥 종교 집단인 시크Sikh교도들의 반란을 불러일으켰다. 인도 전역이 반란의 소용돌 이에 휩쓸리게 된 것이다. 반란의 진압에 소요되는 비용으로 인해 무 굴제국의 재정은 고갈되어 갔다. 특히 게릴라 방식의 저항 활동을 펼 친 마라타인들은 강력한 독립 국가를 수립했고 이는 결국 무굴제국의 와해로 이어지게 되었다. 마침 이 시기부터 영국 동인도 회사가 인도를 공략하기 시작했다.

4. 무굴제국의 쇠퇴와 멸망

아우랑제브의 뒤를 이은 바하두르 샤 1세Bahādur Shāh I(1707~1712 재위)와 무함마드 샤Muḥammad Shāh(1719~1748 재위)의 통치기를 거치며 무굴제국은 사실상 해체되었다. 무굴 황제가 임명한 지방 영주들이 독립하기 시작했고, 힌두교도들과 시크교도들의 반란이 이어지는 가운데 이란의 새 통치자인 나디르 샤Nādir Shah(1736~1747 재위)가 무굴제국을 침공했다. 나디르 샤는 투르크멘인 군사 지휘관으로서 사파비제국을 점령한 아프간인들을 몰아낸 다음 1736년 스스로 이란의 왕위에 오른 인물이었다. 그는 1739년에 델리를 점령하고 약탈한 뒤 되돌아갔다.

나디르 샤의 침공보다 무굴제국에 더 큰 타격을 준 것은 마라타인들의 부상이었다. 이들은 1750년대 들어 북인도 지역까지 진출했고 1785년에는 델리까지 점령했다. 인도의 토착 세력이 13세기 초 델리 술탄국의 등장 이후 5세기 이상 계속되어온 외래 이슬람 세력의 인도 지배를 마침내 종식시킨 것이다. 그러나 '인도인에 의한 인도 지배'는 오래가지 못했다. 대영제국이 인도를 식민화하기 시작했기 때문이다. 동인도 회사를 통해 세력을 점차 키워가던 영국은 18세기 말에는 인도 대륙 대부분 지역을 차지했고 1803년에는 델리까지 점령했다. 영국 정부는 무굴 일족을 인도의 허수아비 황제로 임명해나가다 1857년에 바하두르 샤 2세Bahādur Shāh II(1775~1862)를 폐위시킨 뒤 인도를 합병했다. 이리하여 16세기 초 시작된 몽골제국 후예들의 인도 지배는 공식적으로 막을 내리게 되었다.

아르군 왕조(1520~1591): 16세기 북인도에 존재했던 잊힌 몽골제국 계승국가

❁

아르군 왕조는 16세기에 현 아프가니스탄 남부와 파키스탄의 신드 지역을 지배한 잊힌 몽골제국 계승국이다. 15세기 말 티무르제국의 한 지방 정권으로 시작해 16세기 말 무굴제국에 합병될 때까지 존속했다.

그 시조는 호라산의 티무르조 통치자 술탄 후사인 바이카라(1469~1506 재위)가 칸다하르의 총독으로 임명한 줄눈 벡 아르군 Zu'l-Nun Beg Arghun이다. 줄눈 벡은 일 칸국의 4대 군주 아르군 칸의 후손이었다. 일부 현대 사가들은 줄눈 벡의 칭기스 혈통을 의심하기도 하지만 15세기 말 몽골 세계의 일부였던 티무르 왕조 내에서 거짓으로 칭기스 혈통을 내세우는 것은 불가능에 가까운 일이었다.

줄눈 벡은 1504년 마와라안나흐르에서 티무르제국의 유민들을 이끌고 남하한 바부르에 카불을 내줘야 했고, 1507년에는 무함마드 시바니 칸이 이끄는 우즈벡군과 싸우다 전사했다.

왕위를 계승한 그의 아들 샤 벡Shäh Beg은 시바니 칸에 복속했다.

샤 벡은 카불에 자리 잡은 바부르와의 대결을 피하며 1520년에 현 파키스탄에 위치한 신드 지방을 인도 토착 왕조인 삼마Samma 왕조로부터 탈취했다. 하지만 1522년에 바부르가 칸다하르를 점령하자 그는 신드 지방의 부쿠르로 수도를 옮겨야 했다. 1524년에는 그의 아들 샤 후사인이 왕위를 승계했다. 샤 후사인은 바부르의 종주권을 인정했으나 바부르의 아들 후마윤이 1540년에 아프간계 셰르 왕조에 의해 축출된 후 자국 영토에 정착하려 할 때는 이를 저지했다.

아르군 왕조는 1554년 남신드와 북신드 정권으로 분열되었다. 이후 무굴제국의 악바르 황제에 의해 북신드와 남신드 지역이 각각 1573년과 1591년에 정복되면서 아르군 왕조는 역사의 뒤안길로 사라졌다.

델리 술탄국의 몽골 이주민 집단과 용병들

무굴제국 이전 북인도를 지배한 국가는 델리 술탄국이다. 델리 술탄국은 13세기 초부터 16세기 초까지 델리를 중심으로 북인도를 지배한 5개의 투르크계 및 아프간계 이슬람 왕조들을 일컫는다. 맘룩 왕조Mamluk dynasty(1206~1290)를 시작으로 칼라지 왕조Khalaji dynasty(1290~1320), 투글룩 왕조Tughluq dynasty(1320~1413), 사이드 왕조Sayyid dynasty(1414~1451), 로디 왕조Lodi dynasty(1451~1526)로 이어졌다. 델리 술탄국은 이집트의 맘룩 술탄국처럼 몽골군의 침략을 여러 차례 격퇴한 군사 강국이었다. 그런데 델리 술탄국은 맘룩 술탄국처럼 몽골인 이주민 집단을 통해 몽골 세계와 연결되어 있었다.

맘룩 왕조(1206~1290)의 몽골인 이주민 집단

기야스 알딘 발반Ghiyāth al-Din Balban(1266~1287 재위)은 맘룩 왕조의 9번째 술탄이다. 그는 킵착 일바리Ölberli 부 출신의 노예 군인이었다. 킵착 집단은 몽골제국 등장 이전 현 흑해 초원에서 카자흐 초원에 이르는 광활한 초원 지역에 거주하던 유목민 집단으로서 투르크어 사용 부족들 외에 이란어와 몽골어 사용 부족들도 일부 포함하고 있었다. 일바리는 킵착 부족들 중 거란이나 타타르처럼 몽골계 언어Mongolic를 사용했을 것으로 추정되는 부족이다.[13]

발반의 통치기에 많은 수의 몽골인 이주민들이 델리 술탄국으로 망명해 왔다. 이들은 '새 무슬림nau muslimān'이란 이름으로 불렸으며 델리 시내의 '칭기스Chingizi'라는 구역에 거주했다. 발반의 신하들 중 5분의 1이 이들 몽골인 이주민 출신이었다고 한다.[14] 이들은 발반의 손자 카이쿠바드(1287~1290 재위)가 권좌에 오르는 데에도 기여했다. 그러나 카이쿠바드는 이들의 영향력이 커지자 이들의 상당수를 처형했다.

칼라지 왕조(1290~1320)의 몽골인 이주민 집단

칼라지 왕조의 시조는 잘랄 알딘 칼라지Jalāl al-Dīn Khalajī (1290~1296 재위)이다. 그의 선조 집단이 투르크계인지 아프간계인지에 대해 이견이 존재한다. 인도인 역사학자 수닐 쿠마르Sunil Kumar는 일 칸국과 델리 술탄국 사료들의 연구를 바탕으로 잘랄 알딘이 델리 술탄국으로 이주해 오기 전 인더스강 서안에 위치한 빈반 지방의 몽골 총독을 지냈다고 추정한다.[15] 이의 사실 여부를 떠나 칼라지 왕조 내부에는 몽골인 이주민들이 다수 거주했다. 잘랄 알딘으로부터 왕위를 찬탈한 그의 조카이자 사위였던 알라 알딘'Alā' al-Dīn(1296~1316 재위)은 1311년 일부 몽골인 아미르들이 반란을 모의하자 몽골 이주민들을 집단 학살했다. 이는 반란 모의 때문이기도 했지만 1303년 차가다이 군대에 델리를 점령당했던 기억 때문이었는지도 모른다. 후대의 기록에 의하면 2만 명가량의 몽골인들이 이때 살해당했다고 한다. 물론 이 수는 과장된 정보일 수 있다. 이 일이 있은 뒤에도 차가다이 몽골인 이주민들은 델리 술탄국으로 이주해 왔다.

투글룩 왕조(1320~1413)의 카라우나스 몽골인 집단

칼라지 왕조에 이어 델리 술탄국을 지배한 왕조는 투글룩 왕조이다. 이 왕조의 시조 기야스 알딘 투글룩Ghiyāth al-Dīn Ṭughluq (1320~1325 재위)은 몽골인 이주민이었을 가능성이 크다. 델리 술탄국을 방문했던 북아프리카인 여행가 이븐 바투타가 그를

'카라우나스 투르크인'이라고 자신의 여행기에 기록했기 때문이다.[16] 카라우나스 집단이 아프가니스탄의 몽골 주둔군 집단에서 기원한 부족이었다는 점은 잘 알려진 사실이다. 그리고 이븐 바투타는 자신의 여행기에서 몽골인을 '투르크인' 혹은 '타타르인'이라고 지칭했다. 이런 까닭에 델리 술탄국 연구의 권위자인 피터 잭슨Peter Jackson도 투글룩을 '투르크-몽골계'로 분류한다.[17] 델리 술탄국의 역사가 아미르 쿠스라우Amir Khusrau는 투글룩을 단순히 '유목민'이라고만 기록했다. 아미르 쿠스라우에 따르면 투글룩의 군대는 '오구즈인', '투르크인', '몽골인'으로 이루어졌었다.[18]

투글룩 왕조는 투글룩의 아들 무함마드 빈 투글룩Muḥammad bin Ṭughluq(1324~1351 재위)의 통치기에 전성기를 누렸다. 무함마드는 차가다이 울루스의 침공군을 격퇴하기도 했다. 그러나 차가다이 울루스의 타르마쉬린 칸이 폐위된 후 그의 부하들과 자손들이 델리 술탄국으로 집단 이주했다. 이븐 바투타에 의하면 그 수가 4만에 달했다.[19] 무함마드는 차가다이 울루스가 동서로 분열된 후 서부 진영의 실권자였던 카라우나스 부의 수령 카자간과도 우호 관계를 유지했다. 1350년경 무함마드가 신드 지역을 공략할 때 카자간은 지원군을 파견하기도 했다.

로디 왕조(1451~1526)의 몽골인 용병들

델리 술탄국의 마지막 왕조는 아프간계 로디 왕조였다. 그 시조 바흐룰 로디는 1441년경 아프간인, 몽골인, 힌두인으로 구성된 군대를 이끌고 펀잡 지방을 정복했다. 그의 통치 기간 중

몽골인 용병의 수는 2만에 달했다고 한다.[20]

데칸고원 바흐마니 왕조(1347~1527)의 몽골인 용병들

남인도(데칸고원)의 첫 이슬람 국가인 바흐마니 술탄국은 자파르 칸(1347~1358 재위)이 아프간인과 몽골인 용병들의 도움으로 델리 술탄국으로부터 독립해 세운 국가이다. 피루즈 샤(1397~1422 재위)와 아흐마드 샤(1422~1436 재위)는 칭기스 일족 2명을 포함한 수천 명의 몽골군을 휘하에 두었으며 이들을 우대했다고 한다.[21]

이처럼 13~15세기 북인도를 지배한 델리 술탄국은 몽골인 이주민 집단을 통해 몽골 세계와 연결되어 있었다.

3장

모굴 칸국

동차가다이 울루스 국가

모굴 칸국(동차가다이 울루스)은 14세기 중반부터 16세기 초까지 천산산맥 북방의 초원 지역을 중심으로 중앙아시아 동부 지역을, 16세기 초부터 17세기 말까지는 타림 분지와 투르판 분지로 이루어진 현 신장의 남반부(일명 동투르키스탄)를 지배한 몽골제국 계승국가이다. 차가다이 칸의 후손 투글룩 테무르가 그 시조이다. 차가다이 울루스는 14세기 중반 모굴리스탄(현 카자흐스탄의 동남부와 신장 서북부에 위치한 초원 지역)과 마와라안나흐르(현 우즈베키스탄의 영토와 겹치는 아무다리야강과 시르다리야강 사이의 오아시스 농경 지역)를 각각 중심으로 하는 동서 진영으로 분열했는데 이들은 각각 모굴 칸국과 티무르제국으로 발전했다. 16세기 들어 모굴 칸국은 주치 울루스의 계승국들인 우즈벡 칸국과 카자흐 칸국에 밀려나 현 중국 신장 지역으로 그 영역이 축소되었고 이 과정에서 많은 수의 모굴인들이 카자흐인, 우즈벡인, 무굴인 집단에 흡수되었다. 모굴 칸국은 17세기 말 오이라트인의 준가르제국에 합병되었다.

1. 모굴인은 몽골인인가?

모굴 칸국의 유목민들은 스스로를 '모굴인Moghul'이라고 불렀다.[1] 모굴은 몽골을 투르크어로 발음한 것이다. 몽골계 두글라트 부 출신의 16세기 모굴 칸국 역사가 무함마드 하이다르 두글라트Muḥammad Ḥaidar Dughlāt(1499~1551)는 자신이 저술한 모굴 칸국의 역사서 《라시드사史, Tārīkh-i Rashīdī》에서 모굴인에 대해 다음과 같이 썼다. "칭기스 칸의 민족 (울루스)은 네 집단으로 갈라졌는데 그중의 하나가 모굴인(몽골인)이다. 모굴인은 다시 모굴인과 차가다이인(티무르 일족)으로 나뉘었다."[2] 그런데 그는 북원 몽골인을 포함하는 몽골 초원의 유목민들을 모굴인이라 부르지 않고 '이슬람에 귀의하지 않은 자'를 의미하는 '칼막인Qalmaq'이라고 불렀다. 이를 보면 모굴인들은 스스로를 몽골제국의 적자라고 여겼는지도 모른다.

그런데 무함마드 하이다르가 티무르 일족을 모굴인의 한 갈래로 보았듯이 티무르제국의 사가들도 모굴인을 종종 티무르 일족과 마찬가지로 차가다이인이라고 지칭했다. 예컨대 16세기 초 티무르제국의 역사가 콴다미르Khvāndamīr는 자신의 저서에서 모굴인을 차가다이인이라고 지칭한다.[3]

모굴인은 차가다이인보다 더 오랫동안 몽골어를 사용한 것으로 보인다. 무굴제국의 건국자 바부르가 모굴 칸국의 군주이자 자신의 외삼촌이었던 술탄 마흐무드 칸을 만난 뒤 적은 기록을 보면 16세기 초 모굴인은 군사 의식을 행할 때 몽골어를 사용했다. 그러나 그의 외삼촌들은 바부르와 대화할 때 투르크어를 사용했다. 몽골계 두글라트부 출신이었던 무함마드 하이다르가 구사할 수 있었던 언어도 몽골어가 아닌 투르크어와 페르시아어였다. 모굴인은 차가다이인이나 두 주치 울루스계 민족인 우즈벡인과 카자흐인과 마찬가지로 투르크계 언어를 사용하는 집단이었던 것이다. 따라서 동차가다이인의 몽골인 정체성은 몽골어가 아닌 몽골인 후예의식에 바탕을 둔 것이었다.

이러한 사실들은 동차가다이 울루스의 모굴인을 '몽골인'으로, 서차가다이 울루스의 차가다이인, 즉 티무르제국의 일원들을 '투르크인'으로 보는 일부 시각은 결코 옳지 않다는 것을 말해준다.

2. 투글룩 테무르와 모굴 칸국의 수립

차가다이 울루스는 이슬람으로 개종한 타르마쉬린 칸Tarmashirin Khan (1331~1334 재위)이 반대 세력에 의해 퇴위당한 뒤 혼란기를 거치며

1340년대 말 각각 모굴리스탄과 마와라안나흐르 지역을 중심으로 하는 동서 차가다이 진영으로 분열되었다. 서부 차가다이 진영에서는 1340년 말부터 몽골계 군사집단에서 기원한 카라우나스Qara'unas 부의 수령 아미르 카자간Amīr Qazaghan(1346~1358 재위)이 실권을 장악하고 칭기스 일족들을 허수아비 칸으로 추대했다. 비슷한 시기에 동부 차가다이 진영에서는 투글룩 테무르Tughluq Temür(1347~1363 재위)가 몽골계 두글라트 부의 수령 아미르 불라지Amīr Būlājī에 의해 칸으로 추대되었다. 그러나 투글룩 테무르는 허수아비 군주가 아니었다. 그는 이슬람을 모굴 칸국의 국교로 선포할 수 있는 실질적인 권력을 가진 지배자였다.

투글룩 테무르는 1358년에 아미르 카자간이 살해된 후 서차가다이 진영이 내분에 휩싸이자 마와라안나흐르 지역을 1360년과 1361년 두 차례 침공해 10년 이상 분열되어 있던 차가다이 울루스를 재통일했다. 그는 아들 일리야스 호자Ilyās Khvāja에게 서차가다이 지역의 통치를 위임하고 자신은 모굴리스탄으로 귀환했다.

2년 후 투글룩 테무르가 사망하자 일리야스 호자는 모굴리스탄으로 돌아와 칸위를 승계했다. 그사이 서차가다이 진영은 그에게 맞서던 카라우나스 부의 수령 아미르 후사인의 수중으로 넘어갔다. 일리야스 호자는 1365년 서차가다이 울루스를 다시 침공해 아미르 후사인과 그의 부하였던 티무르를 격파했지만 사마르칸드를 함락시키지 못하고 진중에 역병이 돌자 모굴리스탄으로 귀환해야 했다. 그리고 얼마 뒤 그 또한 사망했다.

일리야스 호자에 이어 모굴 칸국의 권좌를 차지한 인물은 두글라트 부의 수령 카마르 알딘Qamar al-Dīn(1365~1390? 재위)이다. 그는 투글룩 테무르를 칸으로 옹립했던 볼라지의 동생이었는데 투글룩 테무르 칸의 가족 대부분을 살해하고 스스로 칸이 되었다. 카마르 알딘은 몽골 세계에서 칭기스 칸의 남계 후손만이 칸이 될 수 있다는 정치 불문율을 무시한 최초의 인물이다. 일리야스 호자도 그가 살해했을 수 있으나 정확한 것은 알 수 없다. 어쨌든 그는 재위 기간의 대부분을 서차가다이 울루스의 패권을 장악한 티무르의 군대에 쫓기며 보내야 했다. 결국 그는 1390년경 티무르의 원정군을 피해 숲속으로 도주한 뒤 행방불명되며 역사의 기록에서 사라졌다.

이후 볼라지의 아들 후다이다드Khudāydād가 두글라트 부의 수령이 되어 투글룩 테무르 칸의 막내아들 히즈르 호자Khiżr khvāja(1390?~1399 재위)를 칸으로 추대했다. 히즈르 호자 칸은 티무르에 신속하여 딸 투칼 카눔을 티무르에게 시집보냈고, 그의 다른 딸 말리카트 아가는 티무르의 아들 샤루흐에게 주었다. 동서 차가다이 울루스는 이처럼 모굴 칸국이 티무르에 복속하는 형태로 다시 통일을 이루었다.

3. 15세기의 모굴 칸국: 티무르제국과의 세력 균형

1405년에 티무르가 사망한 이후 약 한 세기 동안 모굴 칸국과 티무르제국은 각각 차가다이 울루스의 동반부와 서반부를 지배하며 세력 균형을 이루었다. 양측은 서로를 거듭해서 침략했으나 어느 한쪽이 상대를 압도하지는 못했다.

모굴 칸국은 히즈르 호자 칸의 증손자 우와이스 칸Vais Khan(1425~

1429? 재위)의 통치기에 티무르제국의 경쟁상대로 부상했다. 그러나 우와이스 칸의 주적은 티무르제국이 아니라 몽골 초원의 지배 세력이었던 오이라트 집단이었다. 그는 오이라트군과의 전투에서 계속해서 패하고 두 번이나 생포되었다. 그중 한 번은 우와이스 칸은 자신의 누이를 오이라트의 수령 에센 타이시Esen Taishi에게 시집보내고 풀려날 수 있었다. 그러나 우와이스 칸이 최후를 맞이한 것은 티무르 군대의 손에 의해서였다. 이식쿨 호수 근처에서 사냥하던 중 티무르제국의 마와라안나흐르 지역 통치자 울룩 벡이 보낸 사툭 칸Satūq Khan의 기습 공격을 받고 사망한 것이다. 사툭 칸은 울룩 벡이 명목상의 군주로 추대한 칭기스 일족이었다. 사툭 칸은 모굴 칸국의 권좌를 차지하려고 했으나 모굴인들의 지지를 받지 못했고, 결국 권좌를 이은 이는 우와이스 칸의 아들 에센 부카 2세Esen Buqa II(1429?~1462 재위)였다. 에센 부카 칸은 티무르제국을 수시로 약탈했고, 1451년 마와라안나흐르 지역을 차지한 아부 사이드는 이에 대응해 자국에 망명 중이던 에센 부카 칸의 형 유누스에게 군사를 주어 모굴 칸국을 공격하도록 했다. 에센 부카 칸은 유누스를 패퇴시켰으나 유누스는 다시 아부 사이드의 지원을 받아 모굴리스탄의 변경 지역에 거점을 마련할 수 있었다.

에센 부카는 주치 울루스 좌익의 칭기스 일족인 자니벡과 기레이가 당시 주치 울루스 좌익의 지배자였던 아불 하이르 칸에 반기를 들고 휘하 부족민들과 함께 모굴 칸국으로 망명해 오자 이들을 환대하며 모굴리스탄의 서쪽 변경 지역의 목초지를 내주었다. 이들을 통해 유누스를 견제하기 위해서였다. 자니벡과 기레이는 1468년에 아불 하이르 칸이 세상을 떠난 후 동킵착 초원(카자흐 초원)의 패권을 장악했는데 이들이 세운 나라가 카자흐 칸국이다. 15세기 중반 모굴 칸국과 티무르제국 사이의 정치적 역학관계가 카자흐 칸국이라는 새로운 칭기스 왕조의 출현에 기여했던 것이다.

에셴 부카 칸이 사망한 이후 그의 아들 두스트 무함마드Dūst Muḥammad (1462~1469 재위)가 칸위를 이었다. 두스트 무함마드 칸이 1469년에 병사한 후에는 마침내 유누스 칸Yūnus Khan(1469~1487 재위)이 모굴인들의 지지를 받아 칸위에 오를 수 있었다. 이후 유누스 칸은 아부 사이드

유누스 칸의 영묘(타슈켄트 소재). 모굴 칸국의 전성기를 이끈 유누스 칸은 무굴제국의 창시자 바부르의 외조부였다.
(ⓒAlexander Raykov / Wikipedia)

와 우호 관계를 유지했다. 그의 세 딸이 아부 사이드의 세 아들과 혼인할 정도로 둘은 사이가 좋았다. 1469년에 아부 사이드가 아제르바이잔 원정에 나섰다 사망한 후에는 유누스 칸이 차가다이 세계 내에서 가장 강력한 군주가 되었다. 그는 자신의 사위들이 타슈켄트의 지배권을 두고 서로 싸우자 중재자로 나서 자신이 타슈켄트를 차지해버렸다. 유누스 칸은 이후 타슈켄트를 수도로 삼아 모굴 칸국을 통치했고 북방 초원 지역의 통치는 둘째 아들 술탄 아흐마드 칸에게 맡겼다.

유누스 칸의 사후 모굴 칸국은 그의 아들들인 술탄 마흐무드 칸Sulṭān Maḥmud Khan(1487~1508 재위)과 술탄 아흐마드 칸Sulṭān Aḥmad Khan(1487~1503 재위)에 의해 분할 통치된다. 형 술탄 마흐무드 칸은 타슈켄트를 중심으로 모굴 칸국의 서부를 지배했고, 동생 아흐마드 칸은 모굴 칸국의 본거지인 모굴리스탄 지역을 지배했다.

4. 16세기 이후의 모굴 칸국: 동투르키스탄의 지배

그러나 모굴 칸국은 16세기 초 티무르제국을 정복하고 마와라안나흐르에 우즈벡 칸국을 수립한 주치 울루스의 무함마드 시바니 칸Muḥammad Shībānī Khan(1500~1510 재위)에게 영토의 서반부를 상실하게 된다. 시바니 칸에 맞서기 위해 술탄 마흐무드 칸과 술탄 아흐마드 칸, 두 형제가 힘을 합쳤으나 이들은 1503년 아흐시 전투에서 시바니 칸에 완패하고 생포되었다. 시바니 칸은 옛 친분을 생각해 두 형제를 풀어주었으나 타슈켄트와 페르가나 지방을 자신이 차지하고 모굴군 역시 우즈벡 군대에 편입시켰다. 이로써 모굴인의 상당수가 우즈벡인이 되었다. 이 패배 이후 술탄 아흐마드 칸은 모굴리스탄에서 병사했고, 술탄 마흐무드 칸은 1508년에 시바니 칸을 다시 찾아갔다가 처형되었다.

1) 우즈벡 · 카자흐 칸국의 탄생과 모굴 칸국의 역할

사실 정치적 방랑객에 불과하던 시바니 칸의 부상에 큰 역할을 한 이는 술탄 마흐무드 칸이었다. 시바니 칸은 그의 조부 아불 하이르 칸이 1468년 사망한 후 20여 년간 방랑 생활을 했는데 술탄 마흐무드 칸에게 오트라르Otrar시를 영지로 받으면서 정치적 기반을 마련할 수 있었다. 술탄 마흐무드 칸은 1494~1495년에 티무르제국의 술탄 아흐마드(모굴 칸국의 술탄 아흐마드 칸과는 동명이인)와 그의 동생들이 연이어 사망하면서 술탄 마흐무드 칸의 어린 조카 바이숭구르Bāysunghur가 티무르제국을 통치하게 되자 1498년에 사마르칸드를 공격했다. 그러나 그는 티무르 군대에게 격퇴됐고, 이후 시바니 칸에게 사마르칸드의 정복을 맡겼다. 시바니 칸은 이를 기회로 삼아 1500년에 사마르칸드를 점령한 데 이어 아불 하이르 칸의 옛 지지 세력을 규합해 티무르제국의 정복에 착수할 수 있었다.

에센 부카 칸이 자니벡과 기레이에게 도피처를 제공함으로써 카자흐 칸국의 출현에 기여했던 것처럼 술탄 마흐무드 칸은 시바니 칸에게 영지를 제공하고 중용함으로써 우즈벡 칸국의 등장에 기여했던 것이다. 아이러니하게도 두 주치 울루스계 국가의 출현은 모굴 칸국에게는 치명적인 결과를 가져왔다. 모굴 칸국은 타슈켄트와 페르가나 지방을 우즈벡 칸국에 빼앗긴 데 이어 모굴리스탄 지역마저 카자흐 칸국에 내주어야 했기 때문이다. 이로써 모굴 칸국의 영역은 현 중국 신장의 남반부 지역으로 축소되었다.

신장의 여러 다른 지명들: 모굴리스탄, 준가리아, 카슈가리아, 위구르스탄, 동투르키스탄

❁

현 중국의 신장(신강新疆) 지역은 천산산맥을 경계로 북부의 초원 지역과 남부의 오아시스 지역으로 구분된다. 북방의 초원 지역은 과거에 '모굴리스탄(몽골인의 땅을 의미)'이라고 불린 일리 강 유역의 초원 지역과 '준가리아'라고 불린 몽골 알타이산맥과 천산산맥 사이의 초원 지역으로 나눌 수 있다. 옛 모굴리스탄의 대부분 지역은 '제티 수(러시아어로 '세미레치예')'라고 불리며 현재 카자흐스탄에 속해 있다.

신장의 오아시스 지역은 크게 타림 분지와 투르판 분지로 구분된다. 학계에서 전자는 '카슈가리아(과거 여섯 도시를 의미하는 '알티샤흐르'로 불림)', 후자는 '위구르스탄'이라고도 부른다. 과거 카슈가리아의 대표 도시들은 카슈가르와 야르칸드였고, 위구르스탄의 대표 도시들은 투르판과 하미였다. '동투르키스탄'은 한때 서구 학계에서 타림 분지와 투르판 분지를 통틀어 부르던 명칭으로, 마와라안나흐르(트란스옥시아나) 지역을 지칭하는 '서투르키스탄'과 대비되는 상대적 명칭이다.

2) 동투르키스탄의 모굴 칸국

숫탄 아흐마드 칸의 사망 이후 그의 아들들인 만수르 칸Manṣūr Khan (1503~1543 재위)과 사이드 칸Saʿīd Khan(1514~1533 재위)이 현 신장의 남반부 지역으로 그 영역이 축소된 모굴 칸국을 동서로 분할 통치했다. 만수르 칸은 투르판 분지(위구르스탄)를 지배했는데 1513년에는 차가다이 칸의 후손이 지배하던 하미의 칸국을 수중에 넣었다. 이 소왕국은 차가다이 칸의 후손인 구나쉬리Gunashiri가 원제국 멸망 후 1390년 경 세운 나라로서 16세기 초에는 명제국의 속국이었다. 만수르 칸은 명제국을 상대로 영토를 확장했던 것이다.

한편 만수르 칸의 동생 사이드 칸은 아흐시 전투 후 시바니 칸의 포로가 되었다 도주한 뒤 모굴리스탄, 카불, 안디잔 등지를 떠돌아다녀야 했다. 그러다 1514년이 되어 두글라트 부의 아미르인 아부 바크르가 지배하고 있던 카슈가리아 지역을 침공해 자신의 왕국을 세울 수 있었다. 모굴 칸국 내에서는 망갈라이 수베Mangalai Sübe라고 불렸던 카슈가리아 지역은 몽골제국 시기부터 두글라트 부의 영지였는데 이후 칭기스 일족의 직할지가 되었다. 현대 사가들은 카슈가리아 지역의 야르칸드를 수도로 삼은 이 칭기스 왕조를 '야르칸드 칸국Yarkand Khanate'이라고도 부른다.

만수르 칸이 사망한 후 그의 아들 샤 칸Shāh Khan(1543~1570 재위)이 1570년경까지 투르판 지역(위구르스탄)을 지배했다. 그러나 투르판의 모굴 칸국은 이후 사이드 칸의 후손들이 지배하는 야르칸드 칸국에 흡수되었다. 야르칸드 칸국에선 사이드 칸의 사후 그의 아들 압둘 라시드 칸ʿAbd al-Rashīd Khan(1533~1560 재위)이 칸위를 승계했다. 모굴 칸국의 역사가 무함마드 하이다르는 바로 이 압둘 라시드 칸에게 자신이 북인도의 카슈미르 지역에서 완성한 모굴 칸국 역사서를 헌상했다. 그래서 그 제목이 페르시아어로 '라시드의 역사서'를 의미하는 《타리히 라시드Tārīkh-i Rashīdī(라시드사)》이다. 이 책에서 무함마드 하이다르는 압둘 라시드 칸이 모굴 칸국 역사상 처음으로 주치 울루스 군대에 승리를 거둔 모굴 군주라고 과장해서 쓰기도 한다.[4] 그러나 실제로 모굴 칸국은 16세기 중반 카자흐 칸국에 모굴리스탄 지역을 완전히 빼앗겼다.

압둘 라시드의 사후에는 그의 아들 압둘 카림'Abd al-Karīm Khan(1560~1591 재위)이 칸위를 이었다. 북원의 역사서 《알탄칸전Erdeni Tunumal Neretü Sudur》은 압둘 카림 칸이 북원의 알탄 칸의 친서를 받고 화답하며 "우리의 나라들을 합치자"라고 제안했다고 한다.[5] 압둘 카림 사후에는 그의 동생 무함마드Muḥammad(1592~1610 재위)가 칸위를 승계했다. 17세기 후반 추라스Churās가 저술한 모굴 칸국 역사서에 따르면 무함마드는 모굴 칸국을 통일하고 타림 분지와 투르판 분지, 즉 동투르키스탄 전역을 지배했다.[6] 그는 1594년 우즈벡 칸국의 압둘라 칸이 파견한 원정 군대를 격퇴할 만큼 강력한 군주였다.[7] 그의 치세에 예수회 수사였던 벤토 데 고에스Bento de Goes(1562~1607)가 무굴제국에서 출발해 1603년 모굴 칸국에 도달한 뒤 무함마드 칸을 만났다.[8]

무함마드 칸의 사후 모굴 칸국은 30여 년간 내분에 휩싸였다가 압둘라 칸'Abdallāh Khan(1635~1667 재위)의 치세에 다시 안정을 찾을 수 있었다. 그러나 압둘라 칸의 치세에 키르기즈 유목민들이 모굴 칸국 내주요 세력으로 부상했다. 그는 이후 1667년에 권좌에서 축출되어 아우랑제브 통치하의 무굴제국으로 망명했다.

현대 파미르고원의 키르기즈인과
고대 예니세이 키르기즈인

❋

파미르고원에 거주하는 현대의 키르기즈인은 9세기 중반 위구르제국을 멸망시킨 예니세이 키르기즈인의 후예로 추정된다. 이들이 언제 그리고 왜 남시베리아에서 천산산맥 일대로 이주했는지는 정확히 알 수가 없다. 기록이 부족하기 때문이다. 일부 역사가들은 이들이 오이라트제국 시기에 집단 이주했을 것으로 추정한다.

푸른 눈과 금발을 소유한 북유럽인의 외모를 지녔던 예니세이 키르기즈인들과는[9] 달리 현대 키르기즈인은 몽골인에 가까운 내륙아시아인의 외모를 지녔다. 그러나 유전자 조사 결과 이들의 대표적 Y-염색체 DNA 하플로그룹(약 70%)은 청동기 시대에 타림 분지와 몽골 서부 지역까지 이주해 온 인도·유럽계 주민의 하플로그룹이었던 R1a라는 것이 밝혀졌다. 한편 키르기즈인의 이웃 민족인 카자흐인의 대표적 Y-염색체 DNA 하플로그룹은 몽골인과 마찬가지로 C2b이다.[10]

천산산맥 일대로 남하한 키르기즈 집단은 모굴리스탄에 자리를 잡았고 모굴 칸국과 카자흐 칸국에게 번갈아 지배받았다.

5. 모굴 칸국의 멸망

17세기 모굴 칸국에서는 '호자'들이 유력한 집단으로 부상했다. 호자khoja(페르시아어 'khvāja')란 이슬람 성인들의 후손들을 지칭하는 명칭이었다. 이슬람 세계에서 이들 호자들과 예언자 무함마드의 후손들인 사이드sayyid들은 대중에게 존경받는 집단이었다. 모굴 칸국에서 영향력을 발휘한 호자들은 낙슈반디Naqshbandī 교단의 지도자였던 아흐마드 카사니Aḥmad Kāsānī(1542 사망)의 후손들이었다. 이들은 칭기스 일족을 포함한 모굴 칸국의 지배층과 통혼을 통해서도 세력을 키워나갔는데, 점차 다른 지파들로 나뉘어 서로 경쟁했다.

압둘라 칸의 아들 율바르스 칸Yūlbārs Khan(1670 사망)에 이어 1670년 집권한 압둘라 칸의 동생 이스마일 칸Ismāʻīl Khan(1670~1678 재위)은 조카 율바르스 칸과는 다른 호자 지파를 자신의 지지 기반으로 삼았다. 이들에게 밀려나게 된 아팍 호자Āfāq Khoja는 준가르제국의 군주 갈단에게 도움을 요청했다. 이를 계기로 준가르 군대는 모굴 칸국을 침공해 1678년과 1680년 사이 투르판과 하미, 그리고 타림 분지를 점령했다. 모굴 칸국은 이리하여 준가르제국의 속국이 되었다.

한편 청제국에 신속한 하미의 칭기스 일족은 1930년까지 칸위를 보존할 수 있었다. 그 마지막 군주는 중국 국민당 치하에서 1930년 사망한 막수드 샤Maqṣūd Shāh(1864~1930)이다. 그는 세계사에서 마지막으로 칸위에 오른 칭기스 일족이었다.

현대 위구르인의 선조들:
청동기 시대의 인도·유럽인,
카라한 왕조의 투르크인, 고창 위구르인

❄

현 중국의 신장 위구르 자치구는 역사·지리적으로 카슈가리아(타림 분지)와 위구르스탄(투르판 분지)으로 구분된다. 그런데 이 두 지역은 11세기경 이미 서로 다른 정치·문화권을 이루고 있었다.

서타림 분지는 중앙아시아 최초의 투르크계 이슬람 국가였던 카라한 왕조의 한 중심축을 이루었던 반면 투르판 분지는 위구르제국의 후예들이 건설한 고창 위구르 왕국의 중심부를 이루었다. 그리고 이슬람 국가였던 카라한 왕조와는 달리 고창 위구르 왕조는 불교 국가였다. 카라한 왕조는 서돌궐계 부족들에 의해 세워졌다고 추정되는데 스스로를 투르크인Türk이라 불렀다. 11세기 카라한 왕조 출신의 학자 마흐무드 알카슈가리Maḥmūd al-Kāšġari에 따르면 툭시와 야그마 같은 투르크계 부족들은 위구르인을 '타트인Tat'이라고 불렀다.[11] 타트인이란 당시 이란계 정주민을 지칭하는 명칭이었다. 즉, 카라한 왕조의 투르크인과 고창 위구르인 사이의 동족의식은 희박했던 것이다.

그런데 현대 위구르 자치주의 '위구르인'은 고창 위구르인뿐 아니라 카라한 왕조의 투르크인, 그리고 이들에게 동화된 인도·유럽계 선주민 모두의 후손이다. 청동기 시대부터 타림 오아시스 지역에 거주해온 인도·유럽계 주민들은 고창 위구르 왕국과 카라한 왕조의 지배를 받으며 투르크화되었다. Y-염색체 유전자 조사 결과에 따르면 현대 위구르인은 위구르제국의 직계 후손으로 알려진 현 중국 감숙성의 유구르인과는 동일한 종족으로 보기 힘들다.

한편 현대 위구르인이 사용하는 남동 투르크어Southeastern Turkic는 돌궐어에 가까웠던 고_古위구르어Old Uighur가 아닌 카라한 왕조에서 사용되었던 카를룩 투르크어의 후손이다. 현대 위구르어는 유구르어가 아닌 현 우즈벡어에 가깝다.

현 신장에서 사용되는 '위구르인'이란 집단명은 과거부터 사용되어온 집단명이 아니라 이 지역의 무슬림 지도자들이 1921년 이후 소련의 영향 아래에서 채택한 집단명이다. 모굴 칸국 시대에 타림 분지의 정주민들은 '무슬림(이슬람교도)'이라는 집단명 혹은 출신 지역명을 집단명으로 사용했다.

이러한 점들을 고려하면 현대 신장의 '위구르인'에게는 '위구르인' 외에도 카라한 왕조의 집단명이었던 '투르크인'이라는 명칭도 잘 어울린다고 볼 수 있다. 마찬가지로 위구르 자치주는 동투르키스탄이라고 불려도 마땅하다.

중동과 서아시아의
일 칸국 후예들

4장

오스만제국

몽골 세계에서 탄생한 투르크제국

오스만제국(1299~1922)은 500여 년간 중동과 발칸반도 대부분을 지배한 이슬람 제국이다. 14세기 말부터 중동과 남유럽의 군사 강국으로 부상하기 시작하여 16세기에는 세계에서 가장 강력한 제국이 되었다. 그런데 오스만제국의 초기 역사는 몽골 제국과 밀접한 연관이 있다. 오스만 왕조의 건설 과정에 몽골인 집단이 참여했던 것으로 추정되며, 오스만 왕조가 일 칸국의 한 지방 정권으로서 그 역사를 시작했기 때문이다.

1. 일 칸국의 제후국이었던 초기 오스만 왕조

오스만제국의 시조 오스만·Osmān과 그 건국 집단의 실체는 정확히 알 수가 없다. 이들에 대한 오스만 사료들은 15세기 이후에 작성되었고 또 서로 상충하는 정보를 제공하기 때문이다. 대부분의 현대 사가들은 오스만 왕조의 건국 집단이 몽골제국 시기에 중앙아시아에서 아나톨리아반도로 이주해 온 투르크멘 집단이라고 본다. 투르크멘 유목민들은 원래 오구즈Oghuz라 불렸던 집단으로서 11세기에는 셀주크제국 Seljuk Empire을 건설했었다.

그런데 오스만 왕조의 기원을 몽골제국에서 찾는 가설도 있다. 영국의 오스만제국사 연구자인 콜린 헤이우드Collin Heywood는 주치 울루스의 실력자 노가이Noghay가 1299년 톡타 칸Toqta Khan(1291~1312 재위)에 패사한 뒤 크림반도를 통해 아나톨리아로 이주해 온 노가이 휘하의 유목민 집단이 오스만 왕조를 건설했다고 주장한다.[1] 헤이우드의 가설은 오스만 왕조의 건국 시점과 노가이가 패사한 시점이 둘 다 1299년이라는 점과 오스만의 부친에 대한 티무르조 역사가 콴다미르의 다음과 같은 기록에 바탕을 두고 있다. "킵착 초원의 투르크멘인 다우드Daud는 어떤 이유에선가 자신의 고향 땅을 떠나 휘하의 10만 호와 함께 카파항을 통해 아나톨리아로 왔다."[2]

초기 오스만제국의 사료들 중 가장 중요한 문헌 중 하나인《오스만 가문의 역사Tevârîḫ-i Âl-i ʿOsmân》는 오스만 왕조의 건국과 몽골제국의 연관성에 대해 보다 직접적인 증거를 제시한다. 이 역사서에 따르면 오스만의 조부 술레이만 샤는 중앙아시아에서 "5만 호의 투르크멘인과 타타르인(몽골인)"을 이끌고 아나톨리아로 이주해 왔다. 그는 이후 유프라테스강에서 익사했지만 그를 따르던 무리들은 아나톨리아에 정착했다.[3] 이런 기록을 근거로 바키 테즈잔Baki Tezcan 같은 일부 역사가는 초기 오스만인들이 몽골인을 자신들과 함께 아나톨리아로 이주해 온 가까운 친족으로 여겼을 것이라고 추정한다.[4]

초기 오스만 집단에 합류했을 가능성이 있는 몽골들에 대해서는 사료의 부족으로 인해 자세한 것을 알 수가 없다. 그렇지만 초기 오스만 국가가 일 칸국의 한 지방 정권이었던 사실은 보다 분명히 확인할 수 있다. 이 점에 대해서도 오스만 사료들은 언급을 회피하지만 일 칸국 시대에 아나톨리아반도에서 주조된 화폐들이 유력한 증거들이다. 이슬람 세계에서는 독립 군주만이 자신의 이름으로 화폐를 주조하고, 자신의 이름이 금요 예배에서 언급되는 특권을 누렸다. 그런데 초기 오스만 왕조에서는 일 칸들의 이름으로 화폐들이 다수 주조되었다. 예컨대 초기 오스만 왕조의 근거지였던 소구트Sögüt 지방에서는 1299~1300년(이슬람력 699년)에 가잔 칸의 이름으로 은화가 주조되었고[5] 오스만 왕조의 2대 군주 오르한Orhân(1324~1362 재위)이 1326~1327년경 점령한 부르사에서는 아부 사이드 칸의 이름으로 화폐가 주조되었다.[6] 오스만 왕조가 일 칸들의 이름으로 화폐를 주조한 사실은 초기 오스만 국가가 일 칸국의 제후국이었다는 것을 의미한다. 이뿐만 아니라 일 칸국의 한 재무 관련 서적에는 오르한이 일 칸국에 공납을 바치는 아나톨리아의 지방 영주 중 한 명으로 기록되어 있다.[7]

2. 오스만제국 내 칭기스 왕조의 위상

유럽에서 처음으로 출간된 칭기스 칸의 전기는 프랑수아 페티 드 라 크루아François Pétis(1622~1695)의 《칭기스 대칸의 역사Histoire du grand Genghiz Khan》이다. 그런데 이 책이 나오게 된 계기는 오스만제국과 관련이 있다. 프랑스의 재무 장관이었던 콜베르Jean-Baptiste Colbert(1619~1683)는 왕립 도서관에서 칭기스 칸의 업적을 기리는 오스만 시詩를 접한 뒤 루이 14세Louis XIV의 투르크어와 아랍어 통역관이었던 프랑수아 페티에게 칭기스 칸의 전기를 집필하라고 명했다. 이때 콜베르는 칭기스 칸이 알렉산더 대왕보다 더 위대한 정복자라고 칭송했다 한다. 이리하여 10여 년 뒤 프랑수아 페티가 쓴 칭기스 칸의 전기가 그와 같은 이름을 가진 그의 아들 프랑수아 페티 드 라 크루아François Pétis de La Croix(1653~1713)에 의해 출간되었다. 그런데 이때 프랑수아 페티는 아불 하이르 아흐메트(1554 사망)라는 오스만 역사가가 쓴 몽골제국사를

주로 참고해 이 책을 저술했다고 한다.[8]

프랑스 왕립도서관에서 낭송된 오스만 시나 프랑수아 페티가 참고한 오스만 사료가 알려주듯 오스만제국의 지식인들과 학자들에게 몽골제국은 잊힌 대상이 아니었다. 오스만제국이 몽골 세계 내에서 탄생했기 때문이다. 오스만제국은 1453년 동로마제국의 수도였던 콘스탄티노플을 점령한 이후 독자적인 정통성을 내세우기 시작했지만 여전히 몽골제국과 칭기스 칸을 동경과 모방의 대상으로 여겼다. 예컨대 오스만 황제들은 메흐메트 2세Meḥmed II(1444~1446, 1451~1481 재위)를 시작으로 칭기스 칸이 만든 법령이었던 자삭jasaq을 모방해 이슬람법인 샤리아sharia와 구분되는 '카눈kanun'이라 불린 세속법을 제정했다. 몽골제국의 등장 이전 이슬람 세계에서는 이슬람 경전인 코란을 바탕으로 한 법 체계인 샤리아가 원칙적으로 유일한 법 규범이었다. 그러나 티무르제국, 크림 칸국, 우즈벡 칸국, 카자흐 칸국과 같이 이슬람교를 수용한 몽골제국 계승국가들은 샤리아와 더불어 칭기스 칸의 법 자삭을 가장 중요한 법 규범으로 삼았다. 자삭은 '신의 계시'가 아닌 세속 왕조(칭기스 왕조)의 권위에 기반을 두었다는 점에서 샤리아와 차별되는 새로운 개념의 법 체계였다. 오스만 황제들이 자삭을 모방하여 제정한 각각의 카눈들도 그 구체적인 내용에서는 차이가 있었지만 자삭처럼 세속 왕조(오스만)의 권위에 기반을 두었다.[9] 이런 까닭에 오스만제국에서 카눈과 자삭은 동의어로도 사용되었다. 자삭은 '칭기스 칸의 카눈'이라고도 불렸고 오스만 술탄들의 카눈도 때로는 자삭이라고 불렸다. 술레이만Süleyman(1520~1566 재위) 황제는 카눈을 집대성했기 때문에 입법자를 의미하는 '카누니'라는 별칭을 가지고 있었다. 오스만제국의 이슬람 법학자인 키날리자데(1510~1572)는 술레이만의 카눈이 '칭기스 칸의 자삭'과 '샤리아'를 통합한 법이라며 칭찬했다고 한다.[10]

오스만제국의 문인들 중에는 오스만 황족을 몽골인의 친족으로 보는 이들이 존재했다. 16세기 오스만 역사가 무스타파 알리Muṣṭafā ʿĀlī(1541~1600)가 그중 하나다. 그는 자신의 역사서에서 몽골인과 투르크인이 모두 노아의 아들 야벳의 후예이며[11] 오스만 왕조는 몽골인과 동족이라고 주장했다.[12] 오스만 여행가 에블리야 첼레비Evliya Çelebi(1611~1684)도 자신의 여행기 《세야하트나메》에 다음과 같이 적었다. "역사가들에 따르면 오스만 왕조는 칭기스 왕조의 후예이다. 오스만 왕조와 칭기스 왕조는 서로 친척지간이다."[13]

한편 칭기스 칸과 몽골제국의 역사적 권위 때문에 오스만제국의 지배층 내부에서는 오스만 왕조가 단절될 경우 크림 칸국의 칭기스 왕조가 제위를 이어야 한다는 시각이 존재했다.[14] 심지어는 오스만 왕조를 칭기스 왕조로 대체하자는 주장이 제기된 적도 여러 차례 있었다. 예컨대 오스만 2세ʿOsmān II(1618~1622 재위)가 오스만제국의 엘리트 보병 부대인 '예니체리yenicheri'를 대체하기 위해 새로운 군대의 창설을 추진하자 이에 불만을 품은 예니체리 병사들이 1622년에 반란을 일으켜 그를 살해한 사건이 있었다. 그런데 이때 재상 다부드 파샤는 오스만 왕족들을 살해하고 크림 칸국의 칭기스 일족을 술탄으로 추대하자고 주장했다. 이 외에도 1687년 제2차 모하치 전투에서 합스부르크 군대에 패한 오스만 군대의 패잔병들은 반란을 일으켜 메흐메트 4세 Meḥmed IV(1648~1687)를 폐위시켰는데 이때에도 일부 반란 세력은 오스만 왕족을 모두 살해한 뒤 크림 칸국의 칭기스 일족을 황제로 추대하려 했다.

이처럼 오스만제국 내에는 칭기스 일족을 오스만 왕조의 동족 혹은 대안으로까지 여기는 인식이 존재했다. 몽골제국은 오스만제국 내에서 살아있는 실체였던 것이다.

몽골제국과
근대 이란의 탄생

❋

일 칸국과 이란Iran 정체성의 부활

일 칸국이 현재 서아시아의 맹주인 이란의 역사에 미친 영향은 크다. 먼저 이란은 일 칸국의 지배기를 거치며 이슬람 세계의 정치·경제의 중심부로 부상했다. 이전에는 압바스 왕조Abbasid Caliphate(750~1258)의 수도 바그다드가 위치한 이라크가 이슬람 세계의 중심부였는데, 일 칸국이 타브리즈를 수도로 삼고 아제르바이잔이라고 불린 이란의 서북부 지방을 중심으로 중동 지역을 통치하면서 이슬람 세계의 중심이 이란으로 옮겨갔다. 또한 일 칸국이 아랍어가 아닌 페르시아어Farsi를 행정·문화 부문의 언어로 사용하며 공통어lingua franca로서의 페르시아어는 이슬람 세계에서 전성기를 맞이했다.

일 칸국의 지배가 이란에 남긴 중요한 유산 가운데 하나는 이란Iran 정체성이다. 이란 샤흐르Iran-shahr(이란인의 땅 의미)는 옛 사산 왕조Sasanid dynasty(224~651)의 국가명이었다. 그러나 7세기 중반 이슬람 세력의 침공으로 사산 왕조가 멸망한 이후 '이란'이라는 정치·지리적 명칭과 이란인 정체성은 소멸했다. 현대 이란에 해당하는 영토의 서부는 '아잠 이라크Irāq-i Ajam' ('페르시아 이라크' 의미. '아랍 이라크Irāq-i Arab'로 불린 현대 이라크 혹은 메소포타미아 지역의 상대 개념), 동부는 '호라산'으로 불렸다. 약 600여 년 동안 사라졌던 '이란' 정체성은 일 칸국의 군주들이 이란을 국토명으로 사용하며 부활할 수 있었다. 가잔 칸은 '이란 과 이슬람의 황제Pādshāh-i Īrān va Islam'라는 칭호를 사용했고 일 칸국의 영토를 '이란Īrān zamīn'이라고 지칭했다. 이란 정체성 은 이후 투르크멘 국가들인 카라 코윤루, 악 코윤루, 사파비 왕 조에게도 계승되었다. 현대 이란인은 이러한 역사적 과정을 거 치지 않았다면 오늘날 비非이란 정체성을 가진 여러 집단들로 분화되었을지도 모른다. 이런 까닭에 오스트리아인 이란사 연 구자인 버트 프레그너Bert Fragner는 일 칸국이 '이란'이라는 정 치·지리적 정체성을 재창조했다고 평가한다.[15]

일 칸국은 이외에도 이란이 시아파 이슬람 국가, 이란계·투 르크계 주민 등으로 이루어진 다민족 국가가[16] 되는 과정에 영 향을 미쳤다. 시아파 이슬람은 울제이투 칸Öljeitu Khan(1304~ 1316 재위)의 후원을 받았으며, 많은 수의 투르크어 사용 유목민 이 몽골지배기에 이란으로 유입되었다. 따라서 미할 비란Michal Biran과 같은 몽골제국사 연구자들은 '근대 이란'을 일 칸국의 유산으로 본다.

일 칸국과 사파비 왕조(1502~1722)의 기원

사파비제국은 16세기 초부터 18세기 초중반까지 이란을 지배한 국가이다. 사파비제국의 건국자인 샤 이스마일Shāh Ismāʿīl (1501~1524 재위)은 이슬람 신비주의 종단인 사파비야Safavīyya의 교주로서 자신을 추종하는 투르크멘 유목민들을 규합해 악 코윤루(백양조)를 멸하고 1502년 이란 전역을 통합했다. 그런데 사파비 종단은 일 칸국의 후원으로 번성할 수 있었던 수피(이슬람 신비주의) 교단이었다. 이스마일의 선조인 그 창시자 사피 알딘 Ṣafī al-Dīn(1252~1334)은 일 칸국의 이슬람 종교 지도자로서 여러 일 칸들의 정치적 비호와 재정 지원을 받았다. 가잔 칸, 울제이투 칸, 아부 사이드 칸뿐 아니라 《집사》의 저자 라시드 알딘 Rashīd al-Dīn(1247~1318)도 그의 후원자였다. 사파비 교단은 잘라이르 왕조의 시조 샤이흐 하산과 그의 아들 샤이흐 우와이스로부터도 정치, 경제적 후원을 받았다. 한마디로 사파비 교단은 일 칸국과 잘라이르 왕조의 후광과 재정 지원을 받으며 일 칸국의 중심부였던 아제르바이잔 지방에서 번성할 수 있었던 종교 집단이었다. 이러한 과거가 없었다면 사파비 왕조의 탄생도 없었을 것이다.

카자르Qajar 왕조의 몽골제국 후예의식

카자르 왕조는 1785년부터 1925년까지 이란을 지배한 국가이다. 투르크멘계 카자르 부의 수령 아가 무함마드Āghā Muḥammad Khan(1794~1797 재위)가 세웠다. 따라서 카자르 왕조는 사파비 왕조와 마찬가지로 투르크멘계 국가였다. 그런데 카자르 왕조는 스스로 칭기스 칸과 몽골인의 후예라고 자처했다. 카자르 왕조의 2대 군주인 파트흐 알리 샤Fatḥ ʿAlī Shāh(1797~1834 재위)는 영국 외교관 존스 브릿지스Harford Jones-Brydges에게 카자르 왕조의 역사서인《왕조의 전기傳記, Maʾāsir-i Sulṭānīyah》를 선물로 주었는데 이 문헌에는 카자르 왕족이 칭기스 칸의 후손이라고 적혀 있다.[17] 1880년 카자르 왕족인 이맘 쿨리 미르자 Imām Qulī Mīrzā도 자신이 저술한《카자르 일족의 계보》라는 역사서에 카자르 왕조가 칭기스 칸의 후예이자 티무르의 선조인 카자르의 후예라고 적었다.[18] 이러한 계보는 나시르 알딘 샤 Nāṣir al-Dīn Shāh(1848~1896 재위)의 궁정 역사가 이티마드 알살타나Itimād al-Saltanah가 쓴《나시르의 서Muntazim-i Nāṣiri》에도 실려있다.[19] 이들과는 달리 카자르 왕조의 역사가 하산 파사이 Ḥasan Fasāʾī는 카자르 일족이 일 칸국의 몽골인 아미르이자 아르군 칸의 신하였던 사르탁의 아들 카자르 노얀Qajar noyan의 후손이라고 주장했다.[20]

칭기스 칸을 선조로 내세우는 계보들은 카자르 왕조가 정통성을 주장하기 위해 조작해낸 것들이었다고 볼 수 있다. 그렇지만 카자르 왕족이 실제로 몽골인의 후예였을 가능성은 분명 존재한다. 일 칸국과 잘라이르 왕조 멸망 후 이란 일대에 거주하던 몽골 유목민들은 많은 수가 투르크멘 부족들에 흡수되었다. 카자르 왕족은 이들의 후예일 수 있는 것이다. 어찌 되었든 카자르 왕조의 몽골제국 후예의식은 19세기 이란 혹은 이란의 투르크멘 집단 내부에서 몽골제국의 권위가 여전히 중요했음을 보여주는 중요한 증거이다.

5장

잘라이르 왕조

중동의 잊힌 몽골제국 계승국가

잘라이르 왕조는 14세기 중반 일 칸국이 분열된 이후 그 중심부였던 아제르바이잔(현 이란의 서북부 지역과 아제르바이잔 공화국을 포괄하는 지역)과[1] 이라크 지역을 15세기 초까지 지배한 몽골 제국 계승국가이다. 시조 샤이흐 하산 잘라이르가 몽골계 잘라이르 부 출신의 아미르(군사령관)였기 때문에 잘라이르 왕조라 불린다. 잘라이르 왕조는 샤이흐 하산의 아들 샤이흐 우와이스의 치세에 전성기를 누리며 일 칸국의 위상을 재현했다. 14세기 하반기에 잘라이르 왕조는 오스만 왕조, 맘룩 술탄국과 더불어 중동 지역의 3대 강국을 이루었다. 그러나 티무르의 거듭된 침략으로 그 세력이 크게 약화되었고 15세기 초 투르크멘계 카라 코윤루(흑양조)에 합병되었다.

1. 몽골제국의 중동 지배는 언제까지 지속되었는가?

몽골제국사 서적들은 일 칸국이 멸망한 시점을 일반적으로 일 칸국의 9대 칸인 아부 사이드Abū Saʿīd(1317~1335 재위)가 후사 없이 사망한 1335년으로 본다. 그러나 정확히 말하면 일 칸국은 1335년 이후 분열 상태에 놓이게 된 것이었지 국가 자체가 붕괴된 것은 아니었다. 1335년 이후에도 일 칸국의 몽골인 권세가들이 각지에서 할거하며 각자 다른 칭기스 일족을 칸으로 추대했기 때문이다. 일 칸국의 동부에 위치한 호라산 지방에서는 칭기스 칸의 동생 카사르Qasar의 후예 토가 테무르Togha Temür(1335~1353 재위)가 칸으로 추대되어 1353년까지 일 칸국의 통일을 도모했다. 아나톨리아의 여러 도시에서는 토가 테무르 칸의 이름으로 화폐들이 주조되었는데[2] 이는 일 칸국의 종주권이 1335년 이후에도 이 지역에서 유지되고 있었다는 사실을 말해준다. 칭기스 일족의 중동 지배는 1353년 토가 테무르 칸이 암살되면서 막을 내리게 되었다. 그러나 몽골인의 중동 지배는 일 칸국의 몽골인 지배층을 이어받은 잘라이르 왕조를 통해 반세기 이상 더 이어졌다.

2. 잘라이르 왕조의 시조 샤이흐 하산

잘라이르 왕조의 시조는 일 칸국에서 총사령관의 지위까지 오른 샤이흐 하산 잘라이르Shaikh Ḥasan Jalayir(일명 하산 보조르그. 1356 사망)이다. 그는 명문가 태생의 몽골인이었다. 그의 증조부 일케 노얀Ilkā noyan은 일 칸국을 세운 훌레구 칸Hülegü Khan(1265 사망)의 부하 장수(아미르)로서 몽골 군대의 압바스 왕조Abbasid Caliphate 정복 이후 바그다드 재건 사업을 담당했던 자이다. 일케 노얀의 손자 아미르 후사인은 일 칸국의 제4대 군주인 아르군 칸Arghun Khan(1284~1291 재위)의 딸과 혼인했는데 이들 사이에서 태어난 아들이 샤이흐 하산이다. 따라서 샤이흐 하산은 칭기스 칸의 후손이기도 했다.

1335년에 아부 사이드가 후사 없이 사망했을 당시 호라산 지방에서 칭기스 칸의 동생 카사르의 후손인 토가 테무르가 칸위에 올랐다. 이때 샤이흐 하산 잘라이르는 훌레구 칸의 후손 무함마드를 칸으로 추대했고 일 칸국의 수도 타브리즈를 장악했다. 그러나 1338년과 1340년에 몽골계 술두스 부의 수령 샤이흐 하산 초판Shaikh Ḥasan Chūpān(일명 하산 쿠축. 1343 사망)과 벌인 전투에서 모두 패했고 그 결과 바그다드로 거점을 옮겨야 했다.

이후 일 칸국 내 권력 다툼은 이라크를 거점으로 삼은 샤이흐 하산

잘라이르 왕조가 바그다드에 건설한 대상들의 숙소 '칸 무르잔Khan Murjan'
(ⒸDavid Stanley / Wikipedia)

잘라이르의 가문(잘라이르 왕조), 아제르바이잔과 아나톨리아 지방을
차지한 샤이흐 하산 초판의 가문(일명 초판 왕조), 호라산을 지배한 토가
테무르 칸이 대립하는 양상으로 전개되었다. 이들 중 최종 승자가 된
것은 잘라이르 왕조였다. 토가 테무르 칸은 1353년에 암살당했고, 샤
이흐 하산 초판의 뒤를 이은 그의 동생 말릭 아쉬라프는 1357년 아제르
바이잔을 침공한 주치 울루스의 자니벡 칸Jānibeg Khan(1342~1357 재위)
에 생포된 뒤 처형당했다.

  몽골제국사의 관점에서 보면 자니벡 칸의 아제르바이잔 지역 정복
은 주치 울루스와 일 칸국이 일시적으로나마 통합된 중대한 사건이
었다. 양국은 1260년 이래 일 칸국의 중심부인 아제르바이잔 지방의

소유권을 두고 계속 충돌해왔었는데 주치 울루스가 드디어 이 지역을 점령했던 것이다. 그러나 두 몽골 울루스의 통일은 오래가지 못했다. 자니벡 칸은 아들 베르디 벡Berdibeg(1357~1359 재위)에게 일 칸국의 통치를 맡긴 후 수도 사라이로 되돌아갔는데 곧이어 그가 사망하자 베르디 벡 또한 칸위 승계를 위해 주치 울루스로 귀환했기 때문이다. 바로 이때부터 잘라이르 왕조가 일 칸국 세계의 맹주로 부상했다.

3. 샤이흐 우와이스와 잘라이르 왕조의 전성기

잘라이르 왕조는 1356년에 사망한 샤이흐 하산의 뒤를 이은 그의 아들 샤이흐 우와이스Shaikh Uvays(1356~1374 재위)의 통치기에 일 칸국의 옛 위상을 재현했다. 샤이흐 우와이스는 부친처럼 칭기스 일족을 내세워 통치하지 않고 스스로 왕위에 올랐다. 그가 사용한 칭호는 이슬람 세계에서 군주 혹은 지배자를 의미하는 '술탄sultan'이었다. 이는 정복자 티무르도 사용하지 않은 칭호였다. 티무르는 군사령관을 뜻하는 '아미르amir'라는 칭호를 사용했을 뿐이다. 샤이흐 우와이스는 친할머니뿐 아니라 훌레구 가문의 공주인 외할머니를 통해서도 칭기스 칸의 피를 이어받았는데 이 때문에 그는 스스로 술탄 칭호를 사용할 자격이 충분히 있다고 생각했는지도 모른다.

샤이흐 우와이스는 칭기스 칸의 후예답게 뛰어난 군사 지휘관이었다. 그는 여러 차례의 군사원정을 통해 일 칸국을 통일해나갔다. 1360년에는 일 칸국의 수도 타브리즈를 점령했고 1366년에는 아나톨리아 동부의 카라 코윤루를 복속시켰다. 이듬해에는 코카서스 지방에 위치한 쉬르반 왕국을 정복했다. 이후 일 칸국의 제후국이었던 이란 남중부의 아랍계 무자파르 왕조도 다시 복속시켰다.[3] 이로써 잘라이르 왕조는 호라산 지방을 제외한 일 칸국의 옛 영역 대부분을 다시 통일했다.

샤이흐 우와이스는 역대 일 칸들처럼 무역과 상업활동을 장려했고, 회화, 서예 등의 문예 활동과 건축 활동에 대한 후원도 아끼지 않았다. 따라서 그의 치세에 잘라이르 왕조는 경제·문화적으로 번영했는데, 이는 스페인의 사신 클라비호Clavijo가 잘라이르 왕조의 수도였던 타브리즈를 둘러보고 적은 기록을 통해 잘 알 수 있다. 타브리즈가 티무르제국의 손에 넘어간 후인 1404년에 티무르제국을 방문한 클라비호는 타브리즈와 샤이흐 우와이스가 지은 궁전에 대해 다음과 같이 적었다.

타브리즈 전역에는 훌륭한 건물들이 많이 보인다. 특히 모스크들이 푸른 색과 황금색 타일들로 아주 아름답게 장식되어 있다. … 우리는 벽으로 둘러싸여 있으며 아주 아름답고 호화롭게 설계된 거대한 궁전을 방문했다. 이 궁전 안에는 2만 개의 방이 있다. … 우리는 이 거대한 궁전이 술탄 우와이스라는 군주가 그의 치세 초기에 이집트의 술탄이 공물로 보내온 보물들로 건설했다고 들었다. … 타브리즈는 정말 아주 거대한 도시이며 재화가 풍부하고 부유한 곳이다. 상업이 번성하기 때문이다. 과거에는 인구가 지금보다도 더 많았다고 한다. 지금도 적어도 20만 명 혹은 그 이상이 이 도시의 경계 내에 살고 있다.[4]

4. 술탄 아흐마드와 티무르의 대결

1374년에 샤이흐 우와이스가 사망한 후 그의 아들 술탄 후사인Sulṭ
ān Ḥusain(1374~1382 재위)이 왕위를 물려받았다. 그러나 술탄 후사인은
통치 기간 내내 형제들의 도전을 받았는데 그중 한 명이 아르다빌의
영주였던 술탄 아흐마드Sulṭān Aḥmad(1382~1410 재위)이다. 그는 1382년
에 타브리즈를 점령하고 형 술탄 후사인을 살해한 다음 다른 형제들
로부터도 바그다드와 일 칸국의 옛 수도 중 하나였던 술타니아를 빼
앗고 잘라이르 왕조를 통일했다.

그러나 술탄 아흐마드를 기다리고 있는 것은 티무르 군대의 침공
이었다. 차가다이 울루스를 재통합한 티무르는 일 칸국의 영역을 병
탄하기 위해 1386년부터 잘라이르 왕조를 공격하기 시작했다. 이때
일 칸국의 계승자인 술탄 아흐마드는 차가다이 울루스의 지배자인 티
무르와의 대결에서 완패한다. 1386년에 티무르가 타브리즈를 점령했
고 술탄 아흐마드는 이라크의 바그다드로 도주해야 했다. 이때 잘라
이르 왕조는 일 칸국의 중심부 아제르바이잔 지방을 영구히 상실했
다. 이후 1393년에는 바그다드마저 점령당했다. 술탄 아흐마드는 맘룩
술탄국으로 도주했다가 한차례 바그다드를 탈환했으나 1401년에 다
시 바그다드를 티무르에 빼앗겼다. 이때 티무르의 군대는 한 달간의
공성전 끝에 바그다드를 함락한 뒤 주민들을 학살하고 건물들을 파괴
했다. 술탄 아흐마드는 티무르가 사망한 후 바그다드를 되찾을 수 있
었지만 티무르 군대와 소모전을 벌이며 잘라이르 왕조의 국력이 크게
약화된 뒤였다. 술탄 아흐마드는 1410년에 타브리즈를 점거하고 있던

옛 제후국 카라 코윤루 왕조를 치러 갔다가 패하고 처형되었다. 카라 코윤루 왕조는 이듬해 바그다드를 점령했다. 이후 잘라이르 왕조의 잔존 세력은 이라크 남부와 이란 남서부의 쿠제스탄 지방에서 명맥을 유지하다 1431년 카라 코윤루에 흡수되었다.

맘룩 술탄국의 몽골인 맘룩들

맘룩 술탄국(1250~1517)은 13세기 중반부터 16세기 초까지 이집트를 중심으로 시리아와 아라비아반도 서부를 지배한 국가이다. 첫 120여 년간은 킵착 투르크계 노예 군인(맘룩)들이 지배 엘리트를 구성했으나 그 이후에는 북코카서스 출신의 체르케스인Cherkess들이 정권을 장악했다. 맘룩 술탄국은 일 칸국의 침공을 여러 차례 격퇴했는데 특히 키트부가Kitbuqa(키트부가 술탄과는 동명이인)가 이끄는 몽골 원정군을 격파한 1260년의 아인 잘루트 전투는 몽골 군대의 불패 신화를 깨고 몽골제국의 북아프리카 진출을 저지한 세계사적으로도 중요한 승리였다. 따라서 맘룩 술탄국은 동시대인들에게는 이슬람 세계의 수호자로 여겨졌던 국가이다. 그러나 맘룩 술탄국은 몽골 세계의 일부를 이룬 국가이기도 했다. 맘룩 술탄국 내에서 활약한 몽골계 맘룩들이 그 증거다.[5]

키트부가: 오이라트 몽골계 술탄

오이라트 부 출신의 키트부가Kitbughā(1294~1296 재위)는 전쟁 포로의 신분에서 술탄의 지위까지 오른 입지전적 인물이다. 1260년 홈스 전투에서 포로가 된 후 칼라운Qalāwūn 술탄(1279~1290 재위)의 맘룩(노예 군인)이 되었다. 1293년에 칼라운의 아들 술탄 할릴이 반란 세력에 의해 살해되자 그에게 충성하던 키트부가는 반란군을 진압하고 칼라운의 다른 아들인 알나시르 무함마드를 술탄으로 추대했다. 그는 체르케스계 맘룩 집단의 수령인 산자르 알슈자이과의 권력 다툼에서 승리한 뒤 1294년 스스로 술탄의 자리에 올랐다.

그의 통치 기간 중 일 칸국의 디야르바키르(현 터키 남동부의 한 지방)에 주둔해 있던 오이라트 부족이 맘룩 술탄국으로 망명해 왔다. 그 계기는 일 칸국의 군주 가잔 칸(1295~1304년 재위)이 이들과 분쟁 관계에 있던 투르크멘 부족의 편을 들어준 것이었다. 이들은 가잔 칸의 즉위 이전 그의 경쟁자 바이두를 지지했었기 때문에 이를 정치적 보복으로 받아들이고 집단 이주를 했다. 물론 오이라트인 동류의식도 이들의 망명에 영향을 주었을 것이다.

그러나 키트부가는 2년 만에 부副술탄인 라친Lāchīn이 일으킨 쿠데타로 권좌에서 내려와야 했다. 라친은 키트부가가 시리아 지역을 방문하던 중 카이로에서 그의 반대 세력을 결집해 쿠데타를 일으켰다. 그런데 라친의 쿠데타는 몽골계 맘룩과 킵착 투르크계 맘룩 간의 대립에서 비롯된 정변이 결코 아니었다. 라친은 킵착 투르크계가 아닌 그리스인 출신의 맘룩이었기 때문이다. 키트부가는 자신의 실권을 받아들이고 라친과의 협상을 통해 시리아 남부에 위치한 사르카드의 총독이 되었다. 그는 이후 복위된 알나시르 술탄에 의해 하마의 총독으로 임명되어 1303년에 병사할 때까지 그곳의 총독을 지냈다.

살라르: 맘룩 술탄국의 2인자(부副술탄) 지위까지 오른 몽골 맘룩

살라르Salār 역시 키트부가와 같은 오이라트 부 출신으로 전쟁 포로의 신분에서 부술탄의 지위까지 오른 인물이다. 그는 1277년 아불루스타인 전투에서 포로가 된 후 칼라운 술탄의 맘룩이 되었다.

1296년 키트부가를 몰아냈던 라친이 1299년에 정변으로 살해되고 알나시르가 맘룩 아미르들에 의해 술탄으로 복위되었는데, 이때 살라르가 부술탄으로 임명되었다. 알나시르의 두 번째 재위 기간(1299~1309년) 중 맘룩 술탄국의 실권자는 살라르와 바이바르스 알자슈나키르였다. 살라르는 킵착계와 몽골계 맘룩을 포함하는 투르크인 맘룩 집단의 리더였고 알자슈나키르는 체르카시인 맘룩 집단의 수령이었다.

살라르가 카이로에서 부귀를 누리던 당시 그는 일 칸국에 거주하던 자신의 형제들과 모친을 이집트로 데려왔다. 이 시기에 일 칸국의 다른 몽골인들도 맘룩 술탄국으로 망명해 왔다. 예컨대 1299년에 아나톨리아 지방의 몽골군 지휘관 술라미슈가 500기를 이끌고 왔고, 1304년에는 일 칸국의 고위 사령관이었던 알바바가 부하들과 함께 맘룩 술탄국으로 망명해 왔다.

살라르는 1303년에 일 칸국 군대가 시리아를 침공했을 당시

바르바르스 알자슈나키르와 함께 맘룩 군대를 지휘했는데, 이 때 마르즈 알 사파르 전투를 승리로 이끌었다. 이처럼 일 칸국 과 오랜 기간 동안 전쟁을 벌인 맘룩 군대 내부에는 몽골인 지 휘관들과 병사들이 다수 존재했다.

살라르는 1309년, 알나시르 술탄이 스스로 퇴위한 후 알자슈 나키르가 술탄이 되었을 때도 부술탄의 자리를 유지했다. 그러 나 1310년에 재집권한 알나시르에 의해 축출되었고 1년 뒤 감 옥에서 옥사했다.

킵착: 다마스쿠스 총독

킵착 알만수리Qipchāq al-Manṣūrī는 살라르처럼 1277년에 포 로가 된 뒤 칼라운의 맘룩이 된 인물이다. 킵착은 1296년 키트 부가를 몰아냈던 라친의 쿠데타를 지지했고 라친은 그를 다마 스쿠스의 총독으로 임명했다. 그러나 킵착은 1298년에 일 칸국 으로 망명했고 가잔 칸이 이끄는 몽골군이 1299년 와디 알 카 잔다르 전투에서 맘룩군을 격파하고 시리아를 점령했을 때 함 께했다. 가잔 칸 역시 그를 시리아의 총독으로 임명했다. 그러 나 가잔 칸과 몽골군이 이란으로 철군하자 킵착은 사면받는 조 건으로 다시 맘룩 술탄국으로 넘어왔다. 이후 그는 현 요르단 소재인 샤우박과 시리아의 하마 지역의 총독을 지내다 1310년 사망했다.

아이타미슈

아이타미슈Aytamish는 현 요르단에 위치한 카락과 현 이스라엘에 위치한 사파드의 총독을 지냈다. 그러나 그는 맘룩 술탄국의 외교 사절로서 더 잘 알려진 인물이다. 1323년에 일 칸국의 아부 사이드 칸과 맘룩 술탄국의 알나시르가 평화 조약을 맺었을 때 그가 맘룩 협상단을 이끌었다.

알나시르 무함마드: 몽골-킵착 혼혈인 술탄

술탄 알나시르Sulṭān al-Nāṣir Muḥammad(1285~1341년 재위)는 맘룩 술탄국의 전성기를 이끈 인물이다. 그는 킵착인 부친 칼라운 술탄과 몽골인 모친 사이에서 태어난 반半몽골인이었다. 그의 외조부는 1276년에 일 칸국에서 맘룩 술탄국으로 망명한 소게테이였다. 이런 까닭에 알나시르는 자신의 치세에 몽골계 맘룩들을 중용했다. 그는 1330년 프랑스 왕 필립 6세Philip VI가 파견한 사신에게 다음과 같이 맘룩-몽골 동류의식을 표현했다. "우리는 그동안 몽골과 싸우느라 당신들을 상대하지 못했다. 그러나 이제는 신의 가호로 우리의 관계는 평화롭다. 우리와 그들은 동족이다naḥnu wa-iyyāhum min jins wāḥid."[6]

사실 알나시르의 부친 칼라운을 포함해 많은 수의 맘룩 술탄들과 지배층 인사들은 몽골인 여성들과 혼인했다. 예컨대 알나시르의 형제들인 할릴 술탄과 살리흐 알리도 몽골 여성들과 혼인했다. 아인 잘루트 전투를 승리로 이끈 바이바르스Baybars(1260~1277 재위)의 경우도 다섯 명의 부인 중 세 명이 몽골인 아미르들의 딸들이었다. 그의 장인들 중 한 명은 1263년에 일 칸국에서 망명해 온 사이프 알딘 노가이이다. 노가이의 세 딸 모두 맘룩 지배층 인사들과 혼인했다. 몽골인 여성과 혼인하는 것이 맘룩 사회 내에서는 중요한 특권으로 여겨졌기 때문이다.

몽골제국은 아인 잘루트 전투의 패배 이후 티무르의 등장 때까지 서진을 멈추었다. 그러나 앞에서 보았듯 몽골제국의 영향력은 맘룩 술탄국 내에서 한 명의 술탄을 포함해 다수의 지배층 인사들을 배출한 몽골계 맘룩 집단을 통해 북동아프리카에까지 미쳤다.

동유럽과 중앙아시아의
주치 울루스 계승국가들

6장

모스크바 대공국

주치 울루스를 계승한 초기 러시아제국

모스크바 대공국大公國은 러시아제국의 전신이다. 13세기 하반기에 모스크바시를 중심으로 신흥 공국으로 발전하기 시작해 15세기 말 러시아를 통일했고 16세기 중반에는 서로는 폴란드 변경에서 동으로는 우랄산맥에 이르는 광대한 영역을 지배하는 강국으로 발돋움했다. 이 과정에서 주치 울루스의 비호, 몽골의 군사·행정 제도, 몽골인 용병들이 중요한 역할을 했다. 러시아제국의 출현에 기여한 이반 4세, 보리스 고두노프, 표트르 대제는 몽골인의 혈통을 계승한 러시아 통치자들이다.

1. 몽골 지배가 남긴 긍정적 유산

"러시아인의 얼굴을 긁어보아라. 그러면 몽골인이 나타날 것이다Grattez le russe et vous trouverez le tartare/Scratch a Russian and you will find a Tartar."

이는 나폴레옹이 한 말이라고 알려져 있다. 정확한 출처는 알 수 없지만 이 말은 몽골제국의 오랜 지배를 받은 러시아인에 대한 19세기 서유럽인의 인식을 드러내주는 경구이다. 물론 당시 러시아인들은 이 말을 듣기 싫어했을 것이다. 러시아의 시인 푸시킨Pushkin은 몽골제국의 유산에 대해 다음과 같이 평가했다. "몽골인들은 러시아를 정복했을 때 대수학Algebra이나 아리스토텔레스를 전해주지 않았다. 러시아를 암흑시대로 빠뜨렸을 뿐이다." 이는 8세기 스페인을 정복한 아랍인들이 이슬람 세계의 발전된 수학과 철학을 정복지에 전파해준 것과는 달리 몽골제국은 러시아의 발전에 아무런 기여를 하지 못했다는 주장이다. 그러나 푸시킨이 보지 못한 몽골제국의 유산이 있다. 바로 '러시아제국'이다. 몽골제국은 러시아에 제국을 건설하고 경영하는 데 필요한 경제력, 군사·행정적 노하우, 기마 군사력, 그리고 몇 명의 유능한 몽골 혈통의 지도자들을 선사했다.

2. 팍스 몽골리카와 러시아의 경제 발전

몽골제국의 정복전은 분명 러시아에 많은 인명 피해와 파괴를 가져왔다. 이는 러시아 역사가들이 주로 강조하는 몽골제국의 유산이다. 그러나 이것이 전부가 아니었다. 몽골제국의 확립은 팍스 몽골리카 Pax Mongolica라고 불리는 평화와 번영의 시대로 이어졌고 이는 몽골제국의 무역 장려 정책과 함께 14세기 들어 러시아가 경제적으로 부흥하고 발전하는 데 기여했다.[1] 유목민 출신인 몽골인 지배자들은 무역과 상업 활동이 가져다주는 경제적 혜택을 잘 알고 있었기 때문에 정복지에서 이를 장려했다. 예컨대 주치 울루스의 뭉케 테무르 칸Möngke Temür Khan(1266~1280 재위)이 모스크바 대공에게 보낸 서신에는 상인들의 이동을 보호하라는 명령이 포함되어 있었다.[2] 결과적으로 주치 울루스 지배하에서 러시아의 남북 무역과 대對서유럽 무역이 발전했다. 이는 모스크바 대공국의 경제 발전으로 이어졌는데 연구자들은 도시의 확산과 석조 건축물의 증가 현상을 그 증거로 제시한다.[3]

3. 모스크바 공국의 기원: 주치 울루스의 조세 징수 국가

모스크바 대공국은 몽골제국의 지배가 남긴 유산이었다. 몽골제국의 러시아 정복 이전의 모스크바는 외딴 시골 소도시에 불과했고 모스크바 공국이란 존재하지 않았다. 모스크바가 15세기 후반 러시아를 통일하게 될 신흥 국가로 발전하는 데에는 주치 울루스의 정치·군사적 비호가 결정적인 역할을 했다.

우선 모스크바 공국의 시조라고도 할 수 있는 알렉산더 네브스키 Alexander Nevsky(1220~1263)는 주치 울루스의 후원에 힘입어 정치적으로 성장한 인물이다. 그는 1242년 페이푸스호 전투Battle of Lake Peipus 에서 독일군으로 구성된 리보니아 기사단을 격파하고 유럽 십자군 세력의 러시아 진출을 좌절시켰기 때문에 현대 러시아에서 민족 영웅으로 추앙받고 있다. 그런데 알렉산더 네브스키가 이 전투에서 몽골 기병들의 도움을 받았다는 사실은 잘 알려지지 않았다. 그는 또한 몽골 지배자들에게 충성한 대가로 1251년에 루스 공국들의 대표인 블라디미르 대공으로 임명되었다.

모스크바 공국의 초대 통치자 다니엘 1세Daniel I(1303 사망)는 바로 이 알렉산더 네브스키의 막내아들이었다. 다니엘의 아들들인 유리 3세 다닐로비치Yuriy Danilovich(1303~1325 재위)와 이반 1세Ivan I(일명 이반 칼리타. 1325~1340 재위) 역시 주치 울루스의 정치적 비호 속에 성장했고 블라디미르 대공 칭호를 받았다. 이리하여 모스크바는 대공국이 되었다. 주치 울루스의 우즈벡 칸Uzbek Khan(1313~1341 재위)은 유리 3세를 자신의 누이 콘차카와 혼인시켰고, 유리의 후임 이반 1세에게는 러시아 전역에 대한 조세 징수권을 주었다. 이때부터 모스크바 대공국의 가장 중요한 역할은 다른 공국들로부터 세금을 징수해 주치 울루스의 수도 사라이에 보내는 일이었다. 이 과정을 통해 부를 축적한 모스크바 대공국은 러시아에서 가장 부유한 공국으로 성장했다. 주치 울루스는 아울러 러시아 내 반몽골 반란 진압 임무도 모스크바에 맡겼다. 예컨대 1327년에 트베르 공국 주민들이 몽골 관리들을 살해하고 반란

몽골 정복 이전의 러시아: 루스 공국들의 세계

몽골제국의 지배를 받기 이전 러시아는 루스Rus'인들이 세운 여러 공국으로 이루어져 있었다. 루스인들은 9세기에 러시아 지역으로 진출한 스칸디나비아반도 출신의 바이킹 집단을 지칭한다. 류리크Ryurik라는 인물이 이들의 수령이었다. 9세기 말 루스인들은 토착 동슬라브인들과 융합하며 키예프 공국을 수립했는데, 이 공국은 블라디미르 대공Vladimir the Great(980~1015 재위)의 통치기에 그리스 정교를 국교로 삼았고 유럽에서 가장 큰 나라로 발전했다. 그러나 11세기 중반 이후 키예프 공국은 여러 공국들로 분열되기 시작했다. 그런데 '모스크바 공국'은 몽골제국 이전 시기에는 아직 존재하지 않았다.

을 일으키자 우즈벡 칸은 이반 1세에게 군사를 주어 이를 진압하게 했다. 그 결과 타 지역의 주민들이 계속해서 부유하고 안전한 모스크바의 영토로 몰려들었고 이는 모스크바 대공국의 인구 증가와 국력 강화로 이어졌다. 러시아 정교회의 대주교 관구도 1325년 블라디미르에서 모스크바로 옮겨왔는데 이는 모스크바가 14세기 초중반 러시아의 중심부로 부상했음을 보여주는 상징적인 사건이었다.

4. 몽골제국 군사·정치 제도의 도입

모스크바 대공국은 그 발전과정에서 주치 울루스의 비호에 수동적으로 의존하기만 했던 것은 아니다. 몽골제국을 발전 모델로 삼고 적극적으로 그 군사·행정 제도들을 모방하면서 이를 통해 강력한 국가로 발전해나갔다.[4] 모스크바 대공국이 도입한 제도들 중 하나가 몽골제국의 교통체제였던 '역참'(몽골어 '잠jam', 러시아어 '얌yam')이다. 역참은 대략 말을 타고 하루 동안 이동할 수 있는 거리마다 말, 음식, 말 사료, 각종 보급품을 비치해둔 거점들의 연결망을 말한다. 이는 관리나 사신들에게 숙박시설과 새로운 말을 제공함으로써 장거리 여행을 안전하고 신속하게 할 수 있게 해주는 제도였다. 예컨대 역참을 이용하면 서로 500킬로미터 이상 떨어진 모스크바와 노브고로드 사이를 3일만에 이동할 수 있었다. 역참은 방대한 영토를 지닌 몽골제국의 효율적 통치를 가능하게 해준 제도인데 모스크바 대공국도 이를 도입해 국가 통치력을 제고할 수 있었다.

도날드 오스트로우스키Donald Ostrowski는 몽골제국이 모스크바 대공국의 발전에 미친 영향을 깊이 연구한 학자이다. 그에 따르면 16세기의 모스크바 대공국은 여러 정치·행정 제도 및 기구들을 몽골제국으로부터 모방·도입했다.[5] 이들 중 젬스키 소보르의 경우는 그 기능이 몽골제국의 회의체인 쿠릴타이와 유사했다는 평가를 받는다.[6]

그런데 모스크바 대공국이 더 적극적으로 모방한 것은 몽골제국의 군사 장비와 전략, 전술이었다. 따라서 모스크바 군대가 사용한 투구나 갑옷, 활과 같은 무구류들은 주치 울루스 군대의 것들과 유사했다. 또한 모스크바 대공국의 주력 부대는 말을 타고 달리며 활을 쏘는 기마 군단이었다.[7] 모스크바의 기병은 긴 창이나 칼을 들고 싸운 동시대의 유럽 기병보다 활을 주무기로 사용한 몽골 기병과 유사했다.

5. 주치 울루스 출신의 용병들

모스크바 대공국은 또한 주치 울루스의 이주민들을 적극 받아들여 군사력을 강화시킬 수 있었다. 특히 15세기 들어 주치 울루스가 여러 계승국가로 분열되는 과정에서 많은 수의 유민이 발생했는데 모스크바 대공국은 이들을 이끈 칭기스 일족과 군 지휘관들에게 영지를 제공하고 용병으로 고용했다. 주치 울루스 출신의 용병들은 각종 전쟁에 참여해 싸우며 모스크바 대공국의 부상에 기여했다.[8] 예컨대 바실리 2세Vasily II(1425~1462)는 리투아니아 원정에 이들을 동원했고, 한때 왕좌에서 쫓겨났다가 복권할 때 이들의 도움을 받았다. 그의 아들 이반

몽골 기병의 무기와 전술을 모방한 16세기 러시아 기병(1557년 작).

3세는 칭기스 일족인 카심에게 고로데츠 지역을 영지(카시모프 칸국)로 하사하고 카잔 칸국 군대로부터 모스크바를 방어하게 했고, 또 다른 칭기스 일족인 무르타자에게는 노보고로독 지역을 영지로 주고 크림 칸국의 공격을 막도록 했다. 이반 3세는 또한 주치 울루스 출신 용병들을 노브고로드 공국의 정복과 리투아니아와의 전쟁에 동원했다. 이반 3세의 아들 바실리 3세는 러시아 정교로 개종하고 페트르 이브라이모프Petr Ibraimov라는 이름으로 개명한 칭기스 일족 쿠다이 쿨Kudai Kul을 참모로 두었다. 쿠다이 쿨은 1506년부터 그가 사망한 1523년까지 모스크바 대공국의 고위 군사령관을 지냈다. 한편 쿠다이 쿨의 부인은 바실리 3세의 누이였는데 이들 사이에서 태어난 두 딸은 모스크바의 유력 가문의 일원들과 혼인했다. 쿠다이 쿨의 외손자 이반 페오로비치 공은 바실리 3세의 아들 이반 4세의 주요 군사령관으로서 1552년 러시아의 카잔 칸국 정복전에도 참여했다.

6. 몽골 혈통의 러시아 군주들: 이반 4세, 시메온, 보리스 고두노프, 표트르 대제

쿠다이 쿨의 사례를 통해서도 알 수 있듯이 모스크바 대공국으로 이주해 온 칭기스 일족과 군 지휘관들은 러시아의 지배층에 편입되었다. 이들이 16세기 러시아 상류층에서 차지한 비율은 17%에서 20%에 달했다.[9] 이는 모스크바 대공국 내에서 몽골제국의 후예들이 차지하던 위상을 잘 보여주는 수치다. 특히 몽골인의 혈통을 계승한 러시아의 귀족층 인사들 중에는 러시아의 국가 수반의 자리에 오른 이들도 여럿 있었다.

1) 몽골 권신 마마이의 후손인 이반 4세

이반 4세(1533~1584 재위)는 주치 울루스의 계승국가들인 카잔 칸국과 아스트라한 칸국을 정복하며 러시아를 강대국으로 발돋움시킨 장본인이다. 그는 1547년 친정을 시작하며 러시아 군주로서는 처음으로 공식적인 차르 칭호를 사용했는데, 이에 앞서 그의 모친 엘레나 글린스카야Elena Glinskaya가 5년 동안(1533~1538) 섭정했다. 그런데 엘레나 글린스카야는 주치 울루스에서 리투아니아로 이주했던 몽골인 귀족

레크사다Lekhsada의 후손이었다. 레크사다의 가까운 선조는 톡타미슈에게 축출당하기 전 주치 울루스의 킹메이커로 활약했던 마마이Mamay (1335~1380)였다.[10] 레크사다는 리투아니아 대공에게 현대 우크라이나의 글린스키 지역을 영지로 받았기 때문에 그의 가문명이 '글린스키'가 되었다. 글린스키 일족은 15세기 말 리투아니아에서 강력한 귀족 가문으로 부상했으나 16세기 초 반란을 일으켰다 실패하고 러시아로 집단 망명했다. 다시 말해 이반 4세는 모친을 통해 몽골인의 혈통을 이어받았던 것이다.

이반 4세가 자신의 몽골 혈통에 대해 어떻게 생각했는지는 알 수 없다. 그는 러시아 정교회 신자로서 공식적으로는 동로마제국의 계승자를 자처했다. 그러나 그는 칭기스 일족을 우대하는 등 친몽골 성향도 분명 보였다. 예컨대 그는 1572년에 아스트라한 칸국 출신의 칭기스 일족인 미하일 카이불리츠Mikhail Kaibulich를 보야르 귀족 회의체의 수반으로 임명했다. 1575년에는 일시적으로 퇴위한 뒤 칭기스 일족인 시메온 벡불라토비치를 러시아의 수반으로 추대하기도 했다.

카잔 칸국

카잔 칸국은 15세기 중반부터 16세기 중반까지 볼가강 중류 지역을 지배한 주치 울루스의 계승국가로서 현 러시아 연방의 타타르스탄 공화국의 전신이다. 카잔을 중심으로 주변에 거주하는 추바슈, 우드무르트 등과 같은 투르크계, 우랄계 주민들을 지배했다.

그 시조는 주치의 후손이었던 울룩 무함마드Ulu Muḥammad 이다. 크림 칸국의 건국자 하지 기레이의 라이벌이자 한때 주치 울루스의 대칸이었던 그는 칸위 다툼에서 패한 뒤 휘하 세력을 이끌고 볼가강 중류 지역으로 이주해 1438년경 카잔에 정착했다. 이 일대는 과거에 투르크계 이슬람 국가인 볼가 불가르국이 위치했던 곳이다. 카잔 칸국을 수립하는 과정에서 울룩 무함마드는 카잔의 서부에 위치한 모스크바 대공국을 제압해야 했다. 울룩 무함마드는 수적 열세에도 불구하고 여러 차례 모스크바 군대에 승리했는데 1445년에 벌어진 수즈달 전투에서는 대공 바실리 2세를 생포한 뒤 많은 배상금을 받고 풀어주었다. 이후 약 15년 동안 러시아는 카잔 칸국의 속국vassal state으로 존재했다.

그렇지만 이는 오래 지속될 수 없는 예외적인 현상이었다. 카잔 칸국은 애당초 불가르계와 우랄계 정주민들이 거주하는 볼가강 중류 지역에 세워진 나라였기 때문에 그 기마군단의 규모가 남부 초원 지역을 장악한 크림 칸국에 비해 작을 수밖에 없었다. 아울러 이웃 모스크바 대공국에 비해 영토의 크기나 인구의 규모도 훨씬 작았다. 이런 까닭에 카잔 칸국은 태생적으로 크림 칸국과 모스크바 대공국의 경쟁 상대가 될 수 없었다.

울룩 무함마드의 사망 후 아들 마흐무덱Maḥmūdek(1446~1466 재위)이 칸위를 승계했다. 마흐무덱에 이어 그의 아들들인 할릴Khalīl(1462~1467 재위)과 이브라힘Ibrāhīm(1467~1479 재위)이 차례로 카잔 칸국의 권좌에 올랐고, 이브라힘 사후에는 그의 아들 알리가 그를 승계했다. 그러나 1487년에 이브라힘의 다른 아들 무함마드 아민Muḥammad Amīn이 모스크바의 도움을 받아 알리를 축출하고 권좌를 차지했다. 무함마드 아민은 1496년 시비르 칸국의 마묵Mamuq에게 카잔을 빼앗겼는데 1502년에 다시 한번 모스크바 군대의 도움을 받아 복귀할 수 있었다. 그러나 그는 모스크바 대공국의 꼭두각시는 아니었다. 그는 니즈니 노브고로드 근처에서 벌어진 전투에서 모스크바 군대를 격파하고 1507년에 러시아와 평화 조약을 체결했다. 1519년에 그가 사망한 후 울룩 무함마드 왕조는 단절되었고 모스크바 대공 바실리 3세가 지지하는 샤 알리Shāh ʿAlī(1519~1521 재위)가 칸위에 올랐다. 샤 알리는 아스트라한 칸국 출신의 칭기스 일족이었다. 그러나 이는 크림 칸국의 개입을 초래했다. 1521년 크림 칸국의 메흐메트 기레이 칸이 카잔을 점령한 뒤 자신의 동생 사힙Ṣāḥib 기레이를 카잔 칸국의 칸으로 임명했다. 이후 30여 년간 카잔 칸국은 일부 기간을 제외하고는 크림 칸국의 영향력 아래 놓이게 되었다.

사힙 기레이는 1524년에 조카 사파 기레이Ṣafāʾ Giray(1524~ 1531, 1535~1549 재위)에게 칸위를 양도하고 오스만제국에서 거주하다 1532년에 크림 칸국의 군주로 즉위했다. 사파 기레이는 1531년 모스크바가 후원하는 잔 알리에 밀려났다 1535년에 복귀했다. 1549년에 사파 기레이 칸이 사망한 후에는 12살이었던 그의 아들 외테미슈 기레이Ötemish Giray(1549~1551 재위)가 칸위를 승계했다. 그러나 이반 4세는 1551년 외테미슈를 몰아내고 샤 알리를 카잔의 칸으로 임명했다. 샤 알리가 이듬해 반란으로 축출되자 이반 4세는 대군을 동원해 카잔 칸국을 정복했다. 이로써 카잔 칸국은 러시아에 합병된 첫 주치 울루스 계승국가가 되었다. 외테미슈는 모스크바에서 알렉산더라는 이름으로 세례를 받고 귀족으로 살다가 1566년에 사망했다.

카시모프 칸국

카시모프 칸국은 15세기 중반부터 17세기 말까지 러시아의 랴잔Ryazan 지방에 존속했던 나라였다. 그 초대 칸인 카심Qāsim 칸에게서 카시모프Kasimov라는 국명이 유래했다. 카잔 칸국의 시조 울룩 무함마드의 아들이었던 카심 칸은 부친의 사망 후 동생 야쿱Ya'qūb과 함께 모스크바로 망명했다. 모스크바 대공 바실리 2세는 이들 형제에게 랴잔 지방에 위치한 고로독Gorodok 일대를 영지로 주었다. 모스크바와 카잔 사이에 위치한 고로독은 우랄계 주민들이 주로 거주하는 곳이었다.

이후 모스크바 대공국은 카시모프 칸국을 카잔 칸국에 대한 방어 및 전진 기지로 활용하며 그 수령들을 직접 임명했다. 카시모프 칸국의 주치 일족은 러시아 내에서 용병의 역할을 수행했다. 바실리 2세가 왕좌에서 쫓겨났을 때 카심과 야쿱 형제는 그의 복권을 도왔다. 1468년경 칸위를 승계한 카심 칸의 아들 다니야르Dāniyār는 주치 울루스의 계승국들 중 하나인 울루 오르다Ulu Orda(영문명 Great Horde)의 아흐마드 칸이 모스크바 대공국을 침공했을 때 러시아 편에서 싸웠다.

다니야르가 사망한 후 모스크바 대공 이반 3세는 1478년 크림 칸국에서 망명해 온 칭기스 일족인 누르 데블레트Nūr Devlet를 카시모프의 칸으로 임명했다. 모스크바는 이후 1512년경에는 아스트라한 칸국 출신의 망명 칭기스 일족인 샤이흐 아울리야르Shaikh Awliyār와 그의 동생 샤 알리Shāh 'Alī를 카시모프의 칸으로 연이어 임명했다. 모스크바 대공국은 이후 샤 알리가 카잔 칸국의 칸위에 오르는 것을 도왔다. 이처럼 카시모프 칸국은 러시아로 망명한 칭기스 일족이 모스크바 당국의 보호를 받으며 재기할 수 있는 기회의 땅이기도 했다.

카시모프 칸국의 군주들 중에 주목할 만한 이는 사인 불라트Sain Bulat이다. 아이러니하게도 사인 불라트는 1480년 러시아를 침공했던 울루 오르다의 군주 아흐마드 칸의 후손이었다. 그는

1573년에 러시아 정교회로 개종하고 시메온이라는 이름으로 개명했다. 이반 4세는 1575년에 스스로 퇴위한 뒤 시메온을 '전 루스의 대공'으로 추대했다. 실권을 행사한 것은 이반 4세였지만 시메온은 이후 약 1년 동안 러시아의 수반을 지냈다.

17세기 들어 카시모프 칸국의 수령으로 임명된 이들 중에는 카자흐 칸국 출신의 칭기스 일족인 우라즈 무함마드 칸Uraz Muḥammad Khan(1610 사망)과 시비르 칸국의 군주 쿠춤 칸의 손자 아르슬란Arslān도 있었다. 아르슬란의 아들 사이드 부르한 Sa'īd Burhān이 카시모프 칸국을 마지막으로 통치한 칭기스 일족이었다. 러시아제국은 1681년 카시모프 칸국을 합병했다.

아스트라한 칸국

아스트라한 칸국은 13세기 주치 울루스가 볼가강의 하류 지역에 건설한 무역 도시인 아스트라한을 중심으로 카스피해 북안 초원 지역을 지배한 주치 울루스 계승국가이다. 주치 울루스의 대칸이었던 쿠축 무함마드Küchük Muḥammad의 손자 카심 Qāsim에 의해 1466년 세워졌다.

아스트라한 칸국은 도시 국가에 가까웠기 때문에 그 국력이 크림 칸국이나 모스크바 대공국에 미치지 못했다. 1504년 이후 격화된 칸위 다툼으로 쇠퇴했으며, 1523년과 1546~1547년에 두 차례 크림 칸국에 점령당하며 크림 칸국의 영향권 아래 놓이기도 했다. 그러나 1556년 이반 4세에 의해 러시아에 합병되며 최후를 맞이했다. 이때 우즈벡 칸국으로 이주한 칭기스 일족 야르 무함마드의 후손들은 17세기 초 마와라안나흐르에서 토카이 티무르 왕조를 수립했다.

시비르 칸국

시비르 칸국은 우랄산맥 동부의 남서시베리아 지역에 존속했던 주치 울루스의 계승국가이다. 현대 시베리아Siberia란 지명은 이 칸국의 수도였던 시비르에서 유래한다. 주치 울루스 출신의 지배층이 만시와 칸티 같은 우랄계 집단들과 인근 바슈키르 부족들을 지배하는 국가였으며 그 인구는 수만 명에 불과했다.

시비르 칸국은 타이부가 왕조Taybughids와 시반 왕조Shibanids의 지배를 받았다. 타이부가 왕조는 주치 울루스가 15세기 중반 여러 계승국가들로 분열되었을 때 침기-투라(현 튜멘시)를 수도로 삼으며 먼저 등장했다. 이 왕조의 기원에 대한 구전 기록에 따르면 그 시조는 13세기 초 케레이트 부의 수령이었던 옹칸으로 추정되는 인물이다.[11] 타이부가 왕조는 1481년경 주치의 다섯째 아들 시반의 후손인 이박 칸Ibaq Khan에게 수도 침기-투라를 빼앗겼으나 1495년경 타이부가 일족인 마마트Mamat가 이박 칸을 살해하고 시비르 칸국을 재장악했다. 마마트는 수도를 현 토볼스크 인근에 위치한 시비르로 옮겼다. 이후 타이부가 왕조는 1555년 이반 4세에 신속했다.

시비르 칸국은 1563년경 이박 칸의 손자 쿠춤 칸Kuchum Khan이 타이부가 왕조를 멸하고 칸위에 오르면서 다시 시반 왕조의 지배를 받게 된다. 그러나 시비르 칸국은 1582년 예르막Yermak이 이끄는 러시아의 코삭 군대의 침공을 받았다. 이들에 패한 쿠춤 칸의 아들 마흐메트 쿨리Muḥammad Qulī는 사로잡혀 모스크바로 보내졌다. 이후 쿠춤 칸도 반격에 나서 1585년 예르막을 기습해 살해했다. 그러나 그는 1598년에 러시아군과의 교전에서 패하고 망기트 울루스로 도주한 뒤 사망했다.

러시아로 이송된 쿠춤 칸의 후손들은 칭기스 일족이었던 까닭에 러시아에서 귀족의 신분을 누렸다. 쿠춤 칸의 손자 아르슬란과 증손자 사이드는 카시모프 칸국의 수령을 지내기도 했다. 한편 남서시베리아 지역에 남은 쿠춤의 후예들은 바슈키르인 등을 이끌며 18세기 초까지도 러시아에 대한 저항을 계속했다. 이들은 한 세기 이상 남서시베리아 지역의 원주민들이 러시아를 상대로 일으킨 반란들을 주도하거나 이들에 참여했다. 예컨대 1705년에 바슈키르인들이 일으킨 봉기는 쿠춤 칸의 후손 쿠축 술탄 칸이 주도했다.

2) 러시아의 수반으로 추대되었던 칭기스 일족 시메온 벡불라토비치

이반 4세가 모친을 통해 몽골인의 혈통을 이어받은 자였다면 그에 의해 러시아의 국가 수반으로 추대된 시메온 벡불라토비치Simeon Bekbulatovich(1575~1576 재위)는 부계로 칭기스 칸의 피를 이어받은 칭기스 일족이었다. 러시아 정교로 개종하기 전 본명이 사인 불라트Sain Bulat였던 그는 카시모프 칸국의 수반으로 재위하고 있었다. 그런데 1575년 9월경 이반 4세는 스스로 차르 자리에서 물러난 뒤 시메온을 '전 루스의 대공Grand Prince of All Rus'으로 추대했다. 칭기스 칸의 후손이 명목상으로나마 초기 러시아제국의 수반이 되었던 것이다. 불과 1년 뒤 이반 4세는 시메온을 트베르Tver와 토르족Torzhok의 대공으로 임명하고 자신이 다시 친정하기 시작했다. 물론 시메온의 재위 기간 중에도 실권을 행사한 것은 그였다. 그렇지만 이반 4세는 형식적으로는 시메온 앞에서 신하의 예를 갖추었다. 예컨대 1576년 여름 이반 4세는 크림 칸국을 상대로 군사 활동을 전개하기에 앞서 시메온에게 다음과 같이 적힌 칙령을 자신에게 내려달라고 요청했다. "이반 바실리예비치 모스크바 공! 나 전 루스의 대공 시메온 벡불라토비치는 당신이 크림 칸에 맞서 강기슭으로 출병하라고 명한다." 그리고 다음 날 그는 다음과 같이 적힌 청원문을 시메온에게 올렸다. "시메온 벡불라토비치, 전 루스의 대공 폐하, 저 이반 바실리예비치 모스크바 공과 제 아들 이반 이바노비치는 이 청원문을 올립니다. 강기슭으로 출병하라는 명을 받고 그에 필요한 물자들을 내려주실 것을 간청합니다."[12] 역사가들 사이에서는 이반 4세의 이러한 행위들을 두고 해석이 분분하다. 그러나 몽골 세계에서 실권자들이 칭기스 일족을 상징적인 군주로 추대한

사례는 아주 많았다. 이반 4세의 정치 행태도 그런 관점에서 이해해야 할 것이다.[13]

3) 몽골 혈통의 보리스 고두노프

이반 4세의 사망 후 그의 병약한 아들 표도르Feodor(1584~1598 재위)가 차르 자리를 승계했다. 그러나 표도르의 재위 기간 중 실권을 행사한 자는 그의 처남 보리스 고두노프Boris Godunov(1598~1605 재위)였다. 1598년에 표도르가 후사 없이 사망하자 그가 젬스키 소보르 회의('쿠릴타이')를 통해 차르로 추대되었다. 이 보리스 고두노프는 14세기 초 주치 울루스에서 모스크바 대공국으로 이주해 온 체트무라Chet-mura라는 몽골인 장수의 후손이었다.

보리스 고두노프는 정적들이 자신을 제거하고 시메온을 차르로 추대하는 것을 경계해 시메온을 사실상 수도원에 감금했다. 보리스 고두노프가 1605년에 사망한 후 16세였던 그의 아들 표도르가 즉위했으나 이반 4세의 아들을 자처한 가짜 드미트리False Dmitry I(1605~1606 재위)가 이끄는 반란 세력에 의해 살해되었다.

4) 크림 칸국 귀족의 혈통을 이어받은 표트르 대제

러시아가 유럽의 열강 대열에 합류한 것은 표트르 대제Peter the Great (1682~1725 재위)의 재위기였다. 표트르 대제는 서구화 정책, 근대화 정책, 팽창 정책을 펼친 개혁 군주로 유명하다. 그런데 그는 이반 4세와 마찬가지로 모친을 통해 몽골제국 혈통을 계승했다. 그의 모친 나탈리아 나리슈키나Natalya Naryshkina 황후는 15세기에 크림 칸국에서 이주해 온 '타타르인'의 후손이었다.[14] 나탈리아도 이반 4세의 모친 엘레나처럼 1682년에 잠시 어린 표트르를 대신해 섭정했다. 그녀가 속한 나리슈킨 가문은 러시아 사회 내에서 유력한 귀족 가문이었다. 17세기말과 18세기 초 러시아에서는 이 가문이 후원한 바로크 건축 양식이 유행했는데 이는 '나리슈킨 바로크Naryshkin Baroque' 혹은 '모스크바 바로크Moscow Baroque' 양식이라고 불린다.

이상에서 보듯 많은 수의 주치 울루스 후예들이 러시아의 지배층에 편입되었고, 네 명은 국가 수반의 자리에 올랐다. 이런 의미에서 보면 초기 러시아제국은 몽골제국의 계승국가였다.

7장

크림 칸국

16세기 동유럽의 군사 최강국으로 군림한 주치 울루스 계승국가 크림 칸국은 15세기 중반부터 18세기 초중반까지 크림반도를 중심으로 흑해 초원에서 코카서스산맥에 이르는 영역을 지배한 몽골제국 계승국가이다. 전성기 때는 카잔 칸국과 아스트라한 칸국도 지배하에 두었다. 주치 울루스가 여러 계승국가들로 분열된 15세기 중반 주치의 후손인 하지 기레이 칸에 의해 세워졌기 때문에 '기레이 왕조'라고도 불린다. 크림 칸국은 17세기 중반까지 동유럽에서 가장 강력한 군사 강국으로 군림하며 러시아, 폴란드 등으로부터 공납을 받아냈다. 또한 오스만제국의 제후국이자 가장 중요한 군사 동맹국으로서 오스만제국의 팽창과 변경 방어에도 기여했다. 크림 칸국은 유럽에서 가장 오래 존속한 몽골제국 계승국가였으며, 1783년 러시아제국에 합병되었다.

1. 몽골제국의 잊힌 계승국가

크림 칸국(영문명 the Crimean Khanate)은[1] 동유럽사나 오스만제국사를 전문적으로 공부하지 않은 이들에게는 생소한 나라일 것이다. 그만큼 크림 칸국은 잊힌 몽골제국 계승국가이다. 그러나 크림 칸국은 17세기 중반까지 동유럽에서 군사적으로 가장 강력한 국가로 군림했던 나라였다. 1700년 오스만제국의 수도 이스탄불에서 오스만제국과 러시아가 휴전 조약을 체결했는데 그제서야 러시아는 더 이상 크림 칸국에 공납을 보내지 않겠다고 선언했다. 17세기 말까지도 러시아와 폴란드는 이들이 주치 울루스에게 바치던 공납을 크림 칸국에 보내고 있었던 것이다. 이는 크림 칸국이 얼마나 강력한 국가였는지를 상징적으로 보여준다.

그러면 크림 칸국을 몽골제국의 계승국가로 볼 수 있는 근거는 무엇인가? 우선 크림 칸국을 지배한 기레이 일족은[2] 주치의 열셋째 아들 토카 테무르Toqay-Temür의 후예들이었다. 또한 몽골계 부족들인 바린, 망기트, 시지우트, 쿵그라트 부의 유목민들이 투르크화된 이란계 쉬린 부와 투르크계 킵착 부 등의 유목민들과 함께 지배층을 이루며 그리스계, 이탈리아계, 아르메니아계 등으로 이루어진 정주민들을 지배했다. 무엇보다도 이들은 스스로 타타르인/몽골인이라는 정체성을 가지고 있었다. '투르크인' 정체성은 이들에게 존재하지 않았다. 예컨대 1517년 모스크바를 방문한 합스부르크제국의 사신 지기스문트 폰 헤르베르슈타인Sigismund von Herberstein은 "타타르인들은 투르크인으로 불리는 것을 몹시 기분 나빠하며 이를 모욕으로 받아들인다"라고 자신의 방문기에 기록했다.[3] 크림 칸국의 외교 문서와 역사서는 오스만제국만을 투르크라 지칭했다.[4] 16세기 크림 칸국의 역사서《사힙 기레이칸의 역사Tārīḫ-i Ṣāḥib Girāy Ḫān》는 크림 칸국을 투르크계 국가가 아닌 몽골 계승국가로 묘사한다.[5] 18세기 초 저술된 크림 칸국의 역사서 《역사의 기둥'Umdat al-Aḫbār》도 크림 칸국의 유목민들이 몽골인과 타타르인에서 기원했다고 밝히며 오스만 투르크인과 구별한다. 그리고 몽골인의 시조로 추앙받던 알란 고아를 기레이 왕조의 선조로 명시한다.[6] 당연히 오스만제국이나 러시아와 같은 이웃 국가들도 크림 칸국을 '투르크' 국가가 아닌 몽골제국의 계승국가로 보았다. 크림 칸국의 유목민들을 투르크인이 아닌 몽골인으로 본 것은 1437년에 크림반도를 방문한 스페인 여행가 페로 타푸르Pero Tafur도 마찬가지이다. 그는 다음과 같이 자신의 방문기에 적었다. "(크림반도의) 몽골인Tartars들은 공통적으로 키가 작고 어깨가 넓다. 그들의 이마는 넓고 눈은 작다. 귀족들이 가장 변형된 외모를 가졌다고 한다. 그리고 그들은 투르크인을 상대하면 늘 이긴다고 한다."[7]

2. 크림 칸국의 건국

주치 울루스에서는 베르디 벡 칸Berdîbeg Khan(1357~1359 재위)이 사망한 후 극심한 칸위 계승 분쟁이 발생했고 바투 왕조는 단절되었다. 주치 울루스는 이후 우루스 칸과 톡타미슈 칸의 통치기에 재통일되기도 했지만 14세기 말에 티무르의 침공을 받아 궤멸적인 타격을 입은 후 해체되기 시작했다. 15세기 중반이 되면서 주치 울루스의 우익(흑해 초원과 볼가-우랄 지역)은 울루 오르다, 크림 칸국, 카잔 칸국, 아스트라한 칸국, 카시모프 칸국 등의 계승국가들로 분열되었다.

1) 크림 칸국의 건국자 하지 기레이 칸

크림 칸국은 하지 기레이Hājjī Gîray(1441/1449?~1466 재위)에 의해 세워졌다. 하지 기레이는 주치의 열셋째 아들 토카 테무르의 후손이었다. 그러나 그가 몇 년도에 크림 칸국을 건국했는지는 정확하게 알려져 있지 않다. 1441년 혹은 1449년 등 여러 다른 연도들이 연구자들에 의해 제시되고 있을 뿐이다. 어쨌든 하지 기레이의 가문은 이보다 더 이전인 14세기 말부터 크림반도를 지배해오고 있었다. 하지 기레이의 조부 타슈 테무르는 1393~1394년경 크림반도에서 스스로 칸의 자리에 올랐고, 그의 아들 데블레트 베르디Devlet Berdi는 1427년에 칸의 신분으로 맘룩 술탄국에 사신을 파견하는 등 기레이 가문은 크림반도에서 독자적인 세력을 구축하고 있었다.

그러나 하지 기레이가 크림 칸국을 수립하는 과정은 순탄하지 않았다. 그는 카잔 칸국의 시조인 울룩 무함마드 칸과 같은 라이벌 주치 일족들의 공격을 받고 패주한 뒤 리투아니아에서 망명 생활을 하기도 했다. 그는 크림반도의 유목 부족들이었던 몽골계의 쿵그라트, 바린 부와 이란계(오세트계)의 쉬린 부의 지지를 받아 복귀할 수 있었다.

신흥 국가를 건설한 하지 기레이 칸은 먼저 크림반도 남부의 제노아인들을 복속시켰다. 당시 크림반도 남부의 항구 도시들은 이탈리아 도시국가인 제노아가 주치 울루스에 공납을 바치는 조건으로 13세기 이래 무역 거점으로 사용해오고 있었다. 하지 기레이는 크림반도의 최대 항구 도시인 카파Kaffa를 공격해 자치를 허용하는 대가로 공납을 부과했다.

하지 기레이는 특히 같은 주치 울루스 계승국가인 울루 오르다Ulu Orda(서구 학계에서는 Great Horde로 지칭)의 공격에 대처해야 했다. 울루 오르다는 주치 울루스의 중심부인 사라이 일대를 지배한 계승국가로서 크림 칸국과 반세기 동안 주치 울루스의 적통을 두고 경쟁했다. 하지 기레이는 모스크바 대공국 및 폴란드와 반反울루 오르다 동맹을 맺었다. 울루 오르다의 사이드 아흐마드 칸Saʿīd Aḥmad Khan이 각각 1452년에 폴란드, 1465년에 모스크바 대공국을 침공했을 때 하지 기레이는 울루 오르다군의 배후를 공격했다. 사실 이처럼 주치 울루스 계승국가들이 서로 대립하지 않았다면 러시아가 몽골의 지배로부터 벗어나는 시점은 상당 기간 미루어졌을지도 모른다.

주치 울루스는
언제 멸망했는가?

주치 울루스는 언제 멸망했는가? 몽골제국사 연구자들마다 의견이 다른데 일부는 1502년을 그 시점으로 꼽는다. 그해에 크림 칸국의 멩글리 기레이 칸이 주치 울루스의 옛 중심부인 사라이 일대를 지배하던 울루 오르다를 공격해 멸망시켰기 때문이다. 그런데 이는 타당한 설명이 아니다. 울루 오르다를 주치 울루스와 동일시할 수 없기 때문이다. 울루 오르다는 크림 칸국과 마찬가지로 주치 울루스의 한 계승국가에 불과했다.

주치 울루스의 우익이 15세기 중반 여러 계승국가로 분열되었을 때 이들 중 가장 강력한 국가들은 크림 칸국과 울루 오르다였다. 그런데 양국 모두 칭기스 왕조 국가였으며 부족 구성도 유사했다. 주치 울루스의 적통을 따진다면 양국이 동일한 위치에 있었다. 따라서 1502년 크림 칸국이 울루 오르다를 멸망시킨 것을 두고 주치 울루스가 이때 멸망했다고 말할 수는 없다.

엄밀히 말하면 주치 울루스는 어느 특정 시점에 멸망한 것이 아니라 15세기 중반 이후 여러 계승국가들로 분화되었고, 그 우익은 크림 칸국을 통해 18세기 중반까지 존속했다고 볼 수 있다. 이런 까닭에 미국의 카잔 타타르계 주치 울루스사 연구자인 율라이 샤밀오울루Uli Schamiloglu 교수는 크림 칸국을 '후기 주치 울루스Later Golden Horde'라고 부른다.

3. 16세기의 크림 칸국: 동유럽의 군사 최강국

1) 멩글리 기레이 칸과 크림 칸국의 발전

하지 기레이가 1466년에 사망한 이후 그의 아들들 사이에 오랜 칸위 다툼이 발생했는데 이들 중 최종 승자는 멩글리 기레이Mengli Giray였다. 멩글리 기레이 칸의 통치기에 크림 칸국은 오스만제국의 동맹국인 동시에 제후국이 되었다. 이는 멩글리 기레이와 오스만제국의 특수한 인연 때문이다. 칸위 다툼에서 밀려났던 멩글리 기레이는 제노아인의 자치 항구 도시 카파에 잠시 머물었다. 그런데 1475년 오스만제국이 함대를 파견해 카파를 점령하는 사건이 벌어졌다. 이때 멩글리 기레이는 오스만 황제 메흐메트 2세Mehmed II(1444~1446, 1451~1481 재위)에 충성 서약을 했고 이스탄불에 머물다 1478년 오스만 군대의 지원으로 크림 칸국의 권좌에 복귀할 수 있었다. 이리하여 크림 칸국은 오스만제국의 제후국이 되었다.

그러나 크림 칸국과 오스만제국 양국은 실질적으로는 군사 동맹국 관계였다. 크림 칸국의 군주들은 자신들의 이름으로 화폐를 주조(식카sikka)하고, 금요 예배 설교(쿠트바khutba)에서 자신들의 이름을 언급할 수 있었다. 이슬람 세계에서 이것들은 독립 군주만이 누리던 정치적 특권들이었다. 다만 크림 칸국은 오스만제국의 대외 원정에 기병 부대를 지원군으로 파견해야 했다. 오스만제국은 그 대가로 크림 칸국에 매년 재정적 지원을 제공했다. 오스만제국은 또한 크림반도의 제노아인 자치령을 제국의 직할지로 삼은 데 대한 대가로도 크림 칸국에 매년 경제적 보상을 제공했다. 즉, 크림 칸국이 오스만제국에 '조공'을 바치는 일은 없었다. 크림 칸국은 오히려 러시아에서 현금, 고급 직물, 모피 등으로 이루어진 공납을 받았다.

맹글리 기레이 칸의 가장 큰 업적은 1502년에 울루 오르다를 멸망시킨 일이다. 이를 통해 크림 칸국은 가장 강력한 라이벌을 제거하고 주치 울루스 우익의 주 계승국가가 될 수 있었다. 그는 또한 자신의 사위였던 오스만제국의 왕자 셀림이 제위에 오르는 것을 도왔다. 셀림 1세 Selīm I(1512~1520 재위)는 부친 바예지트 2세가 장남 아흐메트를 후계자로 지명하자 반란을 일으켰는데 이때 맹글리 기레이 칸은 그에게 지원군을 보내 그의 집권에 기여했다. 이런 과정들을 통해 맹글리 기레이는 16세기 초 동유럽에서 가장 강력한 군주로 부상했다.

2) 메흐메트 기레이 칸에 의한 주치 울루스 우익의 재통일

크림 칸국은 맹글리의 아들 메흐메트 기레이 칸Meḥmed Girāy Khan (1515~1523 재위)의 통치기에 최대 판도를 이루었다. 그는 폴란드 국왕에 보낸 서신에서 스스로를 "울루 오르다, 킵착 초원, 그리고 모든 몽골인의 대칸ulu ordanung ulu ḫanī Dešt-i Ḳipčāḳ barča Moġul pādšāhī"이라고 칭했는데[8], 메흐메트 기레이 칸은 이러한 칭호에 걸맞은 군주였다. 왜냐하면 그는 반세기 넘게 분열되어 있었던 주치 울루스의 우익을 재통일한 강력한 통치자였기 때문이다. 그는 1521년 카잔 칸국을 점령한 후 이복 동생 사힙 기레이를 권좌에 앉혔다. 같은 해 메흐메트 기레이 칸과 사힙 기레이는 모스크바 원정에 나서 대공 바실리 3세Vasili III (1505~1533 재위)의 항복을 받아냈다. 메흐메트 기레이 칸은 많은 공물을 러시아에서 받은 뒤 크림반도로 귀환했다. 메흐메트 기레이 칸은 헝가리 원정에 참전해달라는 오스만 황제 술레이만(1520~1566 재위)의 요청을 거부하고 오스만제국과 우호 관계에 있던 러시아를 공격할 만큼 강력한 군주였다. 1523년에는 사힙 기레이와 함께 아스트라한 칸국을 점령함으로써 주치 울루스의 우익을 일시적으로나마 재통일했다.

3) 사힙 기레이 칸과 크림 칸국의 번영

메흐메트 기레이 칸은 아스트라한 원정 직후 망기트 울루스 군대의 기습 공격을 받고 살해되었다. 이후 그의 아들 가지 기레이 1세Ghāzī Girāy(1523~1524 재위), 동생 사아데트Saʿādet(1524~1532 재위), 또 다른 아들 이슬람 기레이 1세Islām Girāy I(1532 재위)가 차례로 칸위를 승계했다.

크림 칸국이 다시 번영기를 맞이한 것은 사힙 기레이 칸Ṣāḥib Girāy

크림 칸국의 왕궁 바흐체 사라이 궁전. 16세기 전반기에 건설되었으나 현존하는 건물들은 1736년 러시아 원정군에 궁전이 파괴된 직후 재건된 것들이다. (ⒸTiia Monto / Wikipedia)

Khan(1532~1551 재위)의 치세였다. 카잔 칸국의 군주였던 사힙 기레이 칸은 1524년 조카 사파 기레이에게 왕좌를 양도한 뒤 오스만제국으로 가서 8년간 거주하다 술레이만 황제의 지원을 받아 1532년에 크림 칸국의 권좌에 올랐다. 그런 까닭에 그는 오스만제국의 문물을 적극 도입했다. 그는 먼저 전문 인력을 관리로 등용하는 오스만제국의 관료

스지게트바르Szigetvár 공성전(1566년)에 참가한 크림 칸국 기병들을 그린 오스만 세밀화(《술탄 술레이만의 역사》 수록. 1579년 작). 하반부의 기병들이 크림 병사이다.

제도를 도입해 유목 국가였던 크림 칸국을 중앙집권적 국가로 변모시켰다. 또한 크림 칸국의 새 수도 바흐체 사라이Bāghche Sarāy에 궁전, 마드라사(이슬람 고등교육기관), 모스크, 공중목욕탕, 상점 등을 건설했다.

사힙 기레이 칸은 원정 활동도 활발히 전개했다. 1538년 오스만제국의 몰다비아 원정에 동맹군으로 참전해 오스만제국이 아케르만(현 우크라이나의 서부 흑해 연안 지역)을 합병하는 데 기여했다. 1539년과 1542년에는 북코카서스 지방의 체르카스인에 대한 원정에 나섰고, 1539~1540년과 1541년에는 각각 리투아니아와 러시아를 약탈했다. 특히 1546~1547년에는 아스트라한 칸국을 정복함으로써 주치 울루스 우익(크림 칸국, 카잔 칸국, 아스트라한 칸국)을 다시 통일했다.

망기트 울루스(노가이 오르다)

✿

망기트 울루스는 15세기 중반부터 16세기 중반까지 현 카자흐스탄 서부의 우랄강과 엠바강 사이의 초원 지역을 지배한 주치 울루스의 계승국가이다. 오스만 사료와 러시아 사료에서는 노가이 오르다Noghay Orda라고 불린다. 우즈벡 칸국의 망기트 왕조(1785~1920)와는 관계가 없는 나라이지만 두 왕조 모두 몽골계 부족인 망기트 부에서 기원했다.

망기트 울루스의 시조는 에디구Edigü(1419 사망)이다. 망기트 부의 수령이었던 에디구는 1395년 톡타미슈를 패주시킨 티무르에 의해 주치 울루스의 총사령관beglerbegi로 임명된 후 티무르의 침공으로 파괴된 주치 울루스를 어느 정도 재건하는 데 기여했다. 에디구는 1399년에 주치 울루스를 침공한 리투아니아 군대를 수적 열세에도 불구하고 격파한 데 이어 1408년에는 모스크바 대공국을 다시 복속시켰다.

에디구가 사망한 후 그의 아들 누르 알딘Nūr al-Dīn(1426~1440 재위)과 손자 바카스Vāqqas가 망기트 울루스를 수립했다. 그의 후손들은 에디구가 예언자 무함마드의 장인이자 이슬람 제국의 첫 칼리프였던 아부 바크르Abū Bakr(632~634년 재위)의 후손이라는 계보를 만들어냈다. 그러나 어쨌든 망기트 울루스의 핵심 세력은 몽골계 망기트 부였다. 이들은 19세기에도 칭기스 칸의 후예를 자처했다.[9]

망기트 울루스는 15세기 중반부터 16세기 전반기까지 전성기를 누렸다. 비슷한 시기에 카자흐 칸국과 크림 칸국이 각각 동킵착 초원과 서킵착 초원 지역을 지배했다면 망기트 울루스는 킵착 초원의 중부 지역을 지배했다. 1530년대에 카자흐 칸국이 분열되자 망기트 울루스는 현재의 카자흐 초원에 해당하는 지역을 점거하기도 했다. 그러나 망기트 울루스는 16세기 중반 쇠퇴하기 시작해 북코카서스 지방의 망기트 집단이 갈라져 나갔고, 1563년에 수령 이스마일Ismā'īl이 사망한 후 서부 영역은 크림 칸국과 러시아에, 동부 영역은 카자흐 칸국에 잠식당했다. 17세기 전반기에는 준가리아에서 이주해 온 오이라트 집단

(현 칼믹인Kalmyks)에 밀려나며 본거지를 상실했다. 그 잔존 세력
은 크림 칸국과 오스만제국으로 이주했다. 현재 러시아 다게스
탄 공화국 소속의 노가이인, 카자흐스탄 서부의 키쉬 쥬즈 카자
흐인, 터키의 노가이인들이 망기트 울루스의 후예들이다.

4) 데블레트 기레이 칸의 모스크바 점령

사힙 기레이 칸의 통치는 1551년 그의 조카 데블레트 기레이Devlet
Girāy(1551~1577 재위)의 쿠데타로 막을 내리게 된다.[10] 데블레트 기레이
의 칸위 찬탈은 사힙 기레이 칸의 독자 노선을 반기지 않은 오스만제
국과 그의 중앙집권화 정책에 반발한 크림 칸국 부족장들의 지지로
성공할 수 있었다.

데블레트 기레이 칸의 통치기에도 크림 칸국은 전성기를 이어갔다.
그의 가장 큰 업적은 1571년에 이루어진 모스크바 점령이다. 러시아는
1547년에 이반 4세Ivan IV(1533~1584 재위)가 친정을 시작한 이후 카잔
칸국과 아스트라한 칸국을 각각 1552년과 1556년에 합병하는 등 동
으로는 우랄산맥에서 서로는 폴란드 변경에 이르는 방대한 영역을 지
배하는 강대국으로 부상한 상태였다. 데블레트 칸은 1571년 봄 기병
부대와 포병 부대를 동원해 모스크바 원정에 나섰다. 크림반도로부터
약 1200킬로미터를 이동하는 장거리 원정이었다. 그의 목적은 러시아
로 하여금 카잔과 아스트라한을 포기하게 만드는 것이었다. 크림 군
대는 오카강의 러시아 방어망을 뚫고 그해 5월 모스크바에 도달했다.

이반 4세는 이미 항전을 포기하고 로스토프로 도주한 뒤였다. 크림 군대는 모스크바를 점령한 뒤 이반 4세가 사신을 보내 아스트라한을 크림 칸국에 양도하고 공납Tysh을 계속해서 보낼 것이라고 약속하자 수많은 포로들을 이끌고 크림반도로 귀환했다.

한편 데블레트 기레이 칸은 이보다 앞선 1569년 오스만제국이 카잔과 아스트라한의 수복을 위해 돈강과 볼가강을 연결하는 운하 건설을 추진했을 때 처음에는 군대를 파견해 이를 도왔다. 오스만제국은 이 운하를 통해 오스만제국의 내해와 같았던 흑해로부터 카잔과 아스트라한이 위치한 볼가강 중류와 하류 지역까지 병력과 물자를 이동시킬 생각이었다. 그러나 데블레트 기레이 칸은 크림 칸국의 앞마당인 킵착 초원에서 오스만제국의 영향력이 확대되는 것을 우려해 곧 군대를 철수시켰다. 그 결과 오스만제국은 이 운하의 건설을 포기해야 했다. 이는 크림 칸국의 군사적 협력 관계가 오스만제국의 영토 확장과 방어에 있어 어떤 역할을 했었는지에 대해 잘 보여주는 사례이다.

데블레트 기레이 칸은 1577년 오스만제국의 몰다비아 원정에 참전해 공을 세운 후 전염병에 걸려 사망했다.

크림 칸국 군대의 성공 요인과 한계

1571년의 모스크바 원정에서 크림 군대가 성공을 거둘 수 있었던 이유는 기본적으로 크림 칸국의 기마 군단이 러시아 군대보다 전투력에서 앞섰기 때문이다.

몽골제국 군대가 세계를 정복할 수 있었던 것은 말을 타고 달리며 활을 쏘는 몽골 기병들이 기동력과 화력을 동시에 보유한 근대적 군대에 가까웠기 때문이다. 예컨대 중세 유럽의 중무장 기사들은 기동력은 보유했으나 화력(원거리 살상능력)은 그러하지 못했다. 이들이 몽골 기병들을 상대하면 근접전에서는 더 강했을지 모르나 정작 몽골 기병들에게 접근해 싸워보기도 전에 대부분 화살을 맞고 치명상을 입을 수밖에 없었다. 큰 칼과 창을 휘두르며 적진에 돌격하는 몽골 기병의 이미지는 허상에 가깝다. 몽골 군대는 원거리에서 전진과 후퇴를 반복하며 화살 세례를 퍼붓다 적군의 대열이 무너진 뒤에야 창검을 이용한 근접전을 펼쳤다. 현대 미군이 공습을 통해 적 진영을 철저히 약화시킨 뒤에야 지상군을 투입하는 것과 마찬가지의 원리다.

몽골제국 군대의 후예인 크림 군대 역시 화력과 기동력 면에서 16세기 러시아 군대에 앞섰다. 몽골활은 유럽의 화승총보다 사거리, 재장전 속도, 관통력 등의 면에서 더 우수한 무기였다. 크림 기병들이 일부러 러시아군이 보유한 총과 대포의 사정권 안으로 돌격하지 않은 이상 러시아군이 화기를 이용해 이들을 제압하기는 힘들었다. 사실 러시아군의 주력 부대도 기마 군단이었다. 일찍이 모스크바 대공국은 몽골군의 기사騎射 전술을 채택하는 동시에 주치 울루스 유민들을 자군에 편입시키며 기병 부대를 운용해오고 있었다. 그렇지만 러시아 기병들은 유목민 출신들로 이루어진 크림 기병들보다는 기마 전투 능력이 떨어질 수밖에 없었다. 요컨대 러시아 군대가 각종 화기를 보유했다 하더라도 평지에서 맞대결을 벌여 크림 군대에 승리를 거두는 것은 힘든 일이었다.

그러나 러시아는 크림 칸국에 비해 압도적으로 많은 인구와 자원을 바탕으로 대규모의 보병 부대와 포병 부대를 운용할 수 있었다. 이들

크림 칸국의 주마-자미Juma-Jami 모스크. 16세기 중반 건설된 크림 칸국 최대의 모스크이다.
(ⓒEugene Makhonko / Wikipedia)

은 농성전이나 공성전에서 위력을 발휘했다. 러시아는 1571년 이전과 이후에도 꾸준히 모스크바와 전략 요충지들을 중심으로 방어 요새들을 건설하고 화기로 무장한 주둔군을 배치해나갔다. 기병 중심의 크림 칸국 군대가 이들을 공략하는 것은 점점 더 힘든 일이 되어갔다. 크림

몽골활 대 화기

❄

    어떤 역사가들은 화기의 등장으로 인해 내륙아시아 유목민이 정주민을 상대로 가져왔던 오랜 군사적 우위가 사라졌다고 본다. 그러나 이런 시각은 옳지 않다. 우선 몽골 계승 세력 또한 화기를 제작해 사용했다. 16세기 크림 칸국의 경우 기마군단이 군사력의 주축을 이루었지만 화승총과 대포 또한 보유했다. 예컨대 1546년에 크림 칸국을 침공한 망기트 울루스군을 상대할 때는 대포 40문과 화승총병 1000명을 활용했고, 몰다비아 원정 당시에도 화승총병 1000명을 동원했다. 16세기 말 우즈벡 칸국도 사파비제국의 동북 지방을 합병할 당시 대포들을 활용했다.

    게다가 몽골활은 17세기에도 여전히 화기보다 더 강력한 무기였다. 17세기 초 러시아 군대에서 복무한 프랑스인 용병 작크 마르게레Jacques Margeret는 자신의 여행기에 다음과 같이 적었다. "타타르인들은 후퇴할 때 더 꾸준히 그리고 더 확실하게 화살을 쏜다. … 요컨대 100명의 타타르인은 언제나 200명의 러시아군을 패주시킨다. 후자가 정예병력이 아닌 이상 말이다."[11]

    17세기 초중엽 폴란드군에서 복무한 프랑스인 군사 고문 보플랑Beauplan은 1640년 자신의 저서에 다음과 같이 적었다. "(크림의 병사들은) 우리(폴란드 병사)가 가진 화기의 사정거리보다 적어도 두 배가 넘는 거리에서 화살을 우리에게 날려 보낼 수 있다."[12]

칸국이 1571년 전후 여러 차례 러시아를 상대로 거둔 승리에도 불구하고 카잔과 아스트라한을 끝내 재정복하지 못한 것은 이러한 이유 때문이다. 포병 병력을 총동원해 이들을 재점령한다 하더라도 많은 수의 주둔군을 배치해 러시아군의 추후 공성전을 막아낼 능력이 부족했다. 크림 칸국의 병력 수는 결코 많지 않았다. 즉, 러시아는 17세기 중반까지도 크림 칸국을 상대로 정복전을 벌일 능력은 부족했지만 효과적인 방어전을 펼칠 능력은 있었던 것이다. 데블레트 기레이 칸의 1571년 모스크바 점령은 되풀이하기 쉬운 승리가 아니었다. 실제로 크림 칸국은 카잔과 아스트라한의 반환을 보장받기 위해 1572년 다시 원정군을 파견했으나 모스크바 인근에서 이동식 방어벽gulyay-gorod을 효과적으로 활용한 러시아군에 격퇴되었다. 결국 크림 칸국은 이후에도 러시아로부터 공납을 계속 받았지만 카잔과 아스트라한을 수복하지 못했다.

4. 17세기의 크림 칸국

크림 칸국은 데블레트 칸의 통치기 이후 약 한 세기 동안 동유럽에서 지역 강국의 위상을 유지해나갔다. 이 기간 동안 크림 칸국은 러시아와 폴란드로부터 공납을 받는 동시에 정기적인 약탈 원정을 통해 슬라브계 주민들을 사로잡아 오스만제국에 팔았다. 당시 서유럽인들이 서아프리카인들을 아메리카 대륙으로 끌고 가 노예로 삼았던 것처럼 크림 칸국은 수많은 동유럽인들을 생포해 오스만제국에 노예로 팔아넘겼다. 그 수가 100만을 넘었다고 한다. 이러한 노예 무역은 크림 칸국에게 중요한 수입원이 되었다.

한편 크림 칸국은 16세기 말 이후 오스만제국에 점차 예속되기 시작했다. 특히 이슬람 기레이 2세Islām Girāy II(1584~1588 재위)의 통치기 이후 그 경향이 심화되었다. 1584년에 즉위한 이슬람 2세는 사아데트 기레이가 이끄는 반군에 의해 축출되었다가 오스만 군대의 지원으로 칸위를 되찾을 수 있었다. 이때부터 크림 칸국의 금요 예배 설교(쿠트바)에서 오스만 술탄의 이름이 크림 칸의 이름보다 먼저 언급되기 시작했다. 오스만제국은 또한 크림 칸국의 칸위 승계 과정에 더 큰 영향력을 행사하기 시작했다. 크림 칸국이 오스만제국의 실질적인 제후국이 된 것이다. 크림 칸국의 저항이 없었던 것은 아니다. 메흐메트 기레이 3세Meḥmed Girāy III(1623~1628 재위)는 오스만 술탄이 그의 퇴위를 요구하며 함대와 병력을 파견하자 이들을 격파하고 카파항마저 점령했다. 유럽 기독교 세력에 맞설 동맹국이 필요했던 오스만제국은 결국 그의 통치권을 인정해야만 했다. 그러나 메흐메트 3세는 곧 반란 세력에 의해 권좌에서 축출되었고 이후의 크림 군주들은 오스만제국에 반기를 들지 않았다.

그렇지만 17세기의 크림 칸국은 여전히 군사강국이었다. 크림 군대는 오스만 군대뿐 아니라 폴란드와 우크라이나 군대의 동맹군으로 활약하며 동유럽의 주요 전장에서 많은 전과를 올렸다.

1) 가지 기레이 칸의 모스크바 공격과 오스만-합스부르크 전쟁 참전

가지 기레이 2세Ghāzī Girāy II(1588~1607 재위)의 일대기는 17세기 크림 칸국의 시대상을 상징적으로 반영한다. 데블레트 기레이 칸의 아들이었던 그는 악기 연주에도 능하고 여러 편의 시도 남긴 예술인인 동시에 재위 기간의 대부분을 전장에서 보낸 군인이었다. 크림 칸국의 권좌에 오르기 전 그는 오스만-사파비 전쟁에 참전했다가 1581년에 포로가 되기도 했다. 이후 도주에 성공한 뒤 이스탄불에 거주하다 오스만 황제에 의해 크림 칸국의 군주로 임명되었다. 가지 기레이 칸은 1591년 아버지 데블레트 기레이 칸처럼 러시아를 침공해 모스크바까지 진격했다. 그러나 러시아의 실권자 보리스 고두노프가 방어하는 모스크바를 점령하지는 못하고 러시아와 평화 조약을 체결했다. 이 조약에 따라 러시아는 크림 칸국에 배상금 1만 루블과 모피, 매 등의 공물들을 제공해야 했다.

가지 기레이는 이후 1594년부터 약 10여 년 동안 오스만-합스부르크 전쟁에 참전해 왈라치아, 트란실바니아, 베오그라드 등지에서 유럽 군대를 상대로 수차례 승리를 거두었다. 가지 기레이 칸은 신성로마제국의 황제 루돌프 2세Rudolf II(1576~1612 재위)가 선물을 보내오자 오스만제국의 반대에도 불구하고 크림 칸국으로 철군하기도 했다. 그는 1607년 전염병에 걸려 사망했다.

한편 가지 기레이 칸의 통치기인 1607년에 크림 칸국을 방문한 프랑스인 줄리앙 보르디에Julian Bordier는 크림 칸국의 영토가 크림반도와 쿠마니아(흑해 초원), 체르카시아(북코카서스 지역) 등지로 이루어져 있는데 자신이 외국인 신분으로도 이들 지역들을 안전하게 여행할 수 있었다고 자신의 여행기에 적었다.[13]

크림 칸국의
초기 근대국가적 특성

❀

크림 칸국사 연구의 권위자인 알란 피셔Alan Fisher에 따르면[14] 크림 칸국은 '초기 근대국가early modern state'의 특성을 두루 갖춘 나라였다. 크림 칸국은 중앙행정기관, 분업화된 관료조직, (칭기스 칸의 법 자삭과 이슬람법 샤리아에 바탕을 둔) 법률체계, 발전된 교육 시스템을 갖추고 있었다. 도시화 비율도 이웃 국가들과 비슷한 수준을 보였다. 크림 칸국에는 수도인 바흐체 사라이를 포함해 괴즐레베Gözleve, 카라수 바자르Karasu Bazaar와 같은 도시들이 있었다. 이들 도시들에는 이슬람 사원, 상업 시설, 교육 기관들이 존재했다. 한편 무역은 크림 칸국의 경제에서 중요한 비중을 차지했다. 크림 칸국은 흑해를 통해 오스만제국에 곡물, 육류, 소금, 생선류 등의 농수산물과 화약을 수출했고, 또한 약탈 원정을 통해 사로잡은 러시아인, 우크라이나인, 폴란드인 등의 슬라브계 주민들을 오스만제국에 노예로 팔아 부를 축적했다.

2) 이슬람 기레이 3세의 우크라이나 독립 전쟁 지원

이슬람 기레이 3세Islām Girāy III(1644~1654)의 통치기에 크림 칸국은 우크라이나의 독립에도 기여했다. 17세기 중반 당시 현 우크라이나 지역은 폴란드의 지배하에 있었는데 우크라이나의 변경민 전사들이었던 코작Kozak(영문명Cossack)인들은 1648년 보흐단 흐멜니츠키Bohdan Khmelnytsky의 지휘 아래 폴란드로부터 독립운동을 일으켰다. 흐멜니츠키는 이때 크림 칸국에 충성 서약을 하고 군사적 지원을 요청했다. 이슬람 기레이 3세는 당시 오스만제국이 폴란드와 우호 관계를 유지하고 있었음에도 불구하고 흐멜니츠키에 헤트만hetman이라는 칭호를 수여하고 수만 명의 병력을 지원해주었다.

크림과 코작 동맹군은 코르순 전투 등 여러 전투에서 폴란드군을 격파했는데, 1649년 즈브로프 전투에서 전멸당할 위기에 놓인 폴란드 국왕 얀 2세Jan II는 강화를 요청할 수밖에 없었다. 흐멜니츠키가 이를 거부하자 다급해진 얀 2세는 이슬람 기레이 칸에 선물을 보내 회유했고, 이에 이슬람 기레이는 흐멜니츠키를 압박해 폴란드의 강화 조건을 받아들이도록 했다. 이리하여 1649년 이들 사이에 즈보로프Zborov 조약이 체결되었는데 이 조약에 따라 폴란드는 크림 칸국에 배상금을 지불하고 코작인들의 자치를 어느 정도 허용해야 했다. 이 조약 이후에도 우크라이나 코작 집단과 폴란드와 사이의 충돌은 재개되었지만 1648년 봉기의 성공 덕분에 우크라이나 코작인들은 최초의 자치 국가라고 할 수 있는 헤트만국Hetmanate을 수립할 수 있었다. 만일 흐멜니츠키의 봉기 당시 크림 칸국이 코작 집단을 지원하지 않았다면 헤트만국은 수립되지 못했을 가능성이 크다. 이 헤트만국이 현 우크라이나의 모태가 되었다는 점에서 크림 칸국은 우크라이나의 역사에서 중요한 역할을 했다고 볼 수 있다.

흑해 코삭Cossack 집단의 기원

❀

15세기 들어 주치 울루스가 해체되기 시작하면서 많은 수의 유민들은 흑해 초원에서 카작qazāq이라고 불린 방랑·약탈 군사 집단을 형성했다. 카작이란 투르크어로 도주자, 약탈자, 방랑자 등을 의미하는데 러시아어의 카작kazak, 우크라이나어의 코작kozak, 영어의 코삭cossack은 모두 카작의 다른 음차다. 러시아, 리투아니아, 폴란드는 이들을 고용해 변경 방어 병력으로 활용했다. 이후 이들은 점차 슬라브계 주민들과 융합하는 동시에 슬라브계 용병들에 의해 대체되어 갔다. 이런 흐름을 거치며 러시아계 '돈 코삭'과 우크라이나계 '자포로지예 코삭' 집단이 출현했다. 후자는 현대 우크라이나인 정체성의 발전에 큰 영향을 미쳤다.[15]

3) 메흐메트 기레이 4세와 북방 전쟁에서의 폴란드 지원

1653년에 벌어진 즈바네츠Zhvanets 전투에서 폴란드 군대가 다시 한번 크림-코작 동맹군에 포위되어 전멸당할 위기에 놓이자 폴란드는 크림 칸국에 강화를 요청했다. 그 결과 폴란드와 크림 칸국 사이에는 새로운 평화 조약이 체결되었는데 이 조약은 반反러시아 동맹 조약의 성격도 띠었다.

이에 배신감을 느낀 우크라이나 헤트만국은 러시아의 차르에 충성 서약을 하고 러시아의 보호국이 되었다. 이어서 러시아와 코작 동맹군은 폴란드를 공격해 여러 차례 승리를 거두었다. 그러자 크림 칸국이 동맹국인 폴란드의 원조에 나섰고 양국 군대는 1655년 오크마티브 전투에서 러시아-코작 동맹군에 큰 승리를 거두었다. 이후 러시아와 코작 헤트만국은 폴란드에 대한 공세를 멈출 수밖에 없었다. 이처럼 크림 칸국의 군대는 우크라이나 코작 집단의 독립 전쟁에서 승패의 향방을 좌우할 만큼 강력했다.

크림 칸국 군대는 1655년 개시된 제2차 북방 전쟁에서도[16] 폴란드를 도왔다. 폴란드와 스웨덴이 맞붙은 1656년 바르샤바 전투에서 비록 폴란드군이 패했으나 소규모의 크림 기병대는 스웨덴 국왕을 거의 생포할 뻔 했다. 크림-폴란드 동맹군은 같은 해 벌어진 프로스트키Prostki 전투에서는 스웨덴과 브란덴부르크-프로이센 동맹군을 대파했다.[17] 이 승리 후 양국 군대는 프로이센 공국의 남동부 지방을 약탈했다. 몽골제국의 후예인 크림 군대가 17세기 중반 유럽의 군사 강국들을 상대로 승리를 거둔 것은 특기할 만한 일이다.

크림 군대는 이듬해인 1657년에는 트란실바니아 공국 군대를 공격해 궤멸시켰다. 트란실바니아는 헝가리계 국가로 당시 스웨덴의 동맹국으로서 폴란드를 침공했었다. 크림 군대는 폴란드에서 퇴각하던 트란실바니아 군대를 포위 공격해 그 사령관을 포함한 1만여 명의 헝가리군을 사로잡는 등 압승을 거두었다. 크림 군대는 헝가리인 포로들을 크림 칸국으로 끌고 갔고 트란실바니아 군대는 와해되었다.[18] 이듬해 크림 군대는 무방비 상태의 트란실바니아 공국을 점령하고 그 수도를 파괴했다.

이러한 전과들은 1241년 칭기스 칸의 손자 바투Batu(1255 사망)가 이끄는 몽골 군대가 리그니츠 전투와 모히 전투에서 각각 폴란드-독일 연합군과 헝가리군에 거둔 압승들을 4세기 뒤 이들의 후예인 크림 군대가 보다 작은 규모로 재현한 것이라고 볼 수 있다.

5. 크림 칸국의 쇠퇴와 멸망

17세기 말이 되면 크림 칸국은 군사력 면에서 러시아에 역전당하게 된다. 이는 몽골 활과 유럽 총의 관계와 유사했다. 17세기 전반기의 기록을 보면 화기는 재장전 속도와 사거리 면에서 활에 뒤졌다. 그러나 17세기 유럽에서 화승총matchlock을[19] 대체하고 점차 기본 화기가 된 수발총燧發銃, flintlock은[20] 재장전 속도를 높인 총이었다. 화기의 성능이 계속해서 개선되면서 기병들이 화기로 무장한 보병 집단을 상대로 전술적 우위를 누리는 것은 갈수록 힘들어져 갔다.

아울러 러시아는 서유럽 문물을 도입하며 발전하고 있었지만 크림 칸국은 상대적으로 쇠퇴해가는 오스만제국이 유일한 선진 문물의 도입 창구였다. 따라서 오스만제국의 기술에 의존하던 크림 군대의 화기가 서유럽의 기술을 도입한 러시아군의 화기에 뒤쳐지게 되는 것도 당연한 귀결이었다. 또한 인구와 경제력 면에서 러시아는 크림 칸국에 초창기부터 절대적인 우위를 차지하고 있었다. 그럼에도 불구하고 크림 칸국이 러시아에 대해 공세를 취할 수 있었던 것은 유능한 군주들과 막강한 기마 군사력 덕분이었는데 17세기 후반이 되면 이것들은 더 이상 크림 칸국의 군사적 우위를 보장해줄 수 없었다.

크림 군대는 17세기 하반기에도 오스만제국의 동맹군으로서 여러 전장에서 싸웠다. 예컨대 크림 칸국 군대는 제2차 오스만-폴란드 전쟁(1672~1676)에 참전해 오스만제국의 승리에 기여했다. 이 전쟁의 승리로 오스만제국은 현 우크라이나의 남서부에 위치한 포돌리아 지방을 합병할 수 있었다. 크림 군대는 1683년 오스만제국의 제2차 비엔나 포위전에도 참가해 소규모 전투에서 합스부르크 군대를 격파하기도 했다. 그러나 폴란드 국왕 얀 3세 소비에스키Jan III Sobieski가 이끄는 대규모 기마 군단이 비엔나를 포위 중이던 오스만 군대를 기습 공격할 때 무라드 기레이 칸Murād Girāy(1678~1683 재위)은 이를 저지하지 않고 수만 명에 달하는 크림 군대를 이끌고 전장에서 철수했다.[21] 오스만 군사령관 카라 무스타파 파샤와의 불화 때문이었다. 만일 크림 칸국 군대가 폴란드 구원 부대에 맞서 싸웠다면 오스만제국 군대는 완패하지 않았을지도 모른다.

이로부터 불과 수년 뒤 크림 칸국은 러시아의 침공을 받았다. 러시아의 실권자였던 골리친 공Prince Golitsyn이 크림 칸국을 정복하기 위해 1687년과 1689년 두 차례 10만 명이 넘는 대규모의 원정 군대를 이끌고 크림 칸국을 쳐들어온 것이다. 러시아가 크림 칸국을 상대로 정복전을 벌인 것은 이때가 처음이었다. 그러나 크림 군대는 수적 열세에도 불구하고 첫 번째 침공 때는 크림반도 북부의 흑해 초원에서 매복전과 화공전을 통해, 두 번째 침공 때는 매복전과 농성전을 통해 러시아 군대를 격퇴했다. 그러나 크림 칸국은 표트르 대제Peter the Great (1682~1725 재위)의 통치기에 유럽 열강으로 발돋움한 러시아의 공세를 계속 막아낼 수는 없었다. 1736년 카플란 기레이Qaplan Girāy 칸이 오스만제국의 요청으로 이란 방면으로 원정 나가 있는 틈을 타서 침공한 뮤니크Münnich 장군의 러시아 원정 군대에 수도 바흐체 사라이를 점령당했다. 러시아군은 왕궁과 도서관을 불태운 뒤 철군했다.

이어서 오스만제국과 러시아가 휴전함에 따라 크림 칸국의 독립 상태는 한동안 연장될 수 있었다. 그러나 1768년에 오스만제국과 러시아 사이에 전쟁이 재발하자 러시아는 1771년 크림 칸국을 점령했다. 이때 크림 칸국의 셀림 2세는 러시아의 여제 예카테리나 2세Catherine II (1762~1796 재위)에게 항복했고 크림 칸국은 러시아의 보호국이 되었다. 이후 크림 칸국에서는 러시아의 지지를 받는 샤힌 기레이Shāhīn Girāy (1777~1783 재위)가 칸위에 올랐다. 유럽에서 교육받은 그는 근대화 정책을 추진했다. 그러나 샤힌 기레이의 친러시아 정책과 서구식 개혁은 울레마(이슬람 종교지도자 집단)의 반발을 샀고 내부 봉기로 이어졌다. 그러자 러시아는 포템킨Potemkin 장군을 파견해 반란을 진압하고 1783년에 크림 칸국을 합병했다. 샤힌 기레이의 선조인 주치가 주치 울루스를 수립한 지 약 5세기가 지난 뒤의 일이었다.[22]

8장

카자흐 칸국

유라시아 초원의 마지막 칭기스 왕조 국가

카자흐 칸국은 15세기 말부터 19세기 초중반까지 동東킵착 초원(현 카자흐스탄에 해당하는 지역)을 지배한 몽골제국 계승국 가이다. 우즈벡 칸국과 더불어 주치 울루스의 좌익(현 카자흐스 탄 지역)에서 기원했다. 주치의 열셋째 아들 토카 테무르의 후손 들인 자니벡과 기레이가 그 건국자들이다. 이들은 1370년대 중반 주치 울루스를 통일했던 우루스 칸의 증손자들이었다. 카자 흐 칸국은 자니벡의 후손들인 카심 칸, 학 나자르 칸, 타왁쿨 칸 의 치세에 전성기를 맞이하며 유라시아 초원의 중앙부를 장 악했다. 그러나 18세기 초 격화된 오이라트계 준가르제국의 침 략으로 인해 쇠퇴의 길로 접어들었고, 19세기 초중반 러시아제 국에 합병되었다. 몽골제국사의 관점에서 보면 칭기스 왕조는 1206년부터 카자흐 칸국이 멸망하는 19세기 초중반까지 지속 되었다고 할 수 있다. 현 카자흐스탄은 몽골과 더불어 유이한 몽골제국의 직계 계승국가이다.

1. 몽골제국의 산물인 카자흐인

현재 중앙아시아의 맹주 국가인 카자흐스탄은 몽골과 더불어 현존하는 몽골제국의 가장 대표적인 계승국가이다. 현대 카자흐 역사가들은 이를 인정하면서도 카자흐인의 주류가 청동기 시대 이후 카자흐 초원에 거주한 인도·유럽계 및 투르크계 유목민족들의 후손이라고 주장한다.[1] 이는 구소련 학계에서 정립된 학설이다. 그러나 실상은 그렇지 않다. 카자흐인은 몽골제국이 만들어낸 유목민족이다. 다시 말해 카자흐인의 기원은 주치 울루스에 있다. 주치 울루스의 유목민들은 몽골 초원에서 이주해 온 몽골계(우신, 망기트, 쿵그라트 등)와 비몽골계(잘라이르, 케레이트, 나이만 등) 집단들과 킵착 초원에 거주하던 토착 투르크계(킵착, 캉글리 등)와 이란계(알란 등) 집단들의 융합으로 형성되었다. 그런데 이들 중 전자가 주치 울루스의 주류를 이루었다.[2] 주치 울루스의 한 갈래인 현 카자흐인의 경우도 그 주류를 이루고 있는 집단은 두글라트, 쿵그라트, 우신, 나이만, 케레이트 등과 같이 몽골 초원에서 이주해 온 부족들이다. 킵착, 캉글리 같은 토착 부족들은 상대적으로 소수에 속한다. 유전자 조사에 따르면 현대 카자흐인은 이웃 투르크멘인과 키르기즈인, 현 터키인보다 현대 몽골인에 훨씬 더 가깝다.[3]

한편 주치 울루스의 유목민들은 이슬람을 국교로 삼은 우즈벡 칸 Uzbek Khan(1313~1341 재위)의 통치기 이후 '우즈벡인'이라고 불리게 되었다. 15세기 후반이 되어 주치 울루스 동반부, 즉 카자흐 초원의 우즈벡인들은 '시반 우즈벡인'과 '카작 우즈벡인'으로[4] 나뉘었다. 전자는 주치의 다섯째 아들 시반Shībān의 후손인 아불 하이르 칸Abū al-Khair Khan (1428~1468 재위)을 따르는 우즈벡인들이었고 후자는 아불 하이르 칸에 반기를 들고 동부 변경 지역으로 이주한 우즈벡인들이었다.[5] 카작 우즈벡인들은 15세기 하반기에 동킵착 초원에서 카자흐 칸국을 세웠고, 시반 우즈벡인들은 16세기 초 티무르제국을 정복하고 마와라안나흐르(트란스옥시아나)와 호레즘 지역으로 이주했다. 시반 우즈벡인은 이후 '우즈벡인'이라 계속 불렸던 반면 카작 우즈벡인은 점차 카작인 Qazaqs(카자흐Kazakh는 카작Qazaq의 러시아식 표기 'Казах'를 영어로 전사한 것이다)라 불리게 되었다. 이처럼 카자흐인은 우즈벡인과 더불어 주치 울루스인의 한 갈래였으며 토착 투르크인 집단이나 신흥 유목민족이 아니었다.

따라서 카자흐인은 러시아와 소련의 지배를 받기 이전에는 몽골제국 후예의식을 지녔었다. 이들에게 '투르크인' 정체성이란 존재하지 않았다. 예컨대 19세기 러시아의 투르크학 창시자인 라들로프Radlov가

채집한 '카자흐인의 기원'이라 불리는 구전 설화는 칭기스 칸을 카자흐 집단의 시조인 동시에 태양빛에 의해 잉태된 자로 묘사한다.[6] 이 설화는 몽골의 알란 고아 신화를[7] 바탕으로 하고 있다. 아울러 19세기 러시아의 인류학자 그로데코프Grodekov가 수집한 한 구전은 카자흐인이 타타르인과의 전쟁에서 패한 몽골인 300명의 후손이라고 밝힌다.[8] 19세기 카자흐스탄의 역사가 쿠르반 알리 할리디Qurbān-ʿAlī Khālidī도 자신의 저서에서 카자흐인이 이슬람으로 개종한 몽골인과 타타르인의 후손이라 적었다.[9] 이들보다 앞서 16세기 초 우즈벡 칸국의 공식 역사서인 《미흐만나마이 부하라Mihmān-nāma-i Bukhārā(부하라 객인客人의 서)》는 카자흐 군대가 칭기스 칸이 이끌었던 몽골 군대의 후예라고 기록한다.[10] 단언컨대 중앙아시아의 옛 문헌과 구전 사료들은 카자흐인을 주치 울루스와 몽골제국의 후예로 묘사하며 카자흐 초원의 선주민인 킵착 투르크인의 후예로 묘사하지 않는다.

한편 19세기 초중반 러시아에 합병되기 전까지 카자흐 칸국에선 칭기스 칸의 후예들이 '악 수옉Aq süyek(백골白骨)'이라 불리는 상류층을 형성했다. 칭기스 일족 외에는 예언자 무함마드의 후손들인 사이드sayyid와 이슬람 성인들의 후예들인 호자khoja 집단만이 악 수옉 계층에 포함될 수 있었다. 일반 카자흐인들은 '카라 수옉Qara süyek(흑골黑骨)'이라는 계층을 이루었다. 이는 카자흐 칸국을 몽골제국 계승국가로 볼 수 있는 여러 근거 중의 하나다.

2. 카자흐 칸국의 기원: 주치 울루스의 좌익

카자흐 칸국은 우즈벡 칸국과 더불어 주치 울루스 좌익의 계승국
가였다. 먼저 주치 울루스의 좌우익에 대해 이야기해보자. 서구 학계
에서 금 오르다Golden Horde라는 이름으로 더 잘 알려져 있는 주치 울
루스는 그 성립 시점부터 좌우익으로 이루어져 있었다. 주치의 둘째
아들 바투Batu(1255 사망)의 가문이 주치 울루스의 황통을 이어나갔지
만 이들이 직접 통치한 지역은 킵착 초원의 서반부였다. 킵착 초원은
서로는 우크라이나에서 동으로는 카자흐스탄에 이르는 내륙 유라시

주치의 영묘(카자흐스탄의 중앙부에 위치). 주치는 현 카자흐 초원에서 사망했는데 이후 그의 맏아들
오르다가 이곳에 있던 그의 영지를 물려받았다. 현대 카자흐인들은 오르다 울루스의 직계 후예이다.
(ⓒ이주엽)

아의 방대한 초원 지역을 말한다. 킵착 초원은 다시 흑해 초원, 카스피해 초원, 카자흐 초원으로 구분할 수 있는데 이슬람 세계에서는 이들을 통틀어 '킵착인의 초원'을 의미하는 '다슈티 킵착Dasht-i Qipchāq'이라고 지칭했다. 현 카자흐스탄의 영토와 겹치는 주치 울루스 동반부는 주치의 맏아들 오르다Orda의 후손들에게 분봉된 땅이었다. 몽골 세계에서 주치 울루스 좌우익은 각각 '오르다 울루스'와 '바투 울루스'라고 불렸다. 오르다 울루스는 바투 울루스의 종주권을 인정했지만 주치 울루스 내에서 자치를 누렸다. 주치 울루스의 좌우익은 이후 각각 '쾩 오르다Kök-Orda(청靑 오르다)'와 '악 오르다Aq Orda(백白 오르다)'라고도 불리게 되었다.[11] 카자흐 칸국과 우즈벡 칸국은 모두 주치 울루스의 좌익에서 기원했다.

3. 주치 울루스의 분열과 우루스 왕조의 출현

1360년경 바투 왕조가 단절된 이후 주치 울루스는 15세기 중반 여러 계승국가로 분열되기 전까지 짧은 기간을 제외하고는 계속해서 분열 상태에 놓여 있었다. 그런데 이 기간 동안 주치 울루스의 패권을 장악했던 몇몇 카리스마 있는 주치 일족은 모두 주치 울루스 좌익, 즉 현 카자흐스탄 지역에서 배출되었다. 그 첫 번째 인물이 카자흐 칸국을 건국한 자니벡Jānibeg과 기레이Girāy의 증조부 우루스 칸Urus Khan(1368?~1377 재위)이었다. 그는 주치의 열셋째 아들 토카 테무르의 후손이었다.[12] 1368년경 주치 울루스 좌익에서 칸으로 등극한 그는 1375년경 주치 울루스의 수도 사라이를 점령하고 약 15년 동안 분열되어 있던 주치 울루스를 재통일했다. 우루스 칸은 사라이의 권좌를 차지한 최초의 카자흐 초원, 즉 주치 울루스 좌익 출신의 인사였다.

우루스 칸이 사망한 후 주치 울루스의 패권은 또 다른 토카 테무르의 후손인 톡타미슈 칸Toqtamïsh Khan(1378~1395 재위)이 차지했다. 톡타미슈는 1376년 우루스 칸에게 반기를 들고 차가다이 울루스의 티무르에게 도피했다가 우루스 칸이 사망한 후 티무르의 도움으로 그의 아들 말릭 테무르Malik Temür를 몰아내고 1378년경 카자흐스탄 지역에서 칸위에 오른 자다. 그는 1380년에 주치 울루스 전역을 통일했고, 2년 뒤에는 모스크바 대공국도 재복속시켰다. 그러나 톡타미슈는 1391년과 1395년에 몽골 세계의 패권을 두고 티무르와 벌인 두 차례 대결에서 완패하여 몰락하고 말았다. 주치 울루스는 티무르가 임명한 테무르 쿠틀룩 칸Temür Qutluq Khan(1400 사망)과 그의 권신 에디구Edigü(1419 사망)의 통치기를 거친 이후 다시 분열되었다.

이때 우루스 칸의 가문은 다시 한번 주치 울루스의 대칸을 배출했는데, 그는 바로 우루스 칸의 손자 바락 칸Barāq Khan(1428 사망)이었다. 그는 먼저 주치 울루스 좌익 지역을 장악한 뒤 1422년과 1425년 사이 훗날 카잔 칸국을 건국한 울룩 무함마드 등과 같은 주치 일족을 패주시키고 사라이의 권좌를 차지했다. 바락 칸은 1427년에는 티무르 군대를 격파하고 자신의 조부 우루스 칸의 소유였던 시르다리야 강변의 시그낙을 탈환했다. 그러나 그는 이듬해 적과 싸우다 전사했고 이후 주치 울루스 좌익의 패권은 주치의 다섯째 아들 시반의 후손인 아불하이르 칸Abū al-Khair Khan(1428~1468 재위)의 차지가 되었다.

아불 하이르 칸의 오랜 재위 기간 중 바락 칸의 아들이었던 자니벡은 그의 친척 기레이와 함께 휘하 유목민들을 이끌고 동차가다이 울루스로 망명했다.[13] 망명의 정확한 동기와 시점은 알 수 없다. 동차가다이 울루스(모굴 칸국)의 군주 에센 부카 칸Esen Buqa Khan(1462 사망)은 이들을 환대하고 모굴리스탄(현 카자흐스탄의 동남부 지역)의 서부 변경 지역에 있는 목초지를 내주었다.[14] 17세기 우즈벡 사료인《비밀의 바다Baḥr al-asrār》에 따르면 에센 부카 칸이 자니벡과 기레이를 받아들인 것은 1456년경 티무르제국의 지원을 받아 모굴리스탄의 변경 지역에 자리 잡은 자신의 형이자 경쟁자인 유누스 칸을 견제하기 위해서였다.[15]

카작(카자흐) 집단명의 유래

❋

자니벡과 기레이가 아불 하이르 칸으로부터 도주했을 당시 주치 울루스 좌익 유목민들의 집단명은 '우즈벡'이었다. 앞에서도 밝혔듯 '우즈벡'은 이슬람을 국교로 선포한 우즈벡 칸(1313~1341 재위)의 치세 이후 주치 울루스의 유목민들에게 붙여진 새로운 집단명이었다. 일부 역사가들은 이들을 종종 '신흥 유목 민족'이라고 지칭하기도 하지만 '우즈벡인'은 새로운 유목

민족이 아니었다. '우즈벡인'은 13세기 몽골 정복 전쟁 이후 몽골인을 주축으로 형성된 주치 울루스인의 다른 이름이었을 뿐이다. 카자흐인도 마찬가지이다. 자니벡과 기레이를 따르는 유목민들이나 아불 하이르를 따르는 유목민들은 모두 동일한 우즈벡인이자 주치 울루스인이었다. 중앙아시아 1차 사료들인 티무르조와 우즈벡 사료들은 주치 울루스의 톡타미슈 칸과 우루스 칸, 우즈벡 울루스의 아불 하이르 칸, 그리고 카자흐 칸국의 자니벡과 기레이 모두를 '우즈벡인' 혹은 '주치 엘(주치의 민족)'이라고 부른다.

자니벡과 기레이의 휘하 우즈벡인들은 '카작 우즈벡인Uzbak-i qazāq'이라고 불렸다. 15세기 중반 당시 중앙아시아와 킵착 초원의 몽골 세계에서는 '카작qazāq'은 도주자, 약탈자, 방랑자 등을 지칭하는 단어로 사용되었다. 러시아어의 카작kazak, 우크라이나어의 코작kozak, 영어의 코삭cossack은 모두 이 단어에서 유래했다. '카작'은 어떤 정치적인 이유로 자신이 속한 국가나 부족 사회로부터 이탈, 도주해 변경 지역에서 방랑·약탈 활동에 종사한 자를 일컬었다. 이러한 부류의 사람들은 14세기 중반 몽골제국이 해체되기 시작한 이후 중앙정부들의 힘이 약화되자 그 수가 크게 늘어났는데 이들의 활동이나 생활 방식은 '카자클륵qazaqlïq'이라고 불렸다.[16] 16세기 중반 저술된 동차가다이 울루스의 역사서인 《라시드사》와 앞에서 언급한 17세기에 쓰인 우즈벡 역사서 《비밀의 바다》는 자니벡과 기레이가 이끄는 우즈벡인들이 아불 하이르 칸의 지배에 반기를 들고 자신들의 국가를 떠나 변경 지역으로 이주해 방랑·약탈 활동에 종사했기 때문에 '카작 우즈벡인' 혹은 '카작인'이라고 불리게 되었다고 기록한다.[17] 반면 아불 하이르 왕조를 따르는 우즈벡 집단은 '시반 우즈벡인Uzbak-i Shībān'이라고 불렸다. 아불 하이르가 시반의 후손이었기 때문이다.

카자흐 칸국이 수립된 이후 카작 우즈벡인은 점차 카작인 Qazaqs이란 이름으로만 불리게 된다. 그러나 이때에도 카작인은 우즈벡인의 한 지파로 여겨졌다. 예컨대 16세기 우즈벡 사료인 《미흐만나마이 부하라》나 17세기 카자흐 사료인 《집사集史 Jāmiʿ al-tavārīkh》는 카자흐인을 여전히 우즈벡인이라고 지칭하거나 우즈벡인의 동족으로 묘사한다.[18] 우즈벡 칸국의 공식 역사서 《비밀의 바다》가 '우즈벡'이 '몽골인'의 새로운 이름일 뿐이라고 기록했듯이[19] 중앙아시아와 킵착 초원의 몽골 세계에서 우즈벡인과 카자흐인은 몽골인의 한 부류로 여겨졌다.

4. 카자흐 칸국의 수립

모굴리스탄(현 카자흐스탄의 동남부 지역)의 서부 변경 지역에 자리 잡은 자니벡과 기레이는 아불 하이르 칸 진영을 이탈하는 우즈벡 유목민들을 흡수하며 세를 키워나갔다. 1468년 아불 하이르 칸이 사망하자 이들은 시비르 칸국의 이박 칸Ibaq Khan 등과 함께 아불 하이르의 아들이자 후계자인 샤이흐 하이다르Shaikh Ḥaidar를 공격해 죽였다. 아불 하이르 왕조는 이후 와해되었고, 동킵착 초원의 우즈벡 유목민 대부분은 자니벡과 기레이 진영으로 넘어왔다. 우즈벡인의 주류가 카자흐인이 된 것이다. 그 결과 1470년대 들어 우루스 가문이 지배하는 카자흐 칸국이 동킵착(카자흐) 초원의 맹주가 되었다.[20]

자니벡 칸과 기레이 칸의 사망 후 카자흐 칸국의 칸위는 기레이 칸의 아들 부룬둑 칸Burūndūq Khan(1473/1480?~1511? 재위)이 이어받았다. 자니벡 칸의 아들 카심Qāsim(1512?~1521? 재위)은 부룬둑 칸의 종주권을 인정하는 부副칸의 지위를 누렸다.

이들에게는 아불 하이르 일족의 부활을 저지하는 것이 주요 과제였다. 특히 아불 하이르 칸의 손자 무함마드 시바니 칸Muḥammad Shībānī Khan(1500~1510 재위)이 1488년경 변경 도시인 오트라르에 거점을 마련하자 그를 지속적으로 공격했다. 그러나 이들은 수차례의 공격에도 불구하고 오트라르를 함락시키지 못했다. 결국 카자흐 칸국은 1500년에 시바니 칸과 평화 조약을 맺어야 했다. 이후 7년 동안 무함마드 시바니는 아무도 예상하지 못한 일을 해냈다. 티무르제국을 정복하고 마와라안나흐르에서 아불 하이르 왕조를 재건한 것이다. 카자흐 군주들도 이를 지켜보고만 있지는 않았고, 시바니 칸의 배후를 거듭 공격했다. 중앙아시아의 최강자가 된 시바니 칸은 카자흐 칸국을 응징하기 위하여 몇 차례 카자흐 칸국에 대한 원정을 단행했다. 카심 칸은 1510년에 시바니 칸이 이끈 대규모 원정군을 격퇴했는데 이는 우즈벡 군대의 약화로 이어졌고 같은 해 시바니 칸이 사파비제국 군대와의 전투에서 패사하는 데 어느 정도 기여했다.

5. 카자흐 칸국의 발전과 전성기

몽골제국 계승국가들의 역사에서 16세기는 특별한 시기였다. 이 시기에 여러 칭기스 왕조 국가들이 몽골제국의 옛 영역에서 지역 강국들로 부상했다. 서부 킵착 초원의 크림 칸국, 몽골 초원의 북원, 마와라안나흐르의 우즈벡 칸국, 북인도의 무굴제국이 모두 16세기에 전성기를 맞이했다. 카자흐 칸국도 마찬가지다. 카자흐 칸국의 전성기를 연 인물은 자니벡 칸의 아들 카심 칸Qāsim Khan(1512?~1521? 재위)이다.

카심 칸의 치세에 카자흐 칸국은 킵착 초원의 동반부를 장악한 하나의 '유목 제국'으로 발전했다. 카자흐 칸국의 영역은 서로는 야익강(우랄강)에서 동으로는 천산산맥에 이르렀다. 망기트 울루스와 동차가다이 울루스는 카자흐 칸국에 의해 카자흐 초원 서부와 모굴리스탄에서 밀려났다. 사이람과 같은 시르다리야강 유역의 일부 도시도 카심 칸의 치세에 카자흐령이 되었다.《라시드사》는 카심 칸이 주치 이후로 주치 울루스를 지배한 가장 강력한 군주였다고 평하며 그의 군대가 백만에 이르렀다고 과장한다.[21]

1521년경 카심 칸이 사망한 후 카자흐 칸국은 급격한 쇠퇴를 겪었다. 그의 아들 마마슈 칸Mamāsh Khan과 두 조카 타히르Tāhir와 부이다슈Buydāsh의 통치기에 망기트 울루스와 동차가다이 울루스에 거듭된 패배를 당하며 카자흐 칸국은 일시적으로 와해되기까지 했다.

카자흐 칸국은 카심 칸의 또 다른 아들 학 나자르Ḥaqq Naẓar(1538?~1581?)의 긴 통치기를 거치며 다시 동킵착 초원의 맹주로 부상했다. 카자흐 칸국의 부흥은 특히 망기트 울루스에 큰 타격을 주었다. 카자흐

군은 수차례 망기트 울루스를 침공했는데 1557년에는 망기트 울루스의 수령인 이스마일의 형제들과 친족들을 생포하는 대승을 거두었다. 이후에도 학 나자르는 망기트 울루스에 대한 공세를 계속 이어가며 현 카자흐스탄 서부 지역을 합병했다. 그 결과 망기트 울루스는 약소국으로 전락했고 그 유목민들의 상당수는 카자흐 칸국에 편입되었다.

학 나자르의 치세에 카자흐 칸국은 타슈켄트의 지배권을 두고도 우즈벡 칸국과 충돌했다. 그러나 아불 하이르 왕조의 압둘라 칸'Abdallāh Khan(1583~1598 재위)이 우즈벡 칸국의 내분을 종식시키고 강력한 군주로 부상하자 학 나자르 칸은 그의 종주권을 인정해야 했다. 그는 1580년에 압둘라 칸의 편에 서서 아불 하이르 왕족이자 타슈켄트의 총독이었던 바바 술탄Bābā Sulṭān과 싸우기도 했다.

그의 사후에는 아딕 술탄Adīq Sulṭan의 아들 쉬가이Shighāī(1580~1582 재위)가 칸위를 승계했다. 아딕 술탄은 자니벡 칸의 또 다른 아들이었다. 쉬가이는 그의 아들 타왁쿨과 함께 부하라를 방문해 압둘라 칸에게 충성을 서약했다. 이들 부자는 1582년 압둘라 칸이 바바 술탄을 공격할 때 전위대를 이끌었다. 이 원정에서 타왁쿨은 패주하는 바바 술탄을 추격해 살해했고 압둘라 칸의 신임을 샀다.

그러나 쉬가이를 승계해 칸이 된 타왁쿨 칸Tawakkul Khan(1582?~1598 재위)은 압둘라 칸과 사이가 나빠졌고 그에게 대항하기 위해 러시아에 화기 구매를 의뢰하는 등 군사력 확충에 힘썼다. 그러나 당시 압둘라 칸은 무굴제국과 사파비제국을 상대로 영토를 확장하는 등 동이슬람 세계의 맹주로 부상하는 중이었다. 기회를 엿보던 타왁쿨은 1597년 압둘라 칸의 아들 압둘 무민'Abd al-Mu'min(1598 재위)이 부친을 상대로 호라산에서 반란을 일으키자 자신도 우즈벡 칸국을 침공했다. 그는 타슈켄트를 점령하고 압둘라 칸이 파견한 우즈벡 지원군도 격파했다. 그러나 압둘라 칸이 친정군을 이끌고 오자 초원 지역으로 후퇴했고 압둘라 칸이 갑자기 병사함에 따라 양자의 맞대결은 이루어지지 않았다.

1598년에 압둘 무민이 압둘라 칸의 아미르들에게 살해되면서 아불 하이르 왕조는 큰 혼란에 빠진다. 이때 타와쿨은 동생 이심과 함께 우즈벡 칸국을 다시 침공해 우즈벡 칸국의 주요 도시들인 타슈켄

투르키스탄의 의미

❋

투르키스탄은 현대 학계에서 마와라안나흐르/트란스옥시아나(서투르키스탄)와 신장의 남반부(동투르키스탄)을 지칭하는 용어로 많이 쓰인다. 그러나 포스트몽골 시대 중앙아시아에서 투르키스탄Turkistān은 ① 카자흐 초원과 몽골 초원까지도 포함하는 시르다리야강 북안의 광활한 스텝 지역(광의)을 지칭하거나 ② 오트라르, 야시 등의 도시들이 위치한 시르다리야강의 연안 지역(협의)을 지칭했다. 카자흐 칸국의 수도였던 야시Yasi도 16세기 이후 투르키스탄이라 불리게 되었다.[22]

트, 투르키스탄, 안디잔, 사마르칸드를 함락시켰다. 이제 수도 부하라만 함락시키면 타와쿨은 한 세기 전의 시바니 칸처럼 마와라안나흐르의 정복자가 될 수 있는 상황이었다. 그러나 그는 부하라 인근에서 벌어진 전투에서 압둘라 칸의 외조카인 바키 무함마드Bāqī Muḥammad(1603~1605 재위)가 이끄는 우즈벡군에 크게 패했다. 타와쿨 칸은 타슈켄트로 후퇴한 후 이 전투에서 입은 부상으로 인해 사망했다.

타와쿨을 이은 이심 칸Ishīm Khan(1598~1628 재위)은 우즈벡 칸국에 새로운 왕조(토카이 티무르 왕조)를 수립한 바키 무함마드와 평화 조약을 맺었다. 그는 바키 무함마드의 종주권을 인정하는 대신 타슈켄트의 지배권을 보장받았다. 그러나 이심 칸의 통치력은 카자흐 칸국 전역에 미치지는 못했다. 그는 투르키스탄(야시)을 수도로 삼고 통치했는데 타슈켄트의 경우는 다른 카자흐 왕족인 투르순 무함마드가 지배했다. 이심 칸은 1627년경이 되어서야 타슈켄트를 병합할 수 있었다.

카자흐 칸국은 이심 칸을 이은 자한기르Jahāngīr(1629/1630?~1652 재위)의 통치기에 쇠퇴하기 시작했다. 1635년 우즈벡 칸국의 이맘 쿨리 칸이 이끄는 친정군에 굴복하며 타슈켄트를 상실한 데 이어 17세기 들어 강국으로 부상 중이던 준가르제국의 침공에 시달리기 시작했다. 1643년에 카자흐군은 화승총 부대를 동원해 준가르군을 격퇴하기도 했으나 이는 일시적인 승리였고 거의 준가르 군대에 패했다. 심지어 1646년에는 자한기르의 부인과 자녀들이 준가르군에 생포되기도 했다. 한편 1642년 자한기르 칸의 딸과 이맘 쿨리 칸의 동생 나드르 무함마드 칸이 혼인하며 카자흐 칸국과 우즈벡 칸국은 동맹을 맺었다. 1646년에 무굴 군대가 우즈벡 칸국의 발흐 지방을 점령하자 자한기르는 지원군

카자흐 칸국의 수도였던 투르키스탄시. 투르키스탄시의 원래 이름은 야시Yasi였는데 이곳에 묻힌 12세기 이슬람 성인 아흐마드 야사위Aḥmad Yasavī의 칭호 '투르키스탄의 성인Haẓrat-i Turkistān'에 따라 투르키스탄으로 불리게 되었다. 야사위의 영묘에는 이심 칸과 아블라이 칸도 묻혀 있다. (ⓒYuri Danilevsky / Wikipedia)

을 파견했다. 우즈벡-카자흐 동맹군은 이듬해 무굴 군대를 발흐 지방에서 몰아냈다. 주치 울루스 연합군이 차가다이군에 다시 한번 승리를 거둔 것이다.[23]

자한기르가 사망한 후 그의 아들 토케Tauke(1680~1715 재위)가 칸으로 등극했다. 토케 칸 이후 카자흐 칸국은 세 쥬즈jüz 체제로 분열되었기 때문에 그가 카자흐 칸국의 마지막 통합 군주였다. 토케 칸은 특히 '제티 자르기Jeti Jarghy(일곱 헌장)'라고 알려진 카자흐법을 집대성한 것으로 유명하다. '제티 자르기'는 칭기스 칸의 법 '자삭'과 이슬람법 샤리아를 종합한 법이었다.

토케 칸의 통치기에도 카자흐 칸국은 준가르제국의 공세에 시달려야 했다. 준가르 군대는 1684년 타슈켄트와 사이람을 점령, 약탈하는 등 카자흐 칸국에 많은 피해를 입혔다. 그러나 이는 뒤이어 찾아올 재앙의 예고편에 불과했다.

카자흐 칸국의 세 쥬즈 jüz

❀

카자흐 칸국이 준가르제국의 공세에 계속해서 고전했던 이유 중 하나는 카자흐 칸국이 개별 칸들이 통치하는 세 쥬즈jüz (부족 집단)로 분열되어 있었던 점이다. 세 쥬즈란 카자흐스탄 동남부의 제티수 지역(옛 모굴리스탄)에 위치한 울루 쥬즈Ulu Jüz (대 쥬즈), 카자흐스탄의 중앙부에 위치한 오르타 쥬즈Orta Jüz (중 쥬즈), 카자흐스탄의 서부 지역에 위치한 키쉬 쥬즈Kishi Jüz (소 쥬즈)를 말한다. 울루 쥬즈와 키쉬 쥬즈에는 각각 모굴 칸국과 망기트 울루스의 유민들이 상당수 포함되어 있었다. 현재에도 카자흐인들은 이들 세 쥬즈로 나뉘어 있다.

쥬즈에 대한 최초의 기록은 17세기 초 러시아 외교 문서에 등장하는데 자세한 기록의 부재로 카자흐 칸국이 왜 그리고 언제 세 쥬즈로 분화했는지는 정확히 알 수 없다. 그러나 카자흐 칸국이 세 나라로 분열되었던 것은 아니었다. 카자흐 유목민들은 세 쥬즈를 하나의 나라, 하나의 민족 집단으로 여겼다. 세 쥬즈는 모두 카자흐 칸국의 건국자인 자니벡 칸 후손들의 지배를 받았다.

6. 카자흐 칸국의 쇠퇴와 멸망

16세기에 전성기를 맞이했던 몽골제국 계승국가들은 18세기 들어 쇠락의 길로 접어들었다. 1736년에는 처음으로 러시아군이 크림 칸국의 수도 바흐체 사라이를 점령하고 약탈했다. 불과 몇 년 뒤인 1739년에는 투르크멘 정복자 나디르 샤가 무굴제국의 수도 델리를 점령하고 약탈했고, 이듬해에는 마와라안나흐르와 호레즘을 차례로 침공해 우즈벡 왕조들의 항복을 받아냈다. 북원 몽골은 이보다 앞서 준가르제국의 공세에 밀리다 결국 1691년 청제국에 완전히 합병되었다.

카자흐 칸국 역시 1723년에 시작된 준가르제국의 대공세 때문에 쇠망의 길로 접어들게 되었다. 거의 매년 되풀이된 준가르군의 침공을 피해 카자흐 유목민들은 저항을 포기하고 마와라안나흐르와 호레즘으로 도주해야 했다. 이 과정에서 수많은 인명 피해가 발생했다. 이 시련의 시기는 카자흐 역사에서 '맨발의 탈주ak taban shubyryndy'라고 불린다. 마와라안나흐르로 피신한 카자흐 유목민들은 이 지역을 황폐화시키며 토카이 티무르 왕조의 몰락에도 기여했다.

준가르제국의 침략을 막아내지 못한 카자흐 칸국은 결국 1730년대 들어 러시아제국에 보호를 요청하게 된다. 각 쥐즈의 칸들과 술탄(왕족)들이 연이어 러시아 황제에게 충성 서약을 했고, 카자흐 칸국은 러시아의 제후국이 되었다. 그러나 실제 카자흐 칸국을 멸망의 위기에서 구한 것은 러시아가 아니었다. 카자흐 칸국을 살린 것은 갈단 체렝의 사후 준가르제국에서 발생한 내분과 이에 따른 청제국의 준가르 정복이다. 이후 카자흐 칸국의 칸들과 술탄들은 청제국의 만주인 황제

건륭제(1736~1795 재위)에게도 충성 서약을 했다. 카자흐 칸국은 동시에 러시아제국과 청제국의 속국이 된 것이었다.

18세기 카자흐 칸국의 역사에서 가장 중요한 군주로 여겨지는 인물은 오르타 쥬즈(중 쥬즈)의 아블라이 칸Ablai Khan(1771~1780 재위)이다. 그 또한 청 황제와 러시아 황제 모두에게 충성 서약을 했지만 이들 사이에서 독립을 유지하며 오르타 쥬즈를 통치했다. 그는 1771년 볼가강 하류 지역에 거주하던 오이라트(칼믹)인들이 준가리아로 되돌아갈 당시 러시아의 요청으로 이들과 싸웠다.

1801년에는 키쉬 쥬즈(소 쥬즈)의 술탄 부케이가 우랄강 서안으로 이주했는데 러시아제국이 이를 허용했고 이에 따라 '부케이 오르다Bukey Orda'라는 제4의 쥬즈가 생겨났다. 한편 카자흐 칸국의 울루 쥬즈(대 쥬즈)는 1809년 이후 신흥 강국으로 부상한 우즈벡 코칸드 칸국의 지배하에 들어갔다. 이후 러시아제국은 1822년에 오르타 쥬즈, 1824년 키쉬 쥬즈, 1845년 부케이 오르다, 1848년에 울루 쥬즈의 일부를 차례로 합병했다. 이것이 1206년에 수립되어 6세기간 지속된 칭기스 왕조의 마지막이었다.[24]

9장

우즈벡 칸국

중앙아시아에서 칭기스 왕조를 부흥시킨 몽골제국 계승국가 우즈벡 칸국은 16세기 초부터 19세기 중반까지 중앙아시아의 정주 지역 대부분을 지배한 몽골제국 계승국가이다. 카자흐 칸국과 마찬가지로 주치 울루스의 좌익(현 카자흐스탄 지역)에서 기원했으며 주치의 다섯째 아들 시반의 후손들이 건국했다. 건국 초기부터 마와라안나흐르/트란스옥시아나(현 우즈베키스탄 일대)를 지배한 아불 하이르 왕조와 호레즘(현 우즈베키스탄 서부 지역)을 지배하는 아랍샤 왕조로 분열되었다. 아불 하이르 왕조는 17세기 초 토카이 티무르(아스트라한) 왕조로 교체되었다. 토카이 티무르 왕조는 다시 18세기 하반기에 망기트 왕조로 교체되었는데 이와 비슷한 시기에 아랍샤 왕조도 쿵그라트 왕조로 교체되었다. 18세기 들어 페르가나 지방(현 우즈베키스탄 동부 지역)에 코칸드 칸국이 들어섰는데 이때부터 우즈벡 칸국은 삼국 체제를 이루었다. 아불 하이르 왕조는 16세기 하반기 압둘라 칸의 통치기에 무굴제국과 사파비제국을 상대로 영토를 확장하며 전성기를 누렸다. 16~17세기의 우즈벡 칸국은 이슬람 세계에서 오스만제국, 사파비제국, 무굴제국과 더불어 4대 국가를 구성했다.

1. 주치 울루스의 후예인 우즈벡인

우즈벡 칸국의 역사는 1501년 무함마드 시바니 칸Muḥammad Shībānī Khan(1501~1510 재위)이[1] 티무르제국의 수도 사마르칸드를 정복한 시점부터 1920년 망기트 왕조의 알림 칸ʿĀlim Khan(1910~1920 재위)이 붉은 군대에[2] 의해 폐위된 시점까지 지속되었다. 그사이 우즈벡 칸국은 여러 번의 왕조 교체를 경험했고, 동시에 둘 이상의 왕조 국가로 분열되어 있었다. 그런데 이들 왕조들은 모두 몽골제국의 후예인 우즈벡인에 의해 건설되었다. 현대 역사가들은 아불 하이르 칸Abū al-Khair Khan(1428~1468 재위)과 그의 손자 무함마드 시바니가 이끈 유목민 집단만을 우즈벡인이라고 지칭하는 경향이 있다. 그러나 이는 잘못이다. 앞장에서 살펴보았듯 '우즈벡'이란 집단명은 이슬람을 국교로 삼은 우즈벡 칸Uzbek Khan(1313~1341 재위)의 치세 이후 주치 울루스 유목민들에게 붙여진 새로운 이름이었을 뿐이다. 따라서 티무르제국과 우즈벡 칸국의 역사가들은 주치 울루스와 우즈벡 칸국, 카자흐 칸국의 유목민들 모두를 우즈벡인으로 보았다. 예컨대 아불 하이르 칸과 그의 손자 시바니 칸뿐 아니라 주치 울루스의 톡타미슈 칸이나 카자흐 칸국을 세운 자니벡과 기레이를 모두 우즈벡인이라고 지칭했다.[3]

그런데 여기서 반드시 짚고 넘어가야 할 점이 있다. 주치 울루스의 우즈벡인과 현대의 우즈벡인은 옛 크림 타타르인과 현대 타타르인이 그렇듯 동일한 민족 집단이 아니라는 점이다. 현대 우즈벡인은 구소련이 1924년 우즈벡 소비에트 사회주의 공화국을 창설하면서 만들어낸 새로운 민족 범주이다. 현대 우즈벡의 주류가 된 것은 주치 울루스계 우즈벡인이 아니라 타직인/사르트인이라 불리던 이란계 혹은 투르크화된 이란계 정주민들이었다. 이들은 우즈벡 칸국 내에서 우즈벡인이라고 불리지 않았던 집단이다.

이 장에서 다루는 우즈벡인은 주치 울루스의 후예로서 우즈벡 칸국 내에서 유목민 지배층을 이루었던 이들이다. 이들은 카자흐인과 마찬가지로 '부족민'들로 구성되었고 몽골 초원에서 기원한 부족들(망기트, 쿵그라트, 잘라이르, 케레이트, 나이만, 위구르 등) 혹은 킵착 초원의 토착 부족들(킵착, 캉글리) 혹은 몽골제국 내에서 새로 형성된 부족들(밍, 아르근 등)에 속해 있었다. 예컨대 17세기 히바 칸국(호레즘)의 우즈벡인은 키야트-쿵그라트(몽골계) 혹은 위구르-나이만(몽골 초원 기원의 투르크계) 혹은 네쿠스-망기트(몽골계) 혹은 캉글리-킵착(킵착 초원의 토착 투르크계) 부족민들로 이루어져 있었다.[4] 이들 중 가장 강력한 부족은 몽골계의 쿵그라트와 망기트 부였다.[5] 그런데 이들 주치 울루스계 우즈벡인들은 현대 우즈벡인이 아닌 카자흐인과 외모와 언어가 비슷했다. 다시 말해 이들은 카자흐인과 마찬가지로 형질적으로 몽골로이드 외모를 보유했고, 현 우즈베키스탄의 공용어인 '남동 투르크어Southeastern Turkic'가 아닌 '킵착 투르크어Kipchak Turkic'를 사용했다. 물론 시간이 흐를수록 이란계(혹은 투르크화된 이란계) 정주민 집단인 타직인 혹은 사르트인과의 혼혈로 인해 몽골로이드 형질을 상실한 이들도 늘어갔다. 특히 마와라안나흐르 지역에서 우즈벡인의 타직화 경향이 가장 심했다. 그렇지만 현재에도 우즈벡인은 카자흐인을 닮은 '족치 우즈벡인joqchi Uzbeks'과 이란계 외모를 지닌 '욕치 우즈벡인yo'kchi Uzbeks'으로 구분된다.[6]

일부 역사가들은 우즈벡인의 마와라안나흐르 지역 정복 및 지배가 이 지역의 '투르크화'를 완성시켰다고 한다. 그러나 이는 사실이 아니다. 우즈벡인이 지배한 타직인 혹은 사르트인이라고 불린 이란계 정주민들은 호레즘 지역을 제외하고는 남동 투르크어Southeastern Turkic와 페르시아어Farsi를 동시에 사용했다. 특히 부하라와 사마르칸드와 같은 도시들에서는 이들 타직인이 수적 다수를 차지했다. 더 중요한 사실은 우리가 생각하는 현대적 의미의 투르크인 정체성이 주치 울루스계 우즈벡인들에게 없었다는 점이다. 이들에게 투르크인이란 '비非타직인', '내륙아시아 유목민'을 의미했을 뿐이며, 돌궐제국 혹은 카라한 왕조 후예의식은 존재하지 않았다.[7] 이들은 스스로를 몽골인의 후예로 보았을 뿐이다. 예컨대 우즈벡 칸국의 건국자 무하마드 시바니 칸은 자신이 지은 시에서 스스로를 몽골인이라고 불렀다.[8] 이런 예는 상당히 많은데, 17세기 우즈벡 사료인 《비밀의 바다Baḥr al-asrār》가 '우즈벡인'이란 몽골인이 우즈벡 칸의 통치기 이후 새로 갖게 된 이름이라고 기술

고대 아리아인과
근대 이전 중앙아시아의 타직인

❀

아리아인Aryan이란 청동기 시대 중앙아시아에서 남하해 인도와 이란을 정복한 인도·유럽인들을 말한다. 그 어원은 '이란인Iranian'과 동일하다. 중앙유라시아의 서부 지역에서 기원한 이들은 청동기 시대 들어 기마 전차 부대를 이끌고 유라시아 초원을 휩쓸며 인도·유럽어를 널리 확산시켰다.

과거 마리야 김부타스Marija Gimbutas와 콜린 렌프류Colin Renfrew라는 학자들이 인도·유럽인의 기원지가 우크라이나/남러시아 지역인지 아니면 아나톨리아반도(현 터키)인지를 두고 논쟁을 벌인 바 있는데 고인골에서[9] 추출한 DNA(ancient DNA)와 현대 유라시아인의 유전자 비교 연구 결과 전자가 옳다는 것이 입증되었다. 이들의 한 지파인 아리아인의 주 Y-DNA 하플로그룹haploroup은 R1a였고 이들은 푸른 눈과 금발을 소유했다.

동이란계East Iranic 언어를 사용하며 철기 시대 유라시아 초원 지역을 지배한 스키타이 유목민들은 고대 아리아인들의 한 지파였다. 이들은 동시베리아의 파지리크와 미누신스크 지역까지 진출했다. 서몽골 초원의 쿠르간(돌무지무덤)과 사슴돌도 이들이 남긴 유적들이다. 스키타이계 유목민들은 이후 상당수가 서진하는 투르크계 유목민들에 동화되었다. 유전자 조사 결과에 따르면 현대 키르기즈인은 여타 투르크계 집단과는 달리 약

70%가 스키타이계 유목민의 후예이다. 현대 몽골인의 5~13% 정도도 이들의 후예라고 볼 수 있다.

19세기 서유럽에서는 서로마제국의 멸망 이후 유럽을 지배한 게르만족을 숭상하는 풍조가 등장했는데, 이는 점차 나치 독일의 지도자 히틀러도 신봉한 '아리아인 우월론'으로 발전했다. 그런데 이 이론은 게르만족과 청동기 시대의 아리아인(이란인)을 동일한 종족 집단으로 간주했다. 이 이론의 영향을 받아 현대 이란인의 상당수는 독일인을 동족으로 여긴다. 심지어는 히틀러를 좋아하는 이들도 있다. 그러나 현대인의 Y-염색체 유전자 조사 결과 고대 아리아인은 게르만족과 무관한 집단이며 오히려 동슬라브계 민족들인 러시아인, 폴란드인, 우크라이나인과 가까운 집단임이 밝혀졌다. 스키타이 유목민들과 동슬라브계 민족들의 대표적 Y-염색체 하플로그룹은 모두 R1a이다. 이 하플로그룹은 서유럽인과 독일인의 주요 유전자가 아니다.

오늘날 인도의 상위 카스트 주민들, 파키스탄인, 아프가니스탄의 파슈툰인, 타지키스탄인, 우즈베키스탄의 타직인의 과반수, 그리고 이란인의 10~20%는 고대 아리아인의 후예들이다. 이들은 고대 중동과 인도의 토착민들과의 혼혈, 기후 조건 등 때문에 동슬라브인과는 다른 외모를 지니게 되었지만 R1a라는 하플로그룹을 공유한다. 고대 소그드인이나 호레즘인, 그리고 몽골제국 시기 이후 타직인 혹은 사르트인이라고 불린 중앙아시아의 이란계 언어Iranic 사용 정주민들은 대부분 고대 아리아인의 후손들이었다. 현대 중앙아시아 투르크인들의 상당수는 돌궐인과 무관한 '투르크화'된 타직인/사르트인의 후손이다.

하거나[10] 우즈벡 칸국의 군주들을 '몽골인 칸들khavāqīn-i Mughūl'이라고 지칭한 것을 들 수 있다.[11] 이 외에도 19세기 쿵그라트 왕조의 공식 역사서 《피르다우스 알이크발Firdaws al-Iqbāl(행복의 낙원)》은 그 군주들의 출신 부족인 콩그라트 부를 몽골 부족이라고 기술했고,[12] 1920년에 붉은 군대에 의해 폐위된 망기트 왕조의 마지막 군주 알림 칸(1910~1920 재위)은 망기트의 군주들이 '몽골 전통'adat-i Mughul'에 따라 즉위식을 올렸다고 자서전에 썼다.[13] 요컨대 주치 울루스계 우즈벡인은 몽골어를 잊었지만 몽골인 정체성은 잃지 않았었던 것이다.[14]

2. 마와라안나흐르(트란스옥시아나)의 우즈벡 칸국

1) 아불 하이르 왕조

아불 하이르 왕조는 그 시조인 아불 하이르 칸(1428~1468 재위)의 통치기에 동킵착 초원(현 카자흐스탄 지역)을, 그의 손자 무함마드 시바니 칸이 16세기 초 티무르제국을 정복한 이후에는 마와라안나흐르와 발흐 지방을 약 1세기 동안 지배한 우즈벡 칸국이다.

15세기 중반 주치 울루스의 좌익을 제패한 아불 하이르 칸

우즈벡 칸국은 카자흐 칸국과 마찬가지로 주치 울루스 좌익의 계승 국가였다. 앞 장에서 살펴보았듯 몽골제국 내에서 주치 울루스 좌익은 현 카자흐 초원을 지칭했다. 그 시조인 아불 하이르 칸은 우루스 칸, 톡타미슈 칸, 바락 칸에 이어 주치 울루스의 좌익의 패권을 차지한 인물이다. 그는 토카 테무르의 후손인 우루스 칸이나 톡타미슈 칸과는 달리 주치의 다섯째 아들인 시반의 후손이었다.

아불 하이르 칸은 1428년에 서시베리아의 침기-투라Chimgi-Tura(현 튜맨Tyumen시)에서 칸으로 추대된 이후 다른 주치 일족들을 물리치며 동킵착 초원(현 카자흐 초원)의 맹주로 성장해나갔다. 티무르제국의 영토인 호레즘과 마와라안나흐르도 침략했고, 1446년에는 티무르제국으로부터 시르다리야강 유역의 시그낙을 탈취했다. 아불 하이르 칸은 또한 티무르의 증손자인 아부 사이드가 자신에게 원조를 요청해오자 1451년 친정군을 이끌고 티무르제국을 침공해 그가 사마르칸드의 권좌에 오를 수 있게 해주었다.

15세기 중반 중앙아시아와 킵착 초원을 통틀어 가장 강력한 군주로 부상한 아불 하이르 칸은 같은 시기의 오이라트 군주 에센 타이시와 비교될 수 있는 인물이었다. 그러나 당시 킵착 초원 유목민들은 몽골 초원 유목민들의 적수가 되지는 못했던 듯하다. 아불 하이르 칸은 1457년 동킵착 초원을 침공한 에센 타이시의 아들 우즈 테무르와 시그낙 부근에서 전투를 벌였다. 결과는 우즈벡군의 참패였다. 오이라트군은 이 전투 후 시르다리야강 유역의 도시들을 약탈하고 되돌아갔다.

1468년 아불 하이르 칸이 사망한 뒤 그의 아들 샤이흐 하이다르Shaikh Ḥaidar가 칸위를 승계했다. 그러나 샤이흐 하이다르는 카리스마가 부족한 인물이었고, 아불 하이르 칸의 옛 적들인 시비르 칸국의 이박 칸과 카자흐 칸국의 자니벡과 기레이 등의 공격을 받고 살해되었다. 이후 아불 하이르 칸의 유목 제국은 와해되었다. 앞 장에서 살펴보았듯 이후 동킵착 초원의 패권은 다시 우루스 가문으로 넘어갔다.

무함마드 시바니 칸과 우즈벡 칸국의 수립

무함마드 시바니 칸의 정치적 방랑 생활

무함마드 시바니 칸은 삼촌 샤이흐 하이다르가 패사한 후 동생 마흐무드 술탄Maḥmūd Sulṭān과 함께 그들의 후견인이 있던 아스트라한 칸국으로 갔다. 그러나 앞서 샤이흐 하이다르를 공격했던 이박 칸이 1471년에 아스트라한을 포위하자 이들 형제는 40여 명의 가신들과 함께 성을 빠져나와 망기트 울루스, 동킵착 초원, 티무르제국의 투르키스탄 지방과 부하라, 모굴리스탄 등지를 오가며 떠도는 오랜 정치적 방랑 생활을 시작하게 된다. 이 기간 동안 이들은 아불 하이르 일족이 동킵착 초원에 거점을 마련하는 것을 저지하려는 카자흐군의 공격도 피해 다녀야 했다.

시바니 칸은 동차가다이 울루스(모굴 칸국)의 군주 술탄 마흐무드 칸에게 오트라르를 영지로 하사받으면서 처음으로 정치적 기반을 마련할 수 있었다. 그는 1488년에 티무르제국의 군주인 술탄 아흐마드의 요청으로 모굴 칸국 원정에 참여하게 되었는데 전투 발발 하루 전 모굴 칸국의 술탄 마흐무드 칸과 밀약을 맺은 다음 실제 전투에서는 티무르 군대를 기습 공격했다. 이는 승패에 큰 영향을 미쳤고 술탄 마흐무드 칸은 그 대가로 티무르제국으로부터 탈취한 오트라르를 시바니 칸에게 주었다.

시바니 칸은 이후 10여 년 동안 카자흐 칸국의 부룩둑 칸과 카심 칸의 공격을 막아내면서 오트라르의 방어에 성공했고 인근의 야시 Yasi(현 투르키스탄시)도 수중에 넣었다. 시바니 칸을 몰아내는 데 실패한 카자흐 군주들은 1500년에 그와 평화 조약을 체결할 수밖에 없었다. 이를 계기로 시바니 칸은 킵착 초원과 티무르제국 각지에 흩어져 있던 아불 하이르 일족과 아불 하이르 칸의 옛 신하들을 규합하기 시작했다. 그의 삼촌들인 시윤츠 칸Siyunch Khan과 쿠츠쿤치 칸Kūchkūnchī Khan을 포함해 많은 수의 우즈벡 유목민들이 그에게로 왔다.

무함마드 시바니 칸의 티무르제국 정복

15세기 말 당시 티무르제국은 술탄 아흐마드를 포함한 아부 사이드의 세 아들이 1490년대 중반에 모두 사망하면서 구심점을 잃은 상태였다. 이에 모굴 칸국의 술탄 마흐무드 칸은 사마르칸드를 쳤으나 티무르 군대에 격퇴당했다. 결국 그는 시바니 칸에게 사마르칸드 공략의 임무를 맡겼고 시바니 칸은 술탄 마흐무드 칸과는 달리 1500년에 사마르칸드를 점령하는 데 성공했다. 그러자 또 많은 수의 우즈벡 유목민들이 그에게 모여들었고 그 결과 시바니 칸의 병력 수는 5만 명 규모로 커졌다.

시바니 칸은 이들을 이끌고 이후 7년간 티무르제국을 정복해나갔다. 1500년에는 부하라를 점령했고, 1501년에는 아부 사이드의 손자인 바부르에게 일시적으로 빼앗겼던 사마르칸드를 탈환했다. 이어 1503년에는 모굴 칸국의 술탄 마흐무드 칸과 술탄 아흐마드 칸 형제가 이끄는 동차가다이 군대를 아흐시 전투에서 격파하고 이들로부터 타슈켄트와 페르가나 지방을 탈취했다. 계속해서 그는 1505년 호레즘 지역과 1507년 호라산 지역을 정복했다. 호라산은 마와라안나흐르와 더불어 티무르제국의 핵심 영토였다. 이로써 티무르제국의 정복을 마무리한 시바니 칸은 금요 예배 설교(쿠트바)에서 자신과 더불어 조부 아불 하이르 칸의 이름이 낭독되게 했다. 이는 이슬람 세계에서 독립 군주만이 누릴 수 있는 특권이었는데 시바니 칸은 이를 통해 아불 하이르 왕조의 부흥을 세계에 선포했던 것이다.

무함마드 시바니 칸의 패사

무함마드 시바니 칸이 아불 하이르 왕조를 재건하기 몇 해 전 이란에서는 사파비 교단의 교주인 샤 이스마일Shāh Ismāʿīl Safavī(1501~1524 재위)이 자신을 추종하는 투르크멘 유목민들을 이끌고 사파비제국을 수립했다. 1510년, 샤 이스마일은 호라산을 병합하기 위해 투르크멘 군대를 이끌고 우즈벡 칸국으로 쳐들어왔다. 당시 카자흐 원정 실패로 군대를 해산한 상태였던 시바니 칸은 적은 규모의 병력만으로 적을 상대하러 나섰다. 자신을 과신한 탓에 지원 부대가 도착하기 전에 움직인 것이었다. 그 결과 시바니 칸은 메르브 인근에서 벌어진 전투에서 패사했다. 이 일이 있은 뒤 아불 하이르 일족과 시반 우즈벡인들은 뿔뿔이 흩어지게 되었고, 이듬해 티무르 일족인 바부르가 사파비 군대의 도움으로 마와라안나흐르를 수복할 수 있었다.

우바이달라 칸과 우즈벡 칸국의 발전

우즈벡 칸국을 존망의 위기에서 구한 이는 무함마드 시바니 칸의 조카이자 마흐무드 술탄의 아들이었던 우바이달라Ubaidallāh(1533~1540

재위)였다. 그는 1512년 투르키스탄 지방(시르다리야강의 연안 지역)으로 후퇴했던 우즈벡 군대를 규합해 먼저 바부르가 이끄는 티무르 군대를 격파했다. 이어서 샤 이스마일이 파견한 대군을 부하라 근처의 기즈두반에서 대파했다. 이 전투는 사파비 군대의 사령관도 패사시킨 우즈벡군의 압승이었다. 이 승리를 통해 우즈벡인들은 메르브 전투의 패배를 설욕하는 동시에 바부르가 주도한 티무르제국의 부흥 운동도 완전히 분쇄할 수 있었다.

마와라안나흐르 지방을 재장악한 아불 하이르 왕조의 권력 구조는 집단지배 체제에 가까웠다. 일찍이 시바니 칸은 새로 정복한 티무르제국의 영토를 자신을 도왔던 아불 하이르 일족에게 영지로 분배했는데, 자신은 사마르칸드를 차지하고 부하라와 타슈켄트는 각각 동생 마흐무드 술탄과 삼촌 시윤츠에게 영지로 주었다. 기즈두반 전투 승리 이후 영토의 재분배가 이루어졌는데 이때 자신들의 거점을 확보한 아불 하이르 일족들은 16세기 중반까지 우즈벡 칸국을 공동으로 지배했다. 칸의 자리는 아불 하이르 일족 중 연장자에게 돌아갔다. 이에 따라 우즈벡 칸국의 실권자는 우바이달라였지만 칸위는 시바니 칸의 삼촌 쿠츠쿤치와 그의 아들 아부 사이드가 차례로 맡았다. 우바이달라는 1533년이 되어서야 칸으로 등극했다.

이처럼 내부 결속에 성공한 아불 하이르 왕조는 우바이달라의 주도로 실지 회복에 나섰다. 우바이달라는 1514년 동차가다이 울루스(모굴 칸국)의 사이드 칸으로부터 페르가나 지방을 탈환했고 1526년에는 아무다리야강 이남의 발흐 지방을 재정복했다. 사파비제국에 넘어간 호라산 지방도 침공했으나 샤 이스마일의 아들 타흐마즙Tahmāsp

(1524~1576 재위)이 이끈 친정군에 격퇴당했다. 1515년부터 계속된 호라산 방면으로의 원정에서 우즈벡 군대는 승리와 패배를 반복했고 전선은 교착상태에 빠졌다. 결국 발흐 지방은 우즈벡 칸국이, 호라산 지방은 사파비제국이 차지한 상태에서 양국의 국경은 무르가브Murghab 강 일대로 굳어지게 된다.

마와라안나흐르의 아불 하이르 왕조에서는 마흐무드 술탄과 우바이달라의 영지였던 부하라가 수도로 기능했다. 우바이달라 칸은 1535년 호라산의 주도 헤라트를 점령한 후 그곳에 거주하던 티무르제국 출신의 학자들과 예술가들을 부하라로 이주시키고 이들을 후원했다. 그 결과 부하라는 중앙아시아의 문화·예술중심지로 거듭났다. 우바이달라의 동시대인이었던 《라시드사》의 저자 무하마드 하이다르는 우바이달라 칸의 치세에 부하라가 티무르제국의 문화 중심지였던 헤라트처럼 문화적으로 번성했다고 자신의 저서에 적었다.[15]

압둘라 칸과 아불 하이르 왕조의 전성기

우바이달라가 사망한 후 아불 하이르 일족 사이에 영지를 둘러싼 분쟁이 발생했다. 이는 1550년 시작되어 1581년까지 약 30여 년간 지속되었는데 그 최종 승자는 아불 하이르의 4대 후손인 압둘라 2세 'Abdallāh II(1583~1598 재위, 이하 '압둘라 칸')였다. 부하라의 실권자였던 그는 사마르칸트, 발흐, 타슈켄트 등 다른 아불 하이르 가문의 영지들을 모두 병합함으로써 우즈벡 칸국을 중앙집권적 국가로 만들었다.

압둘라 칸은 그의 부친 이스칸다르 칸Iskandar Khan(1561~1583 재위)의 치세에도 우즈벡 칸국의 실질적인 지배자였지만 부친이 사망한

1583년이 되어서야 정식으로 칸위에 올랐다. 아불 하이르 왕조의 절대 군주가 된 그는 우즈벡 칸국의 영토 확장에 나섰다. 이미 카자흐 칸국의 쉬가이 칸과 그의 아들 타와쿨은 그에게 신속한 상태였기 때문에 동킵착 초원은 그의 영향력 아래 있었다. 압둘라 칸은 1584년 무굴제국의 북방 영토인 바다크샨과 토하리스탄 지역을 정복하며 우즈벡 칸국의 영역을 힌두쿠시산맥으로까지 확장시켰다. 당시 무굴제국의 황제는 북인도 대륙을 평정한 악바르(1556~1605 재위)였다. 그러나 악바르는 실지 회복에 나서는 대신 1585년과 1598년 사이 수도를 인도 북부의 라호르로 옮겨 압둘라 칸의 침공에 대비했다.

이어서 압둘라 칸은 시바니 칸의 패사 후 사파비제국에게 빼앗겼던 호라산을 1588~1589년, 2년에 걸쳐 탈환했다. 우즈벡군은 호라산의 주도인 헤라트 공성전에는 대포들을 동원했다. 그는 계속해서 공세를 펴 메르브, 마슈하드 등의 도시들과 시스탄 지방(현 이란의 동부와 아프가니스탄의 남부에 해당하는 지역)까지 정복했다. 당시 사파비제국의 지배자는 역대 사파비 군주들 중 가장 강력한 군주로 평가받는 샤 압바스Shāh 'Abbās I(1588~1629 재위)였다. 그러나 그는 압둘라 칸과의 대결을 늘 피했다. 한편 압둘라 칸의 영토 확장은 오스만제국에게도 큰 위협으로 간주되었다. 오스만제국은 우즈벡 칸국의 동맹국이었음에도 불구하고 우즈벡 칸국이 사파비제국을 정복한 뒤 자국 변경을 위협하는 사태를 막기 위해 사파비제국과의 국경 분쟁을 조기에 종료시켰다.

압둘라 칸은 1593~1594년에 걸쳐 호레즘을 지배하던 이웃 우즈벡 국가인 아랍샤 왕조도 정복함으로써 현 신장 지역을 제외한 중앙아시아 전역을 통합했다. 압둘라 칸의 이러한 군사적 성취는 악바르 황제와 샤 압바스 대제가 통치하는 이슬람 세계의 두 강대국을 상대로 이루어졌다는 점에서 주목받아야 한다. 한마디로 16세기 후반 동이슬람 세계의 최강국은 무굴제국이나 사파비제국이 아닌 우즈벡 칸국이었다.

티무르 이후 중앙아시아가 배출한 가장 뛰어난 정복자였던 압둘라 칸은 티무르와 마찬가지로 건설 활동을 적극적으로 후원한 군주였다. 그는 우즈벡 칸국 각지에 모스크, 미나레트(첨탑), 교량, 카라반(상인 숙소), 관개 수로 등 많은 수의 공공 시설을 건설한 것으로도 유명하다.

아불 하이르 왕조의 몰락

압둘라 칸의 치세에 전성기를 구가하던 아불 하이르 왕조는 16세기 말 갑작스러운 붕괴를 맞이한다. 그 발단은 1597년 압둘라 칸의 아들 압둘 무민'Abd al-Mu'min(1598 재위)이 아버지를 상대로 일으킨 반란이었다. 압둘 무민은 사파비제국의 호라산 지방을 자신이 주도적으로 정복했으나 기대와는 달리 자신이 호라산의 총독으로 임명되지 못하자 불만을 품고 반란을 일으킨 것이었다. 이를 기회로 삼아 카자흐 칸국의 타왁쿨 칸은 우즈벡 칸국을 침공해 타슈켄트를 점령하고 압둘라 칸이 파견한 지원군을 격퇴했다. 따라서 압둘라 칸이 직접 군을 이끌고 카자흐군을 상대하러 나서야 했다. 그러자 타왁쿨은 초원 지역으로 후퇴했는데 이때 압둘라 칸이 갑자기 병사했다. 압둘 무민이 1598년에 아불 하이르 왕조의 칸위를 승계했으나 그는 압둘라 칸의 아미르들을 처형하는 등 폭정을 일삼다 칸으로 등극한 지 불과 수개월 만에 암살되었다.

우즈벡 칸국의 수도 부하라 소재 아르크Ark 요새

2) 토카이 티무르 왕조

토카이 티무르 왕조는 아불 하이르 왕조에 이어 17세기 초부터 18세기 중반까지 마와라안나흐르와 발흐 지방을 지배한 우즈벡 왕조이다. 그 시조 자니 무함마드가 아스트라한 칸국 출신의 칭기스 일족이기 때문에 아스트라한 왕조라고도 불린다.

바키 무함마드 칸과 토카이 티무르 왕조의 수립

1598년에 압둘라 칸과 그의 아들 압둘 무민이 연이어 사망하면서 아불 하이르 왕조는 큰 혼란에 빠졌다. 칸위를 승계할 마땅한 이가 없었기 때문이다. 오랜 칸위 다툼으로 인해 아불 하이르 왕족 대부분이 사망한 상태였다. 결국 수도 부하라에서는 아불 하이르 왕족이었던 피르 무함마드Pīr Muḥammad가 마약 중독자였음에도 불구하고 칸으로 추대되었다. 이때 호라산에서는 자니 무함마드Jānī-Moḥammad가 그의 아들 딘 무함마드Dīn-Muḥammad에 의해 칸으로 옹립되었다. 자니 무함마드는 아불 하이르 왕족이 아니었다. 그는 러시아의 이반 4세가 1556년 아스트라한 칸국을 정복했을 때 부친 야르 무함마드Yār-Moḥammad와 함께 우즈벡 칸국으로 이주해 온 칭기스 일족이며 압둘라 칸의 누이와 혼인해 딘 무함마드를 낳았다.

이런 와중에 우즈벡 칸국은 카자흐 칸국과 사파비제국의 침공을 받는다. 북쪽 변경으로부터는 타왁쿨 칸이 이끄는 카자흐 군대가 쳐들어와 타슈켄트를 점령하고 마와라안나흐르의 중심부로 진격해 왔으며, 남쪽 변경으로부터는 샤 압바스가 이끄는 사파비 군대가 실지 회복을 위해 호라산을 침공했다. 딘 무함마드는 이때 사파비 군대와 싸우다 패사했고 호라산 지방은 다시 사파비제국의 영토가 되었다. 그러나 마와라안나흐르에서는 딘 무함마드의 동생 바키 무함마드Bāqī Muḥammad(1603~1605 재위)가 사마르칸드마저 점령하고 부하라를 포위 중이던 카자흐군을 격퇴했다. 큰 공을 세운 바키 무함마드는 피르 무함마드 칸에 의해 사마르칸드의 총독으로 임명되었다. 그러나 그는 이듬해인 1599년 피르 무함마드 칸의 군대를 사마르칸드 성문 앞에서 격파하고 우즈벡 칸국의 패권을 차지했다.

바키 무함마드는 그러나 스스로 칸위에 오르지 않고 부친 자니 무함마드를 칸으로 추대했다. 자신은 새 왕조의 기반을 다지는 데 힘을 쏟았다. 그가 수립한 새 우즈벡 왕조는 학계에서 토카이 티무르 왕조Toqay-Timurids라고 불린다. 자니 무함마드가 주치의 열셋째 아들 토카이 테무르의 후손이기 때문이다. 토카이 티무르 왕조는 자니 무함마드의 이름을 따라 잔 왕조Janids 혹은 그의 출신 국가인 아스트라한 칸국을 따라 아스트라한 왕조Astrakhanids라고도 불린다.

바키 무함마드는 유능한 군사지휘관이었다. 그는 1602년에는 샤 압바스가 아불 하이르 왕조의 잔존 세력과 손잡고 1만 명의 화승총병을 포함한 대군을 이끌고 발흐 지방을 침공했을 때 수적 열세에도 불구하고 이들을 발흐 인근 지역에서 격퇴했다. 이 패배 이후 샤 압바스는 우즈벡 칸국 방면으로의 영토 확장을 포기했다. 이후 양국 간의 국경은 과거처럼 무르가브강으로 굳어졌다. 바키 무함마드는 1603년이 되어 칸으로 즉위했으나 불과 2년 뒤 사망했다.

마와라안나흐르와 발흐의 이중 칸국 체제

바키 무함마드의 뒤를 이은 이는 발흐 지방의 총독이었던 그의 동생 왈리 무함마드Vali Muḥammad(1605~1611 재위)였다. 그는 우즈벡 칸국을 침공한 카자흐 군대를 격파했고, 발흐 지방에서 반란을 일으킨 아불 하이르 왕조 세력을 진압했다. 그러나 그는 자신의 형 딘 무함마드의 아들들인 이맘 쿨리와 나드르 무함마드 형제와의 권력 다툼에서 밀려나며 사파비제국으로 망명해야 했다.

이후 1612년부터 약 30여 년간 이맘 쿨리Imām Qulī(1611~1641 재위)와 나드르 무함마드Naẕr Muḥammad(1606~1642, 1648~1651 재위) 형제는 토카이 티무르 왕조를 양분해서 통치했다. 형 이맘 쿨리는 마와라안나흐르를, 동생 나드르 무함마드는 발흐 지방을 지배했다.

이들의 통치기에 우즈벡 군대는 사파비제국이 점령한 호라산 지역을 수시로 침공해 약탈했다. 나드르 칸의 아들 압둘 아지즈가 이끄는 우즈벡군은 마슈하드 인근 지역까지 약탈하기도 했다. 이맘 쿨리 칸은 자신의 아들이 카자흐 칸국이 지원하는 반란 세력에 살해당하자

1635년에 친정군을 이끌고 킵착 초원으로 진격해 카자흐군을 격파하고 1598년 이래 카자흐 칸국이 점거해온 타슈켄트를 되찾았다.

이맘 쿨리 칸과 나드르 무하마드 칸의 이중 칸국 체제는 1641년에 이맘 쿨리 칸이 마와라안나흐르의 통치권을 동생에게 양도하면서 막을 내렸다. 이맘 쿨리 칸은 이듬해 메카로 순례여행을 떠났는데 사파비제국의 영토를 통과할 당시 사파비제국의 압바스 2세'Abbās II (1642~1666 재위)는 그를 극진히 대접해주었다. 그러나 나드르 무함마드 칸의 단일 칸국 체제는 오래가지 못했다. 그가 발흐 지역 출신 아미르들을 우대하자 이에 불만을 품은 마와라안나흐르 지역의 아미르들이 사마르칸드의 총독이었던 그의 아들 압둘 아지즈에게 반란을 일으키도록 선동했기 때문이다. 나드르 무함마드는 1645년 아들 압둘 아지즈 칸에게 마와라안나흐르의 권좌를 빼앗기고 다시 발흐로 돌아가야 했다.

한편 나드르 무함마드 칸의 치세에 우즈벡 칸국의 역사서 《비밀의 바다》가 편찬되었다. 《비밀의 바다》는 앞에서도 언급했듯이 우즈벡 군주들을 몽골인이라고 지칭하고 우즈벡인이 몽골인의 직계 후예라고 기술한다. 따라서 우즈벡인의 몽골제국 계승의식을 뚜렷이 보여주는 중요한 문헌이다.

압둘 아지즈 칸'Abd al-'Azīz Khan의 집권 초기 우즈벡 칸국은 무굴제국의 침공을 받았다. 1646년 무굴제국의 황제 샤 자한Shāh Jahān(1627~1658 재위)은 우즈벡 칸국의 내분을 틈타 포병 부대를 포함한 6만 대군을 동원해 발흐 지방을 점령하고 아들 아우랑제브Aurangzīb(1659~1707 재위)를 총독으로 임명했다. 티무르제국의 고토 회복을 염두에 둔 군사

작전이었다. 이에 맞서 압둘 아지즈 칸은 우즈벡·카자흐 연합 군대를 이끌고 무굴 군대와 공방전을 벌였다. 무굴제국 군대는 고전을 면치 못하다 1647년에 북인도로 철수해야 했다.

나드르 무함마드 칸은 1651년 발흐와 바다크샨 지방을 아들 수브한 쿨리Subhān Qulī(1681~1702 재위)에게 양도하고 메카로의 순례 여행을 떠났다. 그러나 메카에 도달하지 못하고 사파비제국의 영토 내에서 사망했다. 사파비제국의 샤 압바스 2세는 그의 장례식을 성대히 치러주었다. 나드르 무함마드 칸의 퇴위 이후 1681년에 압둘 아지즈 칸이 마와라안나흐르의 권좌를 동생 수브한 쿨리에게 넘기고 메카로의 순례 여행에 나설 때까지 토카이 티무르 왕조는 30여 년간 다시 이중 칸국 체제를 이루었다. 그런데 이 두 형제의 통치 기간 중 토카이 티무르 왕조는 쇠퇴하기 시작했다. 이는 특히 1657년 이후 지속된 이웃 우즈벡 국가인 아랍샤 왕조의 정기적인 침공 때문이었다. 아랍샤 왕조의 지배자이자《투르크인의 계보》의 저자인 아불 가지 칸과 그의 아들 아누샤 칸은 토카이 티무르 왕조를 거듭 침공했는데 아뉴샤 칸은 1681년에는 수도 부하라를, 1685년에는 사마르칸드를 점령하기도 했다. 아울러 이 시기에 케네게스, 망기트, 우순 등과 같은 몽골계 우즈벡 부족의 수령들은 자신들의 영지를 기반으로 세력을 키워나갔다.

토카이 티무르 왕조의 쇠퇴

1702년 사망한 수브한 쿨리 칸에 이어 그의 아들 우바이달라 2세ʿUbaidallāh(1702~1711 재위)가 칸위에 올랐다. 그러나 그는 1711년 부하 아미르들에게 암살되었고 그의 동생 아불 파이즈 칸Abū al-Fayż Khan

(1711~1747 재위)이 칸위를 승계했다. 그의 통치기에 토카이 티무르 왕조는 쇠망의 길로 접어들었다. 특히 1723년부터 심화된 준가르 군대의 공세를 피해 우즈벡 칸국으로 피신해 온 카자흐 유목민들은 7년 동안 약탈과 파괴 활동을 일삼으며 마와라안나흐르 지역을 황폐화시켰다. 당시 사마르칸드와 부하라 같은 도시 거주민들도 이들을 피해 난민이 되었다. 따라서 아불 파이즈 칸의 권위와 통치력은 크게 약화될 수밖에 없었다. 우즈벡 부족장들은 자신들의 영지에서 중앙 정부로부터 사실상 독립했다. 부하라의 궁정에서도 실권을 행사한 이는 아불 파이즈 칸의 후견인(아탈릭ataliq)이었던 망기트 부의 수령 무함마드 하킴Muḥammad Ḥakim이었다.

토카이 티무르 왕조의 몰락에는 1740년 나디르 샤Nādir Shah(1736~1747 재위)의 침공도 한몫을 했다. 나디르 샤는 투르크멘 아프샤르 부 출신의 군인으로서 사파비제국을 동서에서 침공한 아프간 반란군과 오스만 군대를 모두 격파한 후 1736년에 어린 군주를 폐위시키고 스스로 권좌에 오른 인물이었다. 그는 1739년에는 무굴제국의 수도 델리를 점령하고 약탈하기도 했다. 1740년에 그가 대군을 이끌고 우즈벡 칸국을 침공하자 아불 파이즈 칸은 싸우지 않고 항복했다. 이어 나디르 샤는 호레즘의 아랍샤 왕조의 정복에 나섰는데 토카이 티무르 왕조는 그에게 병력을 제공해야 했다. 이때 우즈벡 지원군을 이끈 이는 무함마드 하킴의 아들 무함마드 라힘Muḥammad Raḥim이었다. 이를 계기로 그는 나디르 샤의 신하가 되었고 나디르 샤는 1743년에 무함마드 하킴이 사망한 후 그가 다른 우즈벡 부족장들의 도전을 물리치는 데 도움을 주었다. 무함마드 라힘은 1747년 나디르 샤가 사망한 후 아불 파이즈 칸을 살해했다. 처음에는 아탈릭이라는 칭호를 사용하며 칭기스 일족을 허수아비 칸으로 추대했으나 1756년이 되어 스스로 칸으로 등극했다.

3) 망기트 왕조

망기트 왕조의 몽골제국 후예의식

망기트 왕조는 18세기 중반 토카이 티무르 왕조를 대체하고 19세기 중반까지 마와라안나흐르 일대를 지배한 우즈벡 왕조다. 망기트 왕조의 창시자 무함마드 라힘은 토카이 티무르 왕조의 대를 끊은 뒤 칭기스 칸의 남계 후손이 아님에도 불구하고 스스로 칸위에 오르면서 이를 금기시하는 몽골제국의 전통을 훼손했다. 그렇지만 그에 의해 몽골제국 후예들의 중앙아시아 지배가 종식된 것은 아니었다. 무함마드 라힘 또한 몽골인의 후예였기 때문이다. 그의 가문이 이끈 망기트 부는 16세기 초 무함마드 시바니 칸의 티무르제국 정복 당시 킵착 초원에서 남하한 몽골계 부족이다. 망기트 왕조의 계보에 따르면 당시 망기트 부를 이끈 이는 무함마드 라힘의 12대 선조인 노얀Nūyān Biy이었다.[16]

무함마드 라힘은 정통성을 높이기 위해 칭기스 가문의 공주와 혼인했고 칭기스 가문과 자신의 가문이 공통 조상을 가진다는 계보를 만들어냈다.[17] 《몽골비사》나 《집사》가 망기트 부의 시조 "망구타이/망구트"를 칭기스 칸과 마찬가지로 알란 고아의 후예로 기록하고 있는 만큼 망기트 일족과 칭기스 일족의 공통 조상론은 허구는 아니었다.

우즈벡 망기트 왕조의 마지막 군주 알림 칸

앞에서도 언급했듯이 망기트 왕조의 마지막 군주 알림 칸ʿĀlim Khan
(1910~1920 재위)은 즉위식 행사에서 "부하라의 군주들은 성스러운 양
탄자에 앉아서, 몽골 관습에 따라, 사이드(예언자 무함마드의 후손), 호자
(이슬람 성인들의 후손), 그리고 물라(이슬람 학자)들에 의해 땅으로부터
들어 올려졌다"라고 자신의 자서전에 적었다.[18] 망기트 일족은 칭기스
칸의 후손은 아니었지만 몽골인의 후예였다.

망기트 왕조의 발전과 쇠퇴

무함마드 라힘은 아들이 없었기 때문에 그가 사망한 후 그의 삼촌 무
함마드 다니알Muḥammad Dāniyāl의 후손들이 망기트 왕조를 지배했다.

무함마드 다니알의 아들 샤 무라드Shah Murād(1785~1800 재위)는 18세기 전반기에 피폐해졌던 마와라안나흐르 지역의 경제를 재건하는 데 힘썼다. 그는 영토 확장에도 나서 옛 사파비제국의 영토였던 메르브를 투르크멘 유목민들로부터 탈취했다.

샤 무라드의 사후 그와 칭기스 가문의 공주 사이에서 태어난 하이다르Ḥaydar(1800~1826 재위)가 권좌를 승계했다. 하이다르는 모친을 통해 칭기스 칸의 혈통을 계승했기 때문에 칭기스 칸의 후손을 자처할 수 있었다. 그는 자신의 칭호로 이슬람 제국의 칼리프들이 사용했던 '아미르 알 무미닌Amīr al-mu'minīn'을 사용했다. 이 칭호를 통해서도 알 수 있듯이 그는 이슬람을 통치 이념으로 삼은 군주였다.[19]

그의 통치기에 망기트 왕조는 이웃 우즈벡 국가들인 호레즘의 쿵그라트 왕조와 코칸드의 밍 왕조에게 영토를 잠식당했다. 1815년 코칸드 칸국에게 투르키스탄 지방을 빼앗긴 데 이어 1822년에는 쿵그라트 왕조에게 메르브 일대를 빼앗겼다. 내부적으로는 키타이와 킵착, 케네게스 부의 반란에 시달려야 했다.

망기트 왕조는 하이다르의 아들 나스르알라 칸Naṣrallāh Khan(1827~1860 재위)의 긴 통치기에 망기트 왕조에 계속해서 반기를 들어오던 우즈벡 부족장들을 제압하고 중앙집권화를 달성했다. 중앙집권화에 중요한 수단이 된 것은 우즈벡 부족민이 아닌 정주민을 징집해 창설한 보병 부대였다. 이 부대는 화기로 무장한 일종의 신식 군대였다. 나스르알라 칸은 이 병력을 동원해 1842년 코칸드 칸국을 일시 점령했다. 그리고 1856년에는 우즈벡 부족들 중 가장 강력한 적이었던 케네게스 부를 제압했다. 그러나 호레즘 원정(1843)에서는 쿵그라트 우즈벡 군대에 패했으며, 아프가니스탄의 파슈툰인이 건설한 두라니 왕조 Durrani dynasty(1747~1842)에게는 아무다리야강 좌안 지역을 빼앗겼다.

나스르알라를 이은 무자파르 알딘 칸Muẓaffar al-Din Khan(1860~1885 재위)의 통치기에는 러시아의 중앙아시아 정복이 시작되었다. 러시아 군대는 1868년에 사마르칸드를 점령했고, 무자파르 알딘 칸은 1868년 러시아제국과 강화 조약을 체결해야 했다. 이때부터 망기트 왕조는 러시아의 보호국이 되었다. 망기트 왕조의 마지막 군주 알림 칸(1910~1920 재위)은 1920년 붉은 군대(러시아 공산군)에 의해 폐위된 뒤 아프가니스탄으로 망명했다.

3. 페르가나의 우즈벡 칸국: 코칸드 칸국

코칸드 칸국은 18세기 초반부터 19세기 중반까지 페르가나 지방 (현 우즈베키스탄 동부와 타지키스탄의 북부 지역)을 지배한 우즈벡 국가이다. 전성기 때는 그 영역이 카자흐스탄 남부와 신장의 카슈가르까지 미쳤다. 1709년경 우즈벡 밍 부족의 수령 샤루흐 비Shāhrukh Biy가 토카이 티무르 왕조로부터 독립하여 세웠다. 코칸드 칸국은 그 시조의 부족 명과 이름을 따라 밍 왕조 혹은 샤루흐 왕조Shāhrukhids라고도 불린다.

1) 밍 왕조의 몽골제국 계승의식

밍 부족은 몽골계 망기트 부나 쿵그라트 부와는 달리 포스트 몽골 시대에 새로 형성된 부족으로 그 기원은 정확히 알 수가 없다. 어쩌면 몽골제국 군대의 천인대minggan에서 부족 명칭이 유래했을 수 있다. 1871년에 편찬된 코칸드 칸국의 공식 역사서《샤루흐사史, Tārīkh-i Shāhrukhī》는 밍 왕조가 티무르와 바부르 그리고 몽골인들이 시조로 추앙하는 알란 고아의 후손이라고 기록한다. 이 문헌에 기록된 계보에 의하면 밍 왕조와 칭기스 왕조는 칭기스 칸의 조부 바르탄Bartan의 대에서 갈라졌다.[20] 물론 이는 조작된 계보이지만 밍 왕조가 지녔던 몽골제국 후예의식을 잘 보여준다.

2) 코칸드 칸국의 발전

1722년 샤루흐에 이어 그의 맏아들 압둘 라힘Abd al-Raḥīm(1722~1734 재위)이 권좌에 올랐다. 그는 사르트인(이란계 정주민)으로 구성된 새로운 군대를 창설해 군사력을 강화한 뒤 이를 동원해 토카이 티무르 왕조의 사마르칸드를 6개월 동안 점령했다. 그러나 그는 1734년 그의 동생 압둘 카림Abd al-Karīm에게 권좌를 빼앗겼다. 압둘 카림은 1740년에 코칸드시를 건설하고 밍 왕조의 새로운 수도로 삼았다. 코칸드 칸국이라는 국명은 바로 이 도시에서 유래한다. 압둘 카림의 아들 이르다나 비Irdana Biy는 준가르제국을 멸망시킨 청제국과 조공 무역 관계를 맺었다.

코칸드 칸국은 샤루흐의 증손자 나르부타 비Nārbūta Biy(1763~1799 재위)와 나르부타의 아들 알림ʿĀlim(1798~1810 재위)의 치세에 중앙아시아의 강국으로 부상했다. 나르부타는 페르가나 전역을 정복했고, 알림은 파미르고원의 이란계 산악민들을 징집해 화기로 무장한 보병 부대를 창설했다. 그는 이 부대를 동원해 1809년에 타슈켄트를 점령했다.

타슈켄트는 이후 카자흐 초원 정복을 위한 전초기지로 활용되었다. 알림은 이런 성취를 바탕으로 밍 왕조의 일원 중 처음으로 칸 칭호를 사용했다.

코칸드 칸국은 19세기 전반기에 중앙아시아의 지역 강국으로 부상했다. 코칸드 칸국은 마와라안나흐르 지역으로부터의 인구 유입, 관개 시설의 정비, 러시아와의 무역 확대 등을 통해 경제적으로 번영했고 영토도 계속해서 확장해나갔다. 알림 칸의 뒤를 이은 그의 동생 우마르 칸'Umar Khan(1810~1822 재위)은 1816년 카자흐 칸국의 수도였던 투르키스탄(야시)을 점령했다. 그의 아들 무함마드 알리 칸Muḥammad 'Alī Khān(1823~1842 재위)은 천산산맥 일대의 키르기즈 유목민들을 복속시키고, 카자흐 칸국의 제티수 지역(옛 모굴리스탄 지역)을 합병했다. 코칸드 칸국은 새로 정복한 카자흐 칸국의 남부 지역에 요새들을 건설하고 주둔군을 배치해 지배권을 강화했다. 당시 카자흐 칸국은 러시아와 청제국의 제후국이었기 때문에 그 영토를 침범하는 것은 청과 러시아에 대한 도전을 의미했다. 따라서 코칸드 칸국의 카자흐 초원 진출은 지역 강국으로서의 코칸드 칸국의 위상을 잘 보여준다. 코칸드 칸국은 심지어 청제국의 영토인 신장의 카슈가르도 1826년과 1830년 두 차례 점령했다.[21]

3) 코칸드 칸국의 쇠퇴와 멸망

1842년, 내분으로 혼란에 빠져 있던 코칸드 칸국은 망기트 왕조의 침공을 받았다. 나스르알라 칸이 이끄는 망기트군에 의해 수도 코칸드가 점령되었고 코칸드 칸국의 군주인 무함마드 알리 칸은 처형되

우즈벡 코칸드 칸국의
마지막 군주 나스르 알딘

었다. 코칸드 칸국은 3개월 뒤 망기트군을 몰아냈으나 이후에도 내분
은 계속되었다. 특히 우즈벡인, 사르트인, 키르기즈인, 그리고 킵착인
사이의 분쟁이 문제였다.

　당시 코칸드 칸국 내 우즈벡인과 사르트인은 정착 생활을 하고 있
었고 키르기즈인과 킵착인은 유목 생활을 했다. 킵착인은 18세기 초
카자흐 칸국에서 이주해 온 집단인데 1844년에 반란을 일으켜 정권
을 장악했다. 19세기 중반 중앙아시아를 방문한 헝가리인 투르크학
연구자인 밤베리Vambery는 킵착인에 대해 다음과 같은 기록을 남겼
다. "킵착인은 원시 투르크 인종으로서 찢어진 눈과 수염이 없는 턱,
튀어나온 광대뼈를 가졌다는 점에서 몽골인을 닮았다. 그리고 대부
분 키가 작지만 아주 민첩하다."[22] 코칸드 군주 쿠다야르 칸Khudāyār
Khan(1844~1876 재위)은 1852년에 사르트인들의 도움을 받아 킵착인

집단을 축출할 수 있었다.

코칸드 칸국은 얼마 지나지 않아 러시아제국의 침공을 받고 멸망하게 된다. 코칸드 칸국은 1865년 러시아에 타슈켄트를 빼앗겼고, 1868년에는 러시아의 카우프만Kaufmann 장군에게 항복했다. 이후 코칸드 칸국은 1920년까지 러시아의 속국으로 존속한 마와라안나흐르의 망기트 왕조나 호레즘의 쿵그라트 왕조와는 달리 1876년 러시아에 합병당하며 역사의 무대에서 퇴장했다.

4. 호레즘의 우즈벡 칸국: 히바 칸국

히바 칸국은 16세기 초부터 19세기 중반까지 호레즘 지역을 중심으로 카스피해 동부 연안과 호라산 북부 지역, 즉 현 우즈베키스탄 서부와 투르크메니스탄에 해당하는 지역을 지배한 우즈벡 국가이다. 히바 칸국의 주민들은 자국 땅을 호레즘이라고 불렀으며, 아랍샤 왕조에 이어 쿵그라트 왕조의 지배를 받았다.

1) 몽골제국 시대의 호레즘 지방

호레즘은 아무다리야강 하류 지역에 위치한 농경 중심지이다. 동북 방면의 키질쿰 사막과 남서 방면의 카라쿰 사막에 의해 킵착 초원, 마와라안나흐르(트란스옥시아나), 호라산 지방과 지리적으로 분리되어 있다. 중앙아시아의 중요 농경 중심지였던 이곳에서 12세기에 호레즘제국이 일어섰다. 그 주민의 대다수는 12세기경부터 투르크계 언어를 사용하기 시작한 고대 이란계 호레즘인의 후예들이었다.

몽골제국 시기에 호레즘은 주치 울루스의 영역에 속했다. 호레즘제국의 수도였던 우르겐츠는 몽골 정복 전쟁 당시 파괴되었지만 이후 원위치에서 조금 떨어진 곳에 재건되어 주치 울루스의 주요 도시가 되었다. 1333년에 모로코인 여행가 이븐 바투타Ibn Baṭūṭah(1377 사망)가 방문했을 당시 우르겐츠는 우즈벡 칸이 임명한 총독 쿠틀룩 테무르Qutlugh Temür의 통치하에 번영하고 있었다. 이븐 바투타에 따르면 우르겐츠는 모스크(이슬람 사원), 마드라사(이슬람 고등교육기관), 병원, 시장들을 갖춘 대도시였다. 그는 자신의 여행기에서 우르겐츠를 다음과 같이 묘사한다. "투르크인(몽골인)의 도시들 중 가장 크고, 가장 아름다운 도시이다. 멋진 시장들과 넓은 도로들, 수많은 건물들이 있다."[23]

2) 아랍샤 왕조

아랍샤 왕조의 등장

아랍샤 왕조는 16세기 초부터 18세기 초까지 히바 칸국을 지배한 우즈벡 왕조이다. 주치의 다섯째 아들 시반의 후손인 아랍샤'Arabšāh가 그 시조이다. 14세기 중반 주치 울루스가 극심한 내분에 휩싸이게 되자 호레즘에서는 몽골계 콩그라트 부 출신의 후사인 수피Ḥusain Ṣūfī가 1364년에 새로운 왕조를 수립했다. 그러나 수피 왕조는 1388년 이후 티무르의 침공을 몇 차례 받은 끝에 티무르제국에 합병되었고 호레즘의 대부분 지역도 16세기 초까지 티무르제국의 일부를 이루게 되었다.

호레즘이 다시 정치 중심지로 부상한 것은 우즈벡 칸국 시대이다.

히바 칸국의 주민 구성:
우즈벡인, 사르트인, 투르크멘인

✿

히바 칸국은 아불 하이르 왕조와 마찬가지로 우즈벡 유목민과 사르트Sart라 불린 이란계 정주민이 공생하는 국가였다. 지배층을 이룬 우즈벡인은 주로 호레즘의 북반부인 아랄 지방에서 유목 생활을 하며 이동식 가옥인 유르트(몽골어 '게르')에 거주했다. 이들은 크게 키야트-쿵그라트 부(몽골계), 위구르-나이만 부(몽골 초원 기원의 투르크계), 네쿠스-망기트 부(몽골계), 캉글리-킵착 부(킵착 초원 기원의 투르크계)로 구성되었다.[24] 호레즘 남반부의 도시들과 농경지에 거주하던 사르트인은 이란계 혹은 투르크화된 이란계 정주민들로서 상업과 농업 분야에 종사하며 피지배 계층을 이루었다. 히바 군대에 병력을 제공한 투르크멘 유목민들도 히바 칸국의 한 구성원을 이루었다. 그런데 오구즈 투르크어를 사용한 투르크멘 유목민들과 킵착 투르크어를 사용한 우즈벡 유목민들은 둘 다 투르크계 언어 사용 집단이었음에도 불구하고 서로를 다른 민족으로 여기며 통혼하지 않았다.[25] 우즈벡 유목민들은 내륙아시아인의 외모를 지녔던 반면 투르크멘 유목민들은 이란계 정주민에 가까운 외모를 지녔기 때문이었을 것이다.

호레즘은 1505년에 무함마드 시바니 칸에게 정복되면서 우즈벡 세계의 일부가 된다. 1510년에 시바니 칸이 사파비제국의 샤 이스마일에 패사한 후 호레즘은 사파비 군대에 점령되었지만 이듬해인 1511년 시바니 칸의 먼 친척인 일바르스 칸Ilbārs Khan과 발바르스Bālbārs 형제에 의해 탈환되었다. 이후 호레즘은 히바 칸국으로 알려진 새로운 우즈벡 국가의 중심부가 되었다.

일바르스 칸은 시바니 칸과 마찬가지로 주치의 다섯째 아들 시반의 후손이었다. 히바 칸국은 그의 조부 아랍샤Arabšāh의 후손들의 지배를 받았기 때문에 아랍샤 왕조라고도 불린다. 한편 아랍샤의 부친 풀라드 대에서 일바르스 칸 가문과 시바니 칸 가문이 갈라졌기 때문에 아랍샤 왕조와 아불 하이르 왕조는 서로 혈연관계에 있었다.

히바 칸국은 호레즘 지역만을 지배하는 작은 나라가 아니었다. 일바르스 칸은 호레즘의 서부와 남부에 거주하는 투르크멘 유목민들도 복속시켰고, 샤 이스마일이 사망한 1523년 이후에는 호라산 북부 지역도 정복했다. 따라서 히바 칸국은 현 우즈베키스탄 서부 지역뿐 아니라 현 투르크메니스탄 지역도 지배한 비교적 큰 나라였다.

16~17세기의 히바 칸국

16세기의 히바 칸국은 중앙집권적 국가가 아니었다. 17세기 중반까지 칸과 각 영지를 지배하는 아랍샤의 후손들이 권력을 분점하는 일종의 공동지배체제를 이루었다. 히바 칸국의 군주들 중 가장 주목할 만한 이들은 《투르크인의 계보》의 저자 아불 가지 칸Abū al-Ghāzī Khan (1644~1663 재위)과 그의 아들 무함마드 아누샤 칸Muḥammad Anūshah

우즈벡 쿵그라트 왕조의 재상 이슬람 호자. 우즈벡 쿵그라트 왕조의 이스판디야르 칸
이스판디야르 칸의 재상이었다. (1910~1918 재위)
(ⓒKhorazmiy / Wikipedia)

(1664~1685 재위)이다. 이들은 아랍샤 왕조의 전성기를 이끌었다. 히
바 칸국의 권좌에 오르기 전 아불 가지 칸은 그의 형 이스판디야르 칸
Isfandyār Khan에 의해 사파비제국으로 보내져 이스파한에서 10년간 망
명 생활을 해야 했다. 이후 오이라트 유목민들과도 함께 거주하는 등
떠돌이 생활을 계속하다 이스판디야르의 사망 후 히바의 칸으로 추대
되었다. 아불 가지 칸은 이란에 머무는 동안 페르시아어와 아랍어 사
료들을 공부한 덕분에 훗날 《투르크인의 계보》를 저술할 수 있었다.
그는 역사가일 뿐 아니라 군인이었다. 그는 여러 차례의 원정을 통해
투르크멘 부족들을 복속시키고, 히바 칸국을 침략한 오이라트 유목민
들을 격퇴했다. 그리고 재위 기간 내내 사파비제국의 북쪽 변경과 토
카이 티무르 왕조의 중심부인 마와라안나흐르를 약탈했다.

아불 가지 칸의 뒤를 이은 그의 아들 아뉴샤 칸도 이웃 국가들에 대한 약탈 공격을 계속해나갔다. 히바 군대는 1681년에는 토카이 티무르 왕조의 수도인 부하라를, 1685년에는 사마르칸드를 일시적으로 점령했다. 히바 칸국의 공세는 아누샤 칸이 1685년 부하 아미르들에 의해 폐위될 때까지 계속되었다. 히바 군대의 거듭된 침략은 토카이 티무르 왕조의 쇠퇴에 큰 영향을 주었다.

18세기 초 아랍샤 왕조의 몰락

그러나 아랍샤 왕조는 마와라안나흐르의 토카이 티무르 왕조보다 더 먼저 멸망했다. 18세기 초 아랍샤 왕조가 단절되었기 때문이다. 16세기부터 아불 가지 칸의 등극 이전까지 아랍샤 왕조 내에서는 부자 승계가 꾸준히 이루어지지 못하고 왕족들 사이의 칸위 다툼이 계속해서 일어났다. 16세기 말 아불 하이르 왕조의 압둘라 칸이 히바 칸국을 점령했을 때에는 아랍샤 일족이 다수 살해되었다. 이런 과정을 거치며 아랍샤 왕족은 수적으로 감소했고 결국에는 단절에 이르게 된 것이었다.

아랍샤 왕조의 마지막 군주는 쉬르 가지 칸Shīr Ghāzī Khan(1714~1727 재위)이었다. 그의 통치기에 히바 군대는 호라산의 주요 도시인 마슈하드를 1716년과 1719년 두 차례 점령했다. 1717년에는 러시아의 표트르 대제가 파견한 원정군을 전멸시켰다. 그러나 쉬르 가지 칸은 러시아인과 페르시아인 노예들에게 암살되었고 그 후 우즈벡 부족장들이 실권을 행사하며 카자흐 칸국에서 칭기스 일족을 초빙해 칸으로 추대했다.

히바 칸국은 1740년에 투르크멘인 정복자 나디르 샤의 침공을 받았다. 두 차례의 전투에서 히바 군대를 격파한 나디르 샤는 카자흐 칸국 출신이었던 일바르스 2세Ilbārs II와 20명의 아미르들을 처형한 뒤 허수아비 군주를 임명하고 되돌아갔다. 히바 칸국은 1747년 나디르 샤의 사망 후 세력을 회복했지만 뒤이어 벌어진 우즈벡, 사르트, 투르크멘, 카자흐 집단 간의 분쟁 때문에 다시 혼란에 빠졌다. 1770년에는 투르크멘 요무트 부에 히바를 점령당하기까지 했다.

3) 쿵그라트 왕조

쿵그라트 왕조의 발전과 쇠퇴

쿵그라트 왕조는 아랍샤 왕조에 이어 19세기 중반까지 히바 칸국을 지배한 우즈벡 왕조이다. 쿵그라트 부의[26] 수령들이 세웠기 때문에 쿵그라트 왕조라고 불린다. 쿵그라트 부가 몽골계 부족이었던 만큼 쿵그라트 왕조는 망기트 왕조처럼 몽골제국 계승의식을 가지고 있었다. 1804년에 편찬된 쿵그라트 왕조의 공식 역사서 《행복의 낙원 Firdaws al-Iqbāl》은 쿵그라트 일족을 포함한 우즈벡 부족들을 몽골인이라 지칭한다.[27]

쿵그라트 왕조의 시조는 1770년에 히바를 점령한 투르크멘 요무트 부를 몰아낸 무함마드 아민Muḥammad Amīn이다. 히바 칸국의 실권자였던 그와 그의 아들 아바즈 이낙Awaz Inaq(1790~1804 재위)은 칭기스 일족을 칸으로 추대하고 이들의 이름으로 통치했다. 그러나 아바즈의 아들 일투제르Iltüzer(1804~1806 재위)는 1804년에 스스로 칸위에 올랐다.

그는 즉위한 지 2년 만에 망기트군과 싸우다 전사했고, 동생 무함마드 라힘 칸Muḥammad Raḥīm Khan(1806~1826 재위)이 뒤를 이었다. 무함마드 라힘은 쿵그라트 왕조의 기틀을 다진 인물이다. 그는 중앙집권화 정책과 조세, 행정 제도의 정비를 통해 히바 칸국을 정치, 경제적으로 안정시켰다. 또한 주변의 카자흐, 투르크멘 유목민들을 복속시켰고 아랍 샤 왕조의 아불 가지 칸처럼 호라산과 마와라안나흐르에 대한 약탈전을 전개했다. 쿵그라트 왕조는 무함마드 라힘 칸과 그의 아들 알라 쿨리Allāh Qulī(1825~1842 재위)의 치세에 전성기를 누렸다.

쿵그라트 왕조는 19세기 중반까지도 호레즘을 중심으로 현 카자흐스탄 서부와 투르크메니스탄 지역에 영향력을 행사하는 지역 강국으로 군림했다. 농산물 수출과 노예 무역을 통해서도 부를 축적했다. 오늘날 유네스코 세계문화유산에 등재된 히바의 수많은 건축물들은 쿵그라트 왕조 시기에 세워진 것들이다.

그러나 쿵그라트 왕조는 투르크멘 부족들의 반란으로 약화된 데이어 망기트 왕조와 코칸드 칸국처럼 러시아제국의 중앙아시아 진출로 인해 결국 무너지게 된다. 사이드 무함마드 라힘 2세Saʿīd Muḥammad Raḥīm II는 1873년 카우프만Kaufmann 장군에게 항복하고 러시아 황제의 신하가 되는 조약에 서명해야 했다. 쿵그라트 왕조의 마지막 군주인 사이드 압둘라Saʿīd ʿAbdallāh(1918~1920 재위)는 망기트 왕조의 알림 칸과 같이 1920년 붉은 군대에 의해 폐위되었다. 이로써 몽골제국 후예들의 중앙아시아 지배는 완전히 막을 내리게 되었다.

동내륙아시아의
몽골제국 후예들

10장

청제국

몽골인의 협력으로 건설된 만주인의 제국

청제국은 17세기 초 여진인(만주명 '주션Jušen') 누르하치가 건설한 정복 왕조이다. 누르하치의 아들 홍타이지가 국명을 금金에서 청淸으로 그리고 민족명을 여진에서 만주로 바꾸었다. 17세기 중반 청은 명나라를 정복하며 새로운 제국으로 부상했고 1911년까지 중국뿐 아니라 티베트와 몽골도 지배했다. 원제국의 후예인 북원 몽골은 청에 남부와 북부 지역이 각각 1636년과 1691년에 합병되었다.

1. 만주인의 비非중국인 정체성

현대 중국 정부와 학계는 만주인은 중국인이며 청제국은 중화제
국이라고 주장한다. 그러나 과거 만주인은 중국인 정체성이 아닌 '만
주인' 정체성을 가진 집단이었다. 만주인의 독자적 정체성은 건륭제
(1736~1795 재위)의 명으로 1778년에 편찬된 청의 공식 역사서《만주원
류고滿洲源流考》에 잘 드러난다.《만주원류고》는 읍루, 말갈, 완안, 부여,
삼한, 백제, 신라, 발해와 같은 고대 만주와 한반도 지역의 여러 국가
와 부족들을 만주인의 원류로 기술한다. 물론 이러한 선조관을 고대
한국인 후예의식이라고 보는 것은 무리가 있다. 일부는 이를 청나라
판 동북공정이라고도 해석한다. 그러나 청제국의 만주인 지배층이 고
대 중국의 한족보다 고대 한반도의 주민들을 자신들과 더 가까운 집
단으로 여겼다고 추론할 수는 있다. 청제국의 만주인은 중국을 통치
하며 민족 정체성을 보존하기 위해 역사서 편찬 외에도 공문서들을

한어와 더불어 만주어로도 작성했다. 또한 만주인의 혈통 보존을 위해 만주 팔기인과 중국 한인漢人 사이의 통혼을 원칙적으로 금지했다.

2. 청제국의 건설과 경영에 이바지한 몽골인

그러나 청제국의 만주인 지배층은 몽골인들과는 빈번하게 통혼했다. 제국의 수립 이전에도 누르하치Nurhachi(1616~1626 재위)의 아이신 지오로Aisin Gioro 가문은 몽골 호르친 부와 남할하 부의 왕공들과 혼인을 통해 동맹 관계를 맺었다. 만주제국의 2대 황제인 홍타이지Hongtaiji(태종, 1627~1643 재위)는 다섯 명의 몽골인 여성과 혼인했는데 이들 중 세 명이 호르친 부 출신이었다. 호르친 부는 칭기스 칸의 동생 카사르의 후손들이 지배했던 몽골 부족이다. 명나라를 정복한 청의 3대 황제 순치제(1643~1661 재위)는 홍타이지와 호르친 부의 여성 사이에서 태어난 반半몽골인이었다. 따라서 강희제(1661~1722 재위)를 포함한 순치제 이후의 청 황제들에게는 몽골인의 피가 흘렀다.

만주인 통치자들은 청제국의 건설 과정에서도 몽골인을 동맹 세력으로 적극 활용했다. 누르하치와 홍타이지는 제국의 건설 과정에서 몽골군을 팔기제八旗制에 편입시켰다. 팔기는 누르하치가 여진 부족들을 통일하며 이들을 여덟 군단으로 재편하여 만든 군사조직이다. 이 팔기제를 통해 부족과 씨족 단위로 나뉘어 있던 여진인들은 체계적인 군사조직으로 재편될 수 있었다. 만주팔기 외에 몽골팔기와 만주화된 중국 한인으로 이루어진 한군팔기漢軍八旗도 있었다. 그러나 팔기제의 핵심은 만주팔기와 몽골팔기였다. 전투력이 우수한 몽골 팔기병이 없었다면 청제국은 중국을 정복하는 데 필요한 충분한 규모의 병력을 동원하지 못했을지도 모른다. 팔기 조직은 청의 중국 정복 이후에는 압도적 다수의 한인을 통치하는 지배 집단으로 기능했다. 몽골인은 만주인과 더불어 청제국의 경영에도 참여했던 것이다. 조금 과장해서 말하면 적어도 초기의 청제국은 만주인-몽골인 연합국가였다.

청제국은 또한 국가의 경영에 필요한 문자를 제정하는 데 있어 몽골제국에 빚을 졌다. 만주 문자는 누르하치의 명에 의해 1599년에 몽골문자를 약간 수정해 만든 표음문자인데 1632년에는 홍타이지의 명으로 더욱 개량되었다. 몽골 문자는 13세기 초 칭기스 칸에게 정복된 몽골의 한 부족이었던 나이만 부에서 사용되던 위구르 문자를 몽골이 변형·도입한 문자이다. 위구르 문자는 고대 중동 지역의 아람-시리아 문자에서 기원한 소그드 문자를 바탕으로 만들어졌다. 몽골 문자는 역사 기록과 공문서 작성에 활용되며 몽골제국의 발전에 도움을 주었는데 만주 문자도 청제국에서 비슷한 역할을 했다. 한편 순치제와 건륭제를 포함한 청의 여러 황제들은 티베트 불교를 믿었는데이 또한 몽골을 통해 받아들인 종교였다. 티베트 불교는 만주인과 몽골인, 티베트인이 정신적으로 연합할 수 있게 해주었다. 한마디로 청제국의 성립 과정에서 몽골의 존재는 몽골제국에 문자를 제공한 위구르, 병력을 제공한 여러 투르크계 유목민 집단, 종교를 제공한 티베트를 합쳐놓은 것과 비슷했다고 볼 수 있다.

3. 몽골의 보르지긴 가문과 만주의 아이신 기오로 가문

몽골인은 만주인과 혈통적으로 가까운 민족이다. 만주인이 속한 통구스어족은[1] 몽골어족, 투르크어족과 함께 알타이어족을 구성한다. 알타이어족설은 현재 많은 언어학자에게 비판받고 있지만 어쨌든 이들 세 언어가 지리적 인접성 혹은 상호 접촉 및 영향 때문에 공통적인 특성들을 지니게 된 하나의 언어 집단Sprachbund을 이룬다는 점은 분명하다.

흥미로운 점은 칭기스 칸이 속한 보르지긴Borjigin 씨족과 누르하치가 속한 아이신 기오로 가문이 유전적으로 서로 가까운 집단이라는 사실이다. 2003년에 국제 유전학자들은 내륙아시아인들 사이에 널리 퍼져있는 Y-염색체 하플로타입Y-chromosome haplotype을[2] 발견해 '스타 클러스터Star cluster'라는 이름을 붙였다.[3] 이 스타 클러스터는 C2b1a3a1-F3796라는 Y-염색체 하플로그룹에 속해 있다. Y-염색체 하플로그룹이란 동일한 부계 조상을 둔 남성 집단을 지칭하는 유전학 용어이다. 스타 클러스터를 발견한 유전학자들은 칭기스 일족이 이 유전자를 확산시켰을 것이라고 추정했다. 그러나 이 가설이 입증된 것은 아니다. 2014년 카자흐스탄의 사비토프Sabitov 박사 연구팀은 카자흐스탄과 몽골에 거주하는 칭기스 일족의 Y-DNA 유전자 조사를 통해 스타 클러스터가 칭기스 칸 개인이 아닌 '니룬 몽골인'[4] 전체에 의해 확산되었던 것이라는 또 다른 가설을 발표했다.[5] 한편 2005년에 중국 유전학자들은 만주인 사이에 널리 퍼져있는 Y-염색체 하플로그룹 C2b1a3a2-F8951을 발견하고 누르하치의 가문이 이를 퍼뜨렸다는

청제국의 티베트 불교 사원 옹화궁의 현판. '옹화궁'이 왼쪽부터 각각 몽골 문자, 티베트 문자, 한자, 만주 문자로 적혀 있다.

연구결과를 발표했다.[6] 그런데 보르지긴 씨족과 아이신 기오로 가문 모두 Y-염색체 하플로그룹 C2b에 속한다는 것은 이들이 적어도 아주 먼 과거에는 동일한 부계 집단에 속했다는 것을 의미한다. 물론 칭기스 칸의 유해를 발견해 DNA를 직접 조사해보기 전까지는 확실한 것은 알 수 없다.

그러나 어쨌든 몽골인과 만주인은 유전적으로 가까운 집단이다. 전반적으로 현대 만주인은 Y-염색체 하플로그룹 C2(C2b와 C2c), O1b2, O2 등으로 이루어졌는데 몽골인보다 C2의 비율이 낮고 상대적으로 O의 비율이 높다.[7] 이는 만주인의 선조 집단에 중국과 한반도의 농경민 (Y-염색체 하플로그룹 O 보유 집단)이 상대적으로 더 많이 유입된 결과로 보인다. 한편 현대 만주인은 중국인에게서는 드문 O1b2와 C2 하플로그룹들을 현대 한국인과 공유한다. 이런 까닭에 현대 한국인과 Y-염색체 하플로그룹 구성 면에서 가장 가까운 민족은 현대 만주인이라고 볼 수 있다.[8]

11장

북원

대원제국의 후예

북원北元은 14세기 말부터 17세기 말까지 몽골 초원 전역 혹은 일부를 지배한 몽골제국 계승국가이다. 원 제국의 몽골 유민들에 의해 세워졌고, 15세기 말부터 쿠빌라이 칸의 후손인 다얀 칸 왕조의 지배를 받았다. 다얀 칸의 손자 알탄 칸의 치세에 전성기를 누린 북원은 중국 명제국의 북방 변경 지역을 거듭 침공하며 명의 약화와 몰락에도 기여했다. 그러나 17세기 들어 오이라트 세력에 밀리기 시작했고 결국 만주인의 청제국에 병합되었다.

1. 북원北元은 몽골제국의 유일한 계승국가인가?

몽골 초원에는 지난 수천여 년 동안 많은 유목 민족들이 등장했다 사라졌다. 흉노, 선비, 철륵, 유연, 돌궐, 위구르, 키르기즈, 오이라트는 이들 중 일부이다. 그러나 이들은 모두 역사의 뒤안길로 사라지고 오늘날 몽골 초원에는 오직 '몽골인'만이 남아 있다. 몽골인은 13세기 초 칭기스 칸에 의해 하나의 울루스(민족)로 통합된 이후 현재까지 이르고 있다. 그런데 원제국이 1368년에 붕괴되었음에도 불구하고 몽골인이 오늘날까지 민족 정체성을 유지해올 수 있었던 것은 바로 북원이라는 몽골인 국가가 존재했기 때문이다.

일부 독자들은 몽골어 사용 국가였던 이 북원만을 몽골제국의 계승국가라 여길 수도 있다. 그런데 몽골제국의 건설 과정에서 많은 수의 몽골 유목민들이 원정군단의 일부가 되어 서방으로 이주했다. 이들은 이후 몽골어를 잊었지만 몽골인 정체성과 몽골제국 계승의식을 유지해나갔고, 몽골제국의 해체 이후에도 티무르제국, 카자흐 칸국, 우즈벡 칸국, 크림 칸국, 무굴제국과 같은 몽골 계승국가들을 건설했다. 서방의 몽골인 후예들의 눈에는 북원은 몽골제국의 계승국가들 중의 하나였다. 이들은 티무르제국은 차가다이 울루스, 우즈벡·카자흐·크림 칸국은 주치 울루스, 북원은 대원 울루스[1]의 계승국가라고 보았다. 그리고 이들은 북원 몽골인을 '칼막인Qalmaq'이라고 불렀다. 칼막은 '남다'라는 뜻의 투르크어 동사이다. 티무르제국과 크림 칸국의 사료들은 칼막인이 '이슬람에 귀의하지 않고 불신앙의 세계에 남은 자'를 뜻하며, 이는 이슬람으로 개종하지 않은 주치 울루스인 혹은 몽골-타타르인에게 붙여진 이름이라고 설명한다.[2] 서방의 몽골제국 후예들은 스스로는 이슬람으로 개종한 몽골인으로 여겼다. 이들에게 몽골 초원의 유목민들은 이민족이 아니라 종교가 다른 동족이었다.

　한편 서방의 몽골제국 후예들은 현대 역사가들이 종종 '서몽골인'이라고 지칭하는 오이라트인 또한 칼막인의 범주에 포함시켰다. 그러나 이들은 오이라트인을 서몽골인이라 부르지 않았고, 칭기스 칸의 후예라고도 보지 않았다.[3] 그런데 오이라트인을 칭기스 칸의 후예로 보지 않은 것은 북원의 몽골인들도 마찬가지였다. 북원의 몽골인들은 오이라트인을 '카리 다이순qari daisun'이라고까지 불렀다. 몽골어로 '카리'는 외국인, '다이순'은 적을 뜻한다. 오이라트인을 동족, 즉 '서몽골인'으로 여기지 않았던 것이다. 사실 오이라트인들 스스로도 몽골인 정체성을 갖지 않았으며 몽골인들을 카리(외국인)로 여겼다. 이를 통해 알 수 있듯이 몽골제국 후예의식은 몽골어 사용 여부에 달려 있지 않았다.

요컨대 정체성과 계승의식, 왕조와 지배층의 부계 혈통을 기준으로 몽골제국 계승성을 바라보면 북원뿐 아니라 티무르제국, 크림 칸국, 카자흐 칸국, 우즈벡 칸국, 무굴제국, 모굴 칸국 역시 몽골제국의 적자들이었다고 할 수 있다.

'북원'이라는 국가 명칭

❀

북원北元(영문명 Northern Yuan)은 서구와 일본 역사가들이 주로 사용하는 현대 용어이다. 중국의 일부 역사가들은 1368년과 1388년 사이 몽골 초원에서 존속한 원 황실의 직계 집단만을 북원이라고 지칭한다. 그러나 15세기 이후 몽골 초원에 거주한 몽골인들은 자신들이 원 제국의 후예라는 정체성을 가지고 있었다. 이들은 자신들의 국가를 '예케 몽골 울루스Yeke Mongγol ulus(대몽골국)' 혹은 '대원 울루스Dayan ulus'라고도 불렀다.[4] 16세기 들어 몽골 세력의 중흥기를 이끈 바투 뭉케 다얀 칸의 이름 다얀은 대원大元의 음역이었다. 17세기 몽골 역사서《알탄 톱치 Altan tobči(일명 황금사黃金史)》는 15~17세기 몽골의 군주들을 원 제국의 시조 쿠빌라이 칸(세첸 칸)과 그 마지막 황제 토곤 테무르의 계승자들로 묘사한다. 이러한 원 제국 계승 의식을 근거로 본서에서는 15~17세기에 몽골 초원에 존속한 칭기스 왕조를 '북원'이라고 지칭한다.

2. 1368년 대도의 함락과 북원 시대의 개막

1) 원 황실의 단절

북원의 역사는 1368년 원의 황제 토곤 테무르Toghon Temür(명의 시호 순제順帝)가 중국 한인 국가인 명제국에 수도 대도大都를 함락당하고 몽골 초원으로 쫓겨나면서 시작되었다. 토곤 테무르는 2년 뒤 사망했고 그의 아들 아유쉬리다라Ayushiridara(1370~1378 재위)가 몽골제국의 옛 수도 카라코룸에서 칸으로 즉위했다. 아유쉬리다라의 모친은 고려인 기황후奇皇后였기 때문에 그는 반半고려인이었다. 북원은 중국을 상대로 고려가 함께 싸우기를 기대했다. 당시 고려의 국왕은 공민왕(1351~1374년 재위)이었는데 사실은 그에게도 칭기스 칸의 피가 흐르고 있었다. 공민왕의 증조부인 충렬왕(1274년~1308년 재위)이 쿠빌라이 칸의 딸인 제국대장공주齊國大長公主와 혼인하여 구레겐güregen(칭기스 황실의 사위를 의미하는 칭호)이 되었기 때문이다. 또한 공민왕의 친할머니도 몽골인이었다. 그러나 그는 아유쉬리다라를 돕지 않고 반원反元정책을 폈다.

아유쉬리다라는 명의 공세를 막아내다 1378년에 사망했고 같은 해 그의 동생 토구스 테무르Tögüs Temür(1378~1388 재위)가 제위를 승계했다. 토구스 테무르는 1388년에 몽골 부이르 누르에서 명군의 기습을 받고 패주하다 예수데르Yesüder가 이끄는 오이라트군에 의해 아들과 함께 살해되었다. 이리하여 원제국의 직계 황통은 단절되었다. 예수데르는 아릭 부케의 후손이었다. 아릭 부케는 1259년 몽골제국의 4대 대칸 뭉케가 사망한 후 형 쿠빌라이와 제위 다툼을 벌이다 패했었는데 그의 후손이 원제국의 황실을 단절시킨 것이다.

2) 14세기 전반기의 북원: 권신 아룩타이의 분전

이후 원제국의 후예들은 거의 한 세기 동안 서몽골 지역에 거주하던 오이라트 집단에게 생존을 위협당하며 암흑기를 보내야 했다. 이 기간 중 많은 수의 칭기스 일족이 칸으로 추대되었다 사라지기를 반복했는데 문헌 기록의 부족으로 인해 이들의 정확한 재위 기간이나 통치 활동에 대해 알 수가 없다.

15세기 초 북원 몽골의 실력자는 아수드 부의 수령 아룩타이Aruqtai (1434 사망)였다. 아수드 부는 원제국의 황실 친위대에서 복무한 이란계 아스As(현 오세트)인들의 후예였다. 아룩타이는 칭기스 일족을 칸으로 추대하며 30여 년간 명군과 오이라트군을 상대로 싸웠다. 그가 추대한 칸들로는 오록 테무르, 울제이 테무르, 아다이 등이 있다.

이들 중 주목할 만한 이는 울제이 테무르Öljei Temür(1408~1412 재위)이다. 그는 차가다이 울루스의 티무르를 찾아가 도움을 요청했던 인물이다. 만일 1405년에 티무르가 병사하지 않고 중국을 정복했다면 그는 울제이 테무르를 명목상의 대칸으로 추대했을 것이다. 울제이 테무르는 티무르의 사후 몽골로 돌아와 아룩타이의 지원으로 북원의 칸으로 즉위했다. 명의 영락제는 그를 제거하기 위해 1409년에 원정군을 파견했는데 아룩타이는 이를 격퇴했다. 그러나 아룩타이와 울제이 테무르는 이듬해 영락제가 이끄는 50만 친정군과 오이라트군을 상대로 싸운 오논강 전투에서는 패하고 말았다. 울제이 테무르는 서방으로 도주하다 오이라트의 수령 마흐무드Mahmud(바툴라Batula)에게 살해되었다.

북원은 오이라트가 1414년에 명군의 공격을 받아 약화되고, 그 수령 마흐무드가 사망한 후에야 세력을 회복할 수 있었다. 1425년경 아룩타이는 아다이Adai를 북원의 새 칸으로 추대했고 이들은 오이라트를 제압하고 잠시나마 몽골 초원의 패권을 장악했다. 그러나 명과 오이라트의 협공으로 인해 북원의 패권은 오래가지 못했다. 아룩타이는 1434년 마흐무드의 아들 토곤 타이시Toghon Taishi이 이끄는 오이라트군에 패사했고, 아다이 칸 역시 1438년 오이라트군에 죽임을 당했다. 이후 북원은 오이라트의 지배를 받게 된다.

오이라트인은 서西몽골인인가?

❀

오이라트인은 서북 몽골 지역에서 기원한 몽골어 사용Mongolic 유목 민족으로서 15세기 중반 에센 타이시와 17세기 말 갈단 칸의 치세에 강력한 유목 제국을 건설했다. 현 러시아의 자치 공화국인 칼미키야Kalmykia의 칼믹인, 현 몽골의 도르베트, 작친, 올로드 부족민, 현 중국 신장의 토르구드 부족민이 오이라트인의 직계 후예들이다. 몽골어의 한 방언을 사용하며 서몽골 지역에 거주했기 때문에 현대 역사가들을 오이라트인을 종종 '서몽골인'이라고도 지칭한다.

그런데 과연 오이라트인을 서몽골인이라고 부르는 것은 타당한가? 결론부터 말하면 '아니다'. 13세기 초 역사의 무대에 등장한 오이라트인과 몽골인은 서로 기원부터 달랐으며, 14세기 이후에는 서로 다른 민족 집단으로 발전했다.

서로 기원이 달랐다는 것은 무슨 뜻인가? 칭기스 칸이 1206년에 몽골 초원의 유목민들을 통합하고 새로운 울루스(나라와 민족을 의미하는 몽골어 단어)의 탄생을 선포했을 당시 오이라트인은 이 울루스에 포함되지 않은 상태로 몽골 서북부 지역의 삼림 지대에 거주하고 있었다. 이들이 몽골 울루스에 편입된 것은 1207년에 칭기스 칸의 맏아들 주치가 몽골의 서북 변경 지역과 오늘날의 투바 및 하카시야 지역을 정복한 다음이다. 13세기 중반에 편찬된 몽골 역사서인 《몽골비사》는 오이라트인을 '숲의 민족oy-yin irgen'이라고 지칭하며 몽골인과 구별한다.[5] 이 점은 일 칸국의 몽골 역사서 《집사》도 마찬가지다. 《집사》는 오이라트인을 몽골인 집단에 포함시키지 않고 케레이트, 나이만, 타타르, 잘라이르 부 등과 함께 "현재는 몽골인이라고 불리지만 과거에는 독자적 명칭을 가졌던" 유목민 집단에 포함시킨다.[6]

그러면 오이라트인과 몽골인이 14세기 이후 서로 다른 민족 집단으로 발전했다는 것은 무슨 말인가? 몽골제국에 통합되었던 유라시아 초원의 유목민들은 13~14세기를 거치며 몇 개의 칭기스 울루스(민족)들, 즉 주치 울루스, 차가다이 울루스, 북원 몽골인 등으로 발전했다. 그런데 서몽골 지역에서 '4오이라트 연맹Dörbön Oyirad'으로 발전한 오이라트 집단은 이 현상에서 제외되었다. 4오이라트 연맹과 칭기스 울루스들은 일단 상이한 부족 구성원들로 이루어졌다. 칭기스 울루스들은 몽골계 부족들(망구트, 바를라스, 바린, 쿵그라트, 두글라트 부 등)과 몽골 초원 및 킵착 초원의 비몽골계 부족들(케레이트, 나이만, 옹구트, 킵착, 아수드/쉬린 부 등)로 구성되었으나, 반면에 4오이라트 연맹은 토르구드, 도르보드, 호이드, 호슈드 부 등으로 이루어졌다.[7] 호슈드 부를[8] 제외한 나머지 오이라트 부족들은 비몽골계 부족들이었다. 호이드 부는 13세기 오이라트의 후예이며 토르구드와 도르보드(도르베트)는 각각 케레이트와 나이만 부의 후예로 추정된다. 토르쿠드 부는 13세기 케레이트 부의 수령 옹칸의 후예라고 자처했기 때문이고,[9] 도르보드 부는 투르크계 나이만 부의 옛 땅에 거주한 동시에 나이만 부와 가까운 위구르인과 동일한 기원 설화를 가지고 있었기 때문이다.[10] 다시 말해 칭기스 울루스들이 몽골계 부족들과 이들에게 통합된 몽골 초원과 킵착 초원의 비몽골계 부족들로 이루어졌던 반면 4오이라트 연맹은 서몽골 지역의 비몽골계 부족들로 구성되었던 것이다.

오이라트인과 몽골인이 서로 다른 민족 집단으로 발전했던 사실은 이들의 상이한 민족 정체성을 통해서도 확인할 수 있다. 무엇보다도 북원 몽골인들은 오이라트인을 '외적'을 의미하는 '카리 다이순qari daisun'이라고 불렀다. 17세기 몽골 역사서《알탄 톱치》와《에르데니인 톱치Erdeni-yin Tobči(일명 몽골원류原流)》에서는 오이라트인을 몽골인이라 지칭하지도 않고 몽골인의 선조인 알란 고아의 후예로 보지도 않는다.[11] 마찬가지로 몽골 역사서인《알탄칸전Erdeni Tunumal Neretü Sudur》에서도 몽골인과 오이라트인을 각각 '40투멘 몽골döcin tümen Mongyol'과[12] '오이라드 민족Oyirad-un irgen'[13]이라고 지칭하며 구별한다.

한편 오이라트인도 스스로를 몽골인이라 여기지 않았다. 예컨대 1737년 오이라트 문인 가왕 샤랍이 쓴 오이라트 역사서 《4오이라트사Dörbön oyirodiyin töüke》는 몽골과 오이라트를 각각 '40몽골'과 '4오이라드'라고 부르며 구별한다.[14] 1623년의 몽골-오이라트 전투를 기록한 17세기 오이라트 사료는 다음과 같이 그 서술을 시작하고 끝낸다. "8만의 몽골군과 동맹군은 외인外人인 4오이라드qari Dörbön oyirad를 공격했다. … 이렇게 4오이라드는 몽골을 격파했다Dörbön oyirad mongyoli daruqsan ene."[15]

이것이 다가 아니다. 준가르제국의 통치자 갈단은 1691년 러시아의 차르에게 보낸 서신에서 "몽골인은 우리와 당신의 적이기 때문에"라는 표현을 썼다.[16] 그의 조카 갈단 체렝은 할하 몽골인들에게 보낸 서신에서 "우리와 당신들은 원래 한곳에 살았고 서로 사이도 좋았다",[17] "할하와 오이라트는 종교가 같고 사이가 좋았다"라고[18] 말하며 청제국을 상대로 동맹을 맺을 것을 제안했다. 이때 "우리는 같은 민족이다"라는 동류의식은 내세우지 않았다.

따라서 우리가 오이라트인을 서몽골인으로 지칭하는 것은 위구르인을 북돌궐인 혹은 우크라이나인을 남러시아인이라고 부르는 것과 유사한 일이다. 오이라트는 흉노, 선비, 돌궐, 위구르, 몽골과 같은 독립적인 유목 민족으로 간주되어야 한다.

3. 에센 타이시와 오이라트제국의 건설

북원과는 달리 오이라트 집단은 마흐무드(바툴라)의 등장 이래 사실상 하나의 왕조를 이루었다. 그의 아들 토곤에 이어 손자 에센 타이시까지 오이라트 집단을 이끌었기 때문이다. 토곤 타이시(1438 사망)는 30여 년 동안 북원을 이끈 아룩타이를 패사시킨 데 이어 아다이 칸마저 살해하고 1438년에 몽골 초원의 패권을 차지했다. 그러나 그는 같은 해 사망했고 아들 에센 타이시Esen Taishi(1438~1454 재위)가 권좌를 이어받았다.

오이라트 집단은 에센 타이시의 치세에 주변 세력을 모두 제압하며 강력한 유목 제국으로 부상했다. 동으로는 만주의 여진족 등을 복속시켰고 서로는 모굴 칸국을 제압했다. 남으로는 명을 침공해 1449년에 토목보土木堡에서 50만에 이르는 명 황제 영종의 친정군대를 격파하고 영종을 생포했다. 명으로서는 치욕적인 패배였다. 사실 에센 타이시는 티무르 이후 중앙유라시아의 유목세계에 등장한 가장 뛰어난 정복자였다. 그러나 그는 티무르와는 달리 칭기스 황실의 정통성을 인정할 생각이 없었다. 그는 자신의 부친이 옹립했던 쿠빌라이의 후손 톡토아 부카 칸Toghtoa Buqa Khan(타이숭 칸)을 1453년에 살해하고 스스로 칸위에 올랐다. 이는 몽골 세계에서 칭기스 칸의 남계 후손만이 군주가 될 수 있다는 불문율을 깨뜨린 행위였다. 그보다 앞서 비칭기스 일족으로서 스스로 칸이 된 자는 모굴 칸국 두글라트 부의 수령 카마르 알딘이었다. 에센 타이시는 칭기스 가문을 절멸시키려는 의도로 몽골의 칭기스 일족 대부분을 살해했다. 그러나 오이라트 칸국은 오래가지 못했다. 에센 타이시는 이듬해 부하에게 살해되었고 구심점을 잃은 오이라트제국은 곧 분열되었다.

에센 타이시의 사망 후 북원의 다얀 칸이 등극하는 1480년대까지 몽골 초원에는 강력한 지도자가 나타나지 않았다. 카라친 부의 볼라이 타이시, 칭기스 칸의 동생 벨구테이의 후손인 물리카이 옹, 위구르계로 추정되는 3명의 타이시, 벡 아르슬란(1479 사망), 이스마일(1486 사망), 이부라이(1533 사망) 등이 이 시기 활동한 실력자들이다. 벡 아르슬란과 이스마일은 쿠빌라이 칸의 후손들인 만두굴(톡토아 부카의 이복형제)과 바얀 뭉케(톡토아 부카의 동생의 손자)를 각각 칸으로 추대했다.

4. 다얀 칸과 칭기스 왕조의 부흥

15세기 중반부터 몽골제국의 후예들은 유라시아 각지에 새로운 왕조들을 세웠다. 중앙 및 서부 유라시아 초원 지역의 우루스 왕조(카자흐 칸국)와 기레이 왕조(크림 칸국), 중앙아시아의 오아시스 정주 지역의 아불 하이르 왕조와 아랍샤 왕조(우즈벡 칸국), 인도 대륙의 바부르 왕조(무굴제국)가 바로 이들이다. 이때 동부 유라시아 초원, 즉 몽골 초원에는 다얀 왕조를 세웠다.

1) 만두하이 카툰

몽골 초원에 새로운 유목 왕조를 수립한 인물은 바투 뭉케 다얀 칸 Batu Möngke Dayan Khan(1480?~1517? 재위)이다. 그는 원제국의 창시자 쿠빌라이 칸Khubilai Khan(1260~1294 재위)의 후손이었다. 그런데 그가 몽골의 지배자가 되는 데 있어 전임 칸이었던 만두굴Mandugul(1473~1479 재위)의 미망인 만두하이 카툰Mandukhai Khatun이 결정적인 역할을 했다. 바투 뭉케는 부친 바얀 뭉케Bayan Möngke가 사망한 후 어린 나이에 고아가 되었다. 당시 북원에는 30여 년 전 오이라트의 에센 타이시가 북원의 황족 대부분을 살해했었기 때문에 칭기스 일족이 별로 남아 있지 않았다. 바얀 뭉케는 에센 타이시의 외손자였던 까닭에 죽음을 면할 수 있었다. 만두하이 카툰은 칭기스 왕조를 부흥시키기 위한 일념으로 어린 바투 뭉케를 칸으로 추대하고 그가 성인이 될 때까지 섭정을 했다. 만두하이 카툰은 또한 직접 군사를 지휘해 오이라트인들을 격파하고 몽골인들이 몽골 초원에서 주도권을 되찾는 데에도 큰 공을 세웠다.

2) 몽골 울루스의 통일과 6투멘 체제

성인이 된 바투 뭉케 다얀 칸은 만두하이 카툰과 함께 몽골 유목민들을 통일해나갔다. 16세기 초가 되면 대부분의 몽골 부족들이 그의 지배하에 들어왔다. 1368년 대도가 함락된 이후 거의 100여 년 동안 분열되어 있던 원제국의 후예들이 다시 통일된 것이다.

다얀 칸이 통합한 몽골 유목민들은 6투멘(만호萬戶)으로 구성되었다. 6투멘은 다시 동부의 좌익 3투멘과 서부의 우익 3투멘으로 나뉘었다. 좌익 3투멘은 고비 사막의 동부와 북부(현 몽골 지역)에 위치했으며 차하르, 할하, 우량한 부로 구성되었다. 이들 3투멘은 다얀 칸이 직접 관할했다. 다얀 칸은 맏아들 보디 알락Bodi Alagh을 차하르 부의 수령으로 임명했는데 다얀 칸이 사망한 후 대칸의 지위는 차하르 부의 수령들이 이어나갔다. 우익 3투멘은 만리장성 인근 지역(현 내몽골 지역)에 위치했으며 투메드, 오르도스, 융쉬에뷰/카라친 부로 이루어졌다. 다얀 칸은 셋째 아들 바르스 볼라드Barsbolad를 그 지농(수령)으로 임명했다.

각 투멘과 그 하부 조직인 오톡들의 수령으로 임명된 다얀 칸의 후손들은 북원이 만주인의 청제국에 합병될 때까지 이 자리들을 세습했다. 이런 까닭에 16세기 이후의 북원은 다얀 왕조라고 부를 수 있다.

다얀 칸 시대의 몽골인

다얀 칸은 성인이 된 후 만두하이 카툰과 혼인했고 이들 사이에 7명의 아들이 태어났다. 그런데 만두하이 카툰은 투르크계 부족인 웅구트 부(몽골명 엥게드)의 일원이었다. 따라서 만두하이 카툰의 후손들에게는 투르크계 유목민의 피도 흘렀다. 다얀 왕조는 아울러 에센 타이시의 딸이었던 다얀 칸의 할머니를 통해 오이라트인의 혈통도 계승했다.

사실 북원의 몽골인들은 칭기스 칸이 이끈 13세기 초반의 몽골인들에 비해 그 구성원이 확대된 집단이었다. 칭기스 칸은 몽골 초원의 통일 과정에서 케레이트, 타타르, 오이라트와 같이 몽골계 언어Mongolic를 사용했지만 원래 몽골계 부족이 아니었던 비몽골 집단과 나이만, 웅구트, 위구르와 같이 투르크어를 사용한 비몽골 집단을 복속시킨 바 있다. 이후 몽골제국은 서방으로 팽창하면서 투르크계의 킵착과 캉글리와 이란계의 아수드(알란Alan) 등과 같은 집단들을 추가적으로 흡수했는데 이들 중 일부를 동아시아로 이주시켰다. 원제국의 멸망 이후 이들은 북원 몽골인의 일부를 구성하게 된다. 따라서 북원의 몽골인들은 몽골계 망구트, 콩기라트, 바린 부뿐 아니라 나이만, 위구르, 탕구트, 웅구트, 킵착, 아수드와 같은 비몽골 기원의 집단들을 그 구성원으로 포함했다. 심지어는 중앙아시아 이란계 정주민의 후예인 사르타울 집단도 북원 몽골인들의 일부를 이루었다. 따라서 몽골어를 사용한 북원의 몽골인들도 투르크어를 사용한 주치 울루스와 차가다이 울루스의 몽골인들과 마찬가지로 몽골인과 비몽골인의 융합으로 형성된 집단이었다.

5. 알탄 칸과 16세기 몽골 울루스의 전성기

16세기 중반 북원은 동으로는 요동에서 서로는 티베트고원에 이르는 광대한 영역을 지배하는 유목 제국으로 발전했다. 이러한 몽골의 전성기를 이끈 북원의 통치자는 다얀 칸의 손자 알탄 칸Altan Khan(1508~1582)이었다. 그는 북원의 대칸은 아니었다. 다얀 칸의 뜻에 따라 좌익 3투멘에 속하는 차하르 부의 수령이 대칸의 지위를 이어나갔는데 알탄 칸은 우익 3투멘에 속한 투메드 부의 수령이었기 때문이다. 그러나 뛰어난 군사지휘관이었던 알탄 칸은 좌익 3투멘을 통치하던 자신의 삼촌이 1547년에 사망한 후에는 북원의 가장 강력한 지배자로 부상했다. 몽골어로 푸른 도시를 의미하는 현 내몽골의 후흐호트 Kökeqota가 그의 수도였다.

알탄 칸은 숙적이었던 오이라트 집단과 명제국과의 대결에서 모두 승리한 몽골인들의 리더였다. 북원의 군대는 1552년에 오이라트 집단을 격파하고 몽골제국의 옛 수도 카라코룸 일대를 탈환했고 이후에도 오이라트 집단을 계속 압박하여 몽골의 서북부 지역까지 몰아냈다. 알탄 칸은 또한 1540년대부터 거의 매년 중국에 대한 약탈 원정을 감행하며 명제국을 괴롭혔고, 1550년에는 명의 수도 북경까지 포위했다. 1368년에 북경(대도)에서 축출되었던 몽골인들이 약 200여 년만에 다시 북경까지 진격한 것이다. 명제국은 이에 대응해 몽골과의 통상을 금하는 일종의 경제 봉쇄 정책을 폈는데 북원의 압박에 못 이겨 결국 이 정책을 폐기해야 했다. 이후 명은 1571년에 알탄 칸의 요구대로 북원과 화의조약을 체결하고 조공무역 관계를 맺었다. 이에 따라 알탄 칸이 중국에 대한 침략을 중단하는 대신 명은 변경 시장을 개방하고 알탄 칸에게 칭호를 주는 한편 매년 재화를 제공해야 했다. 알탄 칸은 형식적으로는 명제국의 책봉을 받아들였지만 실질적으로는 북원이 명의 재화를 착취하는 관계를 만들어낸 것이다. 몽골의 가축과 중국 물품의 교환은 또한 몽골을 부유하게 만든 반면 명에게는 경제적 손실을 안겼다. 따라서 북원의 입장에서 보면 1571년 이루어진 북원과 명의 화의 조약 체결은 전적으로 몽골의 승리였다. 알탄 칸의 일대기를 다룬 북원의 역사서《알탄칸전Erdeni Tunumal Neretü Sudur》은 알탄 칸의 침략에 시달리던 명이 사신을 보내 화의를 요청하며 "칭호, 곡물, 공물, 교역권"의 제공을 제안했다고 적고 있다. 또한 북원과 명 사이에 화의 조약이 체결됨으로써 명 황제가 알탄 칸에게 "순의왕이라는 칭호를 바쳤고", "매년, 매월 많은 종류의 공물들이 중단 없이 주어졌다"라고 기록한다.[19]

6. 릭단 칸: 북원의 마지막 대칸

북원의 마지막 대칸은 차하르 부의 수장 릭단 칸Ligdan Khan(1604~1634 재위)이었다. 북원의 대칸은 알탄 칸의 치세 이후 명목상의 수반에 지나지 않았고 각 투멘의 장들은 독립적인 군주에 가까웠다. 그러나 릭단 칸은 중앙집권화 정책을 추진했고 이는 다른 투멘들의 반발을 샀다. 일부는 신흥 강국인 후금의 누르하치와 손을 잡았다. 5할하 부족이 누르하치와 동맹을 맺은 데 이어 카라친 부가 누르하치의 아들 홍타이지와 동맹을 맺었다. 당시 후금은 여진 부족들을 통일하며 명에 큰 위협 세력으로 부상하고 있었다. 따라서 명은 릭단 칸에 은화를 지급하며 후금을 견제하려 했다. 1628년 릭단 칸은 6투멘을 재통일하기 위해 우익 투멘들을 공격해 카라친 부와 투메드 부를 격파하고 투메드 부의 수도인 후흐호트도 점령했다. 그러나 릭단 칸의 차하르 칸국은 곧 청제국으로 성장하게 될 여진 국가의 적수가 되지 못했다. 릭단 칸은 1632년에 홍타이지가 이끄는 여진-몽골 연합군의 공격을

몽골과 달라이 라마 제도

❅

　티베트 불교에 귀의한 알탄 칸과 티베트 겔룩파(황교)의 수장
인 소남 갸초Sonam Gyatso는 1578년 티베트고원의 청해호 부근
에서 만남을 가졌다. 이 회동에서 소남 갸초는 알탄 칸을 쿠빌
라이 칸의 화신이라고 선포했고, 알탄 칸은 소남 갸초에게 달
라이 라마(바다와 같은 지혜를 가진 스승)라는 칭호를 선사했다.
소남 갸초는 겸손의 의미로 자신의 스승과 그의 스승에게 1대,
2대 달라이 라마의 칭호를 올리고 자신은 3대 달라이 라마가
되었다. 그러나 그가 사실상 초대 달라이 라마였고 1989년 노
벨 평화상 수상자인 14대 달라이 라마는 그의 계승자이다.
　알탄 칸과 소남 갸초의 만남 이후 몽골은 티베트 불교를 적
극적으로 도입해 완전한 불교 국가가 되었고 소남 갸초가 속한
겔룩파는 몽골과 오이라트 세력의 정치·군사적 후원 속에 티
베트의 대표 종파가 되었다. 티베트 불교는 몽골을 통해 오이
라트인, 부리아트인, 만주인들에게도 전해졌다. 어떻게 보면 로
마제국이 그리스도교를 국교로 삼음으로써 유럽이 그리스도교
세계가 된 것처럼, 북원이 티베트 불교를 국교로 삼음으로써 내
륙아시아 동반부는 불교 세계가 되었다.

받고 오르도스, 청해의 쿠쿠누우르 등지로 도망 다니다 1634년 감숙 지방에서 천연두에 걸려 사망했다. 그의 아들들은 이듬해 누르하치의 아들 홍타이지(청 태종)에 항복했고 이로써 고비 사막 이남의 몽골인 들은 후금에 합병되었다. 북원의 남부 6투멘들을 합병한 홍타이지는 1636년 민족명을 여진인에서 만주인으로 바꾸고 청제국을 선포했다.

7. 몽골의 할하 투멘: 현대 몽골의 전신

현대 몽골의 전신은 다얀 칸의 좌익(동부) 3투멘 중 하나였던 할하 부이다. 현 몽골인의 대부분(78.8%)은 할하 부에 속해 있다. 이는 알탄 칸의 투메드 부를 포함한 우익 3투멘과 차하르 부가 현 중국의 내몽골 자치구에 속하게 되었고, 우량한 부는 해체되었기 때문이다.

할하 부의 역사를 간단히 살펴보자. 다얀 칸은 생전에 할하 부의 통 치를 자신의 두 아들에게 맡겼다. 이들은 각각 남할하와 북할하 부를 통솔했는데 이들 중 다얀 칸의 막내 아들 게레센제Geresenje가 이끈 북 할하 부가 현 몽골의 전신이다. 남할하 부 또한 내몽골에 편입되었다. 북할하는 이후 게레센제의 후손들이 지배하는 자삭투, 세첸, 투쉬예투 라는 3개의 작은 칸국으로 나뉘었다.

북할하의 칸들 중 주목할 만한 이는 투쉬예투의 시조 아바타이 칸 Abatai Khan(1554~1588)이다. 그도 알탄 칸처럼 유능한 군사지휘관이었 다. 아바타이 칸은 1567년부터 1580년 사이 알탄 칸과 할하 부의 다른 칸들과 함께 서몽골 지역의 오이라트 집단을 공격해 이들을 이르티슈

계곡까지 몰아냈다. 1580년대 중반에는 오이라트의 호슈드 부를 제압하고 자신의 아들 슈부다이를 오이라트의 칸으로 임명했다. 이때 북원의 국력이 최전성기에 달했다고 할 수 있다. 아바타이 칸은 1581년경 알탄 칸을 따라 티베트 불교에 귀의했다. 그는 1585년에 몽골제국의 옛 수도 카라코룸 인근 지역에 에르데니주 사원을 건설했는데 현재 카라코룸 지역에 그 유적이 남아 있다.

북할하 몽골인들은 1636년에 고비 사막 이남의 몽골 투멘들이 청제국에 합병된 이후에도 독립 상태를 유지했다. 북할하인들은 만주인의 청에 맞서기 위해 숙적인 오이라트인들과 1640년에 동맹을 체결하기도 했다. 이 동맹은 몽골-오이라트 법의 제정이라는 형태로 이루어졌다. 그러나 17세기 말 북할하의 우익 자삭투와 좌익 투시예투 부 사이에 분쟁이 발생했고 준가르제국의 갈단이 이에 개입해 1688년에 몽골을 침공했다. 할하 몽골인들은 준가르 군대에 크게 패하고 청의

북원의 티베트 불교 사원인 에르데니주. 16세기 말 몽골제국의 옛 수도 카라코룸 인근에 세워졌다.

강희제(1661~1722 재위)에게 보호를 요청해야 했다. 그 결과 할하 몽골 역시 1691년 청제국에 합병되었다. 북원의 역사는 이렇게 막을 내렸다.

준가르제국과 칭기스 왕조들의 대항쟁

❄

준가르는 17세기 초 등장하여 갈단 칸(1676~1697년 재위)의 통치기에 강력한 유목 국가로 발전한 오이라트계 국가이다. 초로스 씨족의 지배를 받은 준가르 부가 그 주축을 이루었다. 그 본거지는 '준가리아'라고 불리게 된 알타이산맥과 천산산맥 사이에 위치한 초원 지역이었는데 전성기에는 몽골 초원, 카자흐 초원, 현 신장, 티베트, 시베리아 남부(투바, 알타이, 하카시아) 지역을 세력 아래 넣었다. 그러나 18세기 중반 내분에 이은 청제국의 침공으로 멸망했다.

준가르제국의 시조는 1623년 오이라트-할하 몽골 전투를 승리로 이끈 초로스 씨족의 카라 쿨라Khara Kula(1634 사망)이다. 그의 아들 바투르 홍타이지Batur Hongtaiji(1653 사망)의 통치기에 준가르는 신흥 강국으로 발전했다. 바투르 홍타이지는 오이라트 호슈드 부의 구쉬 칸Güshi Khan(1582~1655)의 티베트 정복을 도왔고, 이에 앞서 1635년경부터는 카자흐 칸국을 거듭 침공해 이심 칸의 아들 자한기르를 포로로 잡는 등의 전과를 올리

기도 했다.

준가르제국은 바투르 홍타이지의 아들 갈단Galdan(1676~1697), 손자 체왕 랍탄Tsewang Rabtan(1697~1727 재위), 증손자 갈단 체렝Galdan Čering(1727~1745 재위)의 통치기에 유라시아 초원에서 가장 강력한 유목 세력으로 군림했다. 갈단은 칭기스 일족이 아니었지만 5대 달라이 라마로부터 '보슉트 칸'이라는 칭호를 부여받아 칸이라 불릴 수 있었다. 그는 모굴 칸국(동차가다이 울루스)의 내분에 개입해 1678년과 1680년 사이 투르판 분지(위구르스탄)와 타림 분지(카슈가리아)를 점령했다. 모굴 칸국은 준가르제국의 공세로 멸망한 첫 칭기스 왕조가 되었다.

다음 차례는 북원이었다. 갈단은 할하 몽골의 우익 자삭투 부와 좌익 투시예투 부 사이의 분쟁에 개입해 1688년 몽골을 점령했다. 준가르 군에 패한 할하 몽골인들은 청제국에 보호를 요청했고 이로 인해 청-준가르 전쟁이 시작되었다. 이 전쟁에서 갈단 칸은 청의 강희제가 이끄는 친정군에 패했고 그 결과 몽골 초원은 청제국에 합병되었다.

준가르제국의 공세 때문에 무너진 다음 칭기스 왕조는 카자흐 칸국이었다. 갈단 칸의 치세에 준가르 군대는 사이람, 오쉬 같은 도시들과 제티수 지역(옛 모굴리스탄 지역)을 공격해 카자흐 칸국에 큰 타격을 입혔다. 갈단 칸에 이어 체왕 랍탄의 통치기에도 준가르 군대는 카자흐 칸국을 침공했다. 특히 1723년 시작된 대공세 때 준가르 군대는 타슈켄트, 투르키스탄, 사이람을 점령하고 페르가나 지방을 약탈했다. 이 시기에 카자흐 칸국의 영토 대부분이 준가르제국에 합병되었다. 18세기 전반기에 제작된 유럽의 지도들은 따라서 카자흐 초원을 '카작스탄 Qazaqstan' 혹은 '카자키야Qazaqiya'가 아닌 오이라트인(칼막)인의 나라를 의미하는 '칼마키야Qalmaqiya'라고 표시한다. 준가르군의 공세에 시달리던 카자흐 칸국은 결국 러시아제국에 보호를 요청해야 했다. 카자흐 지배층은 1731년과 1740년 사이 러시아 황제에 충성 서약을 했고 카자흐 칸국은 러시아의 보호국이 되었다.

한편 1720년대에 이루어진 준가르의 대공세 당시 많은 수의 카자흐 유목민들은 우즈벡 칸국의 영토로 도피했다. 이들은 마와라안나흐르에 7년 동안 머물며 이 지역을 황폐화시켰다. 그 결과 토카이 티무르 왕조의 아불 파이즈 칸의 권위는 크게 약화되었고, 이는 망기트 부족장의 왕권 찬탈로도 이어졌다. 준가르 군대의 중앙아시아 침략은 우즈벡 칸국의 칭기스 왕조의 몰락에도 영향을 준 것이다.

한편 오이라트 집단의 일부는 1630년대에 준가리아를 떠나 카스피해 북안의 초원지역으로 이주해 작지만 강력한 유목 국가를 건설했다. 이들이 현대 칼믹인의 선조들이다. 이들 칼믹 오이라트인들은 이 지역에 거주하던 주치 울루스의 후예인 망기트(노가이) 유목민들을 서쪽으로 몰아냈으며, 히바 칸국과 카자흐 칸국, 투르크멘 부족들을 정기적으로 약탈했다. 17세기 하반기 크림 칸국과 폴란드의 동맹군에 고전하던 러시아는 크림 칸국의 기마군단에 대항하기 위해 이들과 동맹을 맺었다. 따라서 오이라트 군대는 서킵착 초원에서 칭기스 왕조국가인 크림 칸국의 군대와도 싸웠다.

이처럼 오이라트 세력은 17세기 이래 유라시아 초원 전역에서 칭기스 왕조 국가들과 싸우며 몽골제국 후예들의 쇠퇴와 몰락에 이바지했다.

나오며

이 책은 "몽골제국은 어떻게 되었는가? 어떤 유산을 남기고 세계사의 무대에서 사라졌는가?"라는 물음에서 출발해 포스트 몽골 세계의 다양한 시공간을 독자들과 함께 둘러보려 한 결과물이다. 필자는 이 책을 통해 몽골제국이 러시아제국, 오스만제국, 사파비제국, 청제국과 같은 유라시아 제국의 등장 및 발전에 크고 작은 영향을 주었고, 다른 한편으로는 티무르제국, 무굴제국, 카자흐 칸국, 우즈벡 칸국, 크림 칸국, 북원 등과 같은 강력한 계승국가들로 분화, 발전함으로써 근대 유라시아의 형성 과정에서 중대한 역할을 했다는 것을 독자들에게 전하고자 했다.

몽골제국은 14세기 중반 전후 해체되기 시작했다. 서아시아와 중동 지역을 지배한 일 칸국은 1336년경 훌레구 왕조가 단절되며 여러 정권으로 분열되었고, 중앙아시아의 차가다이 울루스는 1340년대 들어 동서로 분열되었다. 킵착 초원과 러시아 지역을 지배한 주치 울루스도 1360년경 바투 왕조가 단절되며 극심한 내분에 휩싸였다. 원제국은

1368년에 수도 대도가 중국 한인의 명제국에 함락되며 몽골 초원으로 그 영역이 축소되었고, 곧이어 황통마저 끊어졌다. 이와 더불어 14세기 이후 중앙아시아와 킵착 초원의 몽골제국의 후예들은 몽골어를 잊고 점차 투르크계 언어들을 사용하게 되었다. 그러나 몽골제국의 후예들은 14세기 중반 이후에도 본문에서 살펴보았듯 몽골인 정체성이나 몽골제국 후예 의식을 잃지 않았고, 또한 소멸되지도 않았다. 그리고 이들이 건설한 몽골제국 계승국가들은 유라시아 역사의 무대에서 활약을 이어나갔다.

주치 울루스의 계승국가인 크림 칸국은 16세기 초부터 17세기 중반까지 동유럽의 군사 최강국으로 군림하며 러시아와 폴란드로부터 공납을 받았다. 1571년에는 이반 4세 통치하의 모스크바를 일시 점령하기도 했고, 17세기 중반 2차 북방 전쟁에도 폴란드의 동맹국으로 참전해 스웨덴과 브란덴부르크-프로이센 군대를 격파하기도 했다. 또 다른 주치 울루스의 계승국가인 우즈벡 칸국은 16~17세기 이슬람 세계에서 오스만제국, 사파비제국, 무굴제국과 더불어 4대 이슬람 강국을 형성했다. 16세기 말 주치의 후손 압둘라 칸(1583~1598 재위)은 동시대인들이었던 사파비제국의 샤 압바스 대제와 무굴제국의 악바르 황제를 상대로 영토를 확장했다. 같은 우즈벡계 국가인 카자흐 칸국은 16~17세기 유라시아 초원의 중앙부를 장악했다. 이후 러시아에 합병되는 19세기 초중반까지 카자흐 칸국 내에서는 칭기스 일족이 칸위를 독점하고 그 지배층을 형성했다.

차가다이 울루스의 계승국가인 티무르제국은 15세기 초 서로는 발칸반도와 이집트에서 동으로는 북인도와 신장에 이르는 방대한 영역을 지배하는 세계 초강대국으로 발돋움했다. 당대의 강국들이었던 주치 울루스, 오스만 왕조, 잘라이르 왕조, 맘룩 술탄국, 델리 술탄국들이 모두 티무르제국에 무릎을 꿇었다. 동시대인들은 모두 티무르와 그가 이끈 차가다이 울루스의 병사들을 몽골인으로 여겼다. 몽골 바를라스 부 출신의 티무르 일족 역시 몽골인과 알란 고아의 후손을 자처했다. 티무르제국은 또한 '티무르조 르네상스Timurid Renaissance'라 알려진 문예 부흥을 일으켰다. 대내외적으로 동시대인들에게 '차가다이 왕조'로도 불린 무굴제국은 16~17세기에 인도를 세계적인 부강국으로 발돋움시켰다. 티무르와 칭기스 칸의 후손들이었던 무굴 황제들은 타지마할과 같은 아름다운 건축물들도 많이 건설했다. 무굴제국의 황족 역시 스스로를 몽골인과 알란 고아의 후손으로 여겼다. 또 다른 차가다이 울루스 계승국가인 모굴 칸국은 17세기 말까지 동투르키스탄 지역을 지배했다.

대원 울루스의 계승국가인 북원은 오이라트 세력을 물리치고 16세기에 몽골 초원을 다시 장악했다. 쿠빌라이 칸의 후손이었던 알탄 칸(1532~1582)은 1550년에 북경까지 진격하는 등 중국 명제국의 북방 변경을 거듭 침략했다. 이를 통해 1571년에는 명의 자원을 착취하는 내용의 통상 조약 체결을 관철시켰다. 북원의 침략 활동은 중국의 약화와 만주인의 청제국의 부상에도 기여했다.

일 칸국의 계승국가인 잘라이르 왕조는 14세기 말까지 일 칸국의 옛 중심부인 아제르바이잔 지방을 지배하며 몽골인의 중동 지역 지배를 반세기가량 연장시켰다. 잘라이르 왕조는 14세기 하반기에 초기 오스만 왕조, 맘룩 술탄국과 더불어 중동 지역의 3대 강국을 형성하기도 했다. 일 칸국의 수도였던 타브리즈는 잘라이르 왕조 아래서도 정치·경제·문화적으로 번영했다.

몽골제국은 그 계승국가들을 통해서만 역사에 자취를 남긴 것이 아니다. 13~14세기 몽골인들은 적국이었던 이집트의 맘룩 술탄국과 인도의 델리 술탄국에서 노예 군인(맘룩) 혹은 용병으로 활약했다. 이들 중 키트부가(1294~1296 재위)는 맘룩 술탄국에서 군주의 지위에까지 올랐다. 몽골 카라우나스 집단 출신의 기야스 알딘 투글룩(1320~1325 재위)은 북인도에서 델리 술탄국의 전성기를 이끈 투글룩 왕조를 수립했다.

아울러 몽골제국은 유라시아 제국들인 초기 러시아제국, 오스만제국, 사파비제국, 청제국의 출현 및 발전에도 크고 작은 영향을 주었다. 러시아의 전신 모스크바 대공국은 주치 울루스의 비호, 몽골 군사·행정 제도의 도입, 주치 울루스 유민들의 수용을 통해 강력한 국가로 발전하며 러시아를 통일할 수 있었다. 칭기스 일족과 이들이 이끈 주치 울루스의 유민들은 15~16세기 모스크바 국가 내에서 군사·정치적으로 중요한 역할들을 수행했다. 특히 이반 4세(1533~1584 재위)와 표트르 대제(1682~1725 재위)는 모친을 통해 몽골제국의 혈통을 이어받은 러시아의 수반들이었다. 또한 이반 4세가 러시아의 대공으로 추대했던 시메온 벡불라토비치(1575~1576 재위)는 칭기스 일족이었고 그의 사후 러시아를 지배한 보리스 고두노프(1598~1605 재위)는 몽골인 장수의 후손이었다.

오스만제국은 일 칸국의 지방 정권으로 그 역사를 시작했다. 건국 과정에 몽골인들이 참여했다는 기록도 있다. 술레이만(1520~1566 재위)

같은 오스만 황제들은 칭기스 칸의 법인 자삭을 모방해 자신들의 자삭을 반포했다. 오스만제국의 일부 문인들은 칭기스 일족과 오스만 황제들이 같은 조상에서 갈라졌다고 보았다. 16세기 이후 오스만제국의 가장 중요한 동맹 국가는 합스부르크제국, 사파비제국, 러시아 등을 상대로 함께 싸운 크림 칸국이었다. 오스만 왕조가 단절될 경우 크림 칸국의 칭기스 왕조가 뒤를 이어야 한다는 암묵적인 견해도 오스만 지배층 내부에 존재했다.

몽골제국은 근대 이란의 탄생에도 영향을 미쳤다. 일 칸국의 이란 지배는 이라크를 대신해 이란을 이슬람 세계의 정치·경제 중심부로 발돋움시켰고, 7세기 중반 이슬람 세력의 침공 이후 사라졌던 '이란'이라는 정치·지리적 명칭과 이란인 정체성을 부활시켰다. 16세기 초부터 18세기 초중반까지 이란을 지배한 사파비제국은 이슬람 신비주의 종단인 사파비야에서 기원했는데, 이 종단은 일 칸국과 잘라이르 왕조의 후광과 재정 지원을 받으며 일 칸국의 중심부였던 아제르바이잔 지방에서 번성한 종교 집단이었다. 일 칸국의 후예들은 투르크멘 유목민들 사이에서 살아남았다고 추정되는데 이런 까닭에 19세기 이란을 지배한 투르크멘계의 카자르 왕조는 칭기스 칸과 몽골인의 후예를 자처했다.

17세기 중반부터 중국을 지배한 만주인의 청제국 또한 그 성립 과정에서 몽골 세계와 밀접한 관계를 맺었다. 청제국의 수립 이전부터 만주인 황족과 지배층은 북원 몽골인들과 혼인을 통해 동맹 관계를 맺었다. 청의 3대 황제 순치제(1643~1661 재위)는 몽골인 모친을 둔 반半몽골인이었다. 그의 아들 강희제(1661~1722 재위)를 포함한 그 이후의 청 황제들에게는 따라서 몽골인의 피가 흘렀다. 만주인 통치자들은 몽골 유목민들을 청의 핵심 군사 조직인 팔기제에 편입시켜 압도적 다수의 중국 한인들을 정복하고 지배하는 데 동원했다. 만주인들은 또한 몽골을 통해 문자와 티베트 불교도 받아들였다.

요컨대 오늘날의 몽골뿐 아니라 유라시아의 대국들인 러시아, 중국, 인도, 중동과 서아시아의 지역 강국들인 터키와 이란, 그리고 중앙아시아의 맹주 국가들인 카자흐스탄과 우즈베키스탄 모두 포스트 몽골 시기에 몽골제국 계승국가들의 일부를 이루었거나 몽골제국의 유산 위에 세워졌다. 따라서 몽골제국 계승국가들의 역사와 몽골제국이 주요 유라시아 제국들에 끼친 영향에 대해 공부하면 근대 유라시아의 형성 과정을 통합적으로 이해할 수 있게 된다. 이 책을 통해 독자들이 몽골제국의 해체에서 근대 유라시아의 형성에 이르는 과정을 몽골제국사의 관점에서 바라볼 수 있게 된다면 필자는 한없이 기쁠 것이다.

서장 유라시아 대륙을 제패했던 몽골제국은 14세기 이후 어떻게 되었는가?

1   이 책에서 중앙유라시아(Central Eurasia)는 동으로는 만주에서 서로는 다뉴브강
    에 이르는 유라시아의 내륙 지역을, 이에 포함되는 중앙아시아(Central Asia)는 동
    으로는 신장에서 서로는 카스피해, 남으로는 아프가니스탄에서 북으로는 카자흐
    스탄에서 이르는 지역을 각각 지칭한다. 내륙아시아(Inner Asia)는 중앙유라시아
    의 초원 지역을 지칭한다.

2   《투르크인의 계보》는 1709년 러시아-스웨덴 사이에 벌어진 폴타바(Poltava) 전
    투에서 포로가 된 후 시베리아의 토볼스크에 유배 중이던 스웨덴군 장교 토베흐
    트 폰 슈트하렌베르그(Tobbert von Strahlenberg)가 우즈벡 상인에게 구매해 유
    럽 학계에 처음 소개했다. 그 불역본과 영역본이 각각 1726년과 1730년에 출간되
    었다.《투르크인의 계보》는 유럽에서 처음으로 출간된 몽골제국사 원전이라고 할
    수 있는데 유럽인들은 이 문헌을 통해 당시 유라시아 대륙 각지에 흩어져 있던 몽골
    제국 후예들의 기원과 역사를 통합적으로 인식하기 시작했다. 이보다 앞선 1723년
    티무르제국의 공식 역사서《승전기(勝戰記, Zafarnāma)》가 "티무르 벡의 역사:
    대(大)타메를란이라 알려진 몽골인과 타타르인의 황제(Histoire de Timur-Bec,
    connu sous le nom du grand Tamerlan, Empereur des Mogols & Tartares)"라는
    제목으로 페티 드 라 크루아(Petis de la Croix)에 의해 불어로 요약·번역되었다.
    유럽에서《집사(集史, Jāmi' al-tavārīkh)》등의 일 칸국의 원전 문헌을 활용한 본격

적인 몽골제국사 연구는 19세기 들어 시작되었다.

3 울루스는 몽골어로 나라 혹은 백성을 의미했다. 몽골제국에는 4울루스 이외에도
   작은 울루스들이 여럿 있었다.

4 1260년 이후 몽골제국을 구성한 4대 울루스는 칭기스 칸이 네 아들 주치, 차가다
   이, 우구데이, 툴루이에게 주었던 영지와 달랐다. 몽골제국 계승국가들의 원전 문
   헌에서 4대 울루스는 대칸 울루스, 주치 울루스, 차가다이 울루스, 일 칸국을 지칭
   한다. 예컨대 티무르의 손자 울룩 벡(1394~1449)이 지은 몽골제국의 역사서《4울
   루스의 역사(Tārīkh-i arbaʿ ulūs)》는 대칸 울루스, 주치 울루스, 차가다이 울루스,
   일 칸국의 역사를 다룬다.

5 16세기 말 오스만제국의 역사가 사이피 첼레비(Seyfi Çelebī)는 당시 아시아 대
   륙을 지배하던 국가들을 간략히 소개하는 책을 썼다. 그의 저서가 다룬 주된 국가
   들은 크림 칸국, 북원, 모굴 칸국(동차가다이 울루스), 우즈벡 칸국, 카자흐 칸국, 무
   굴제국이었는데 이들은 모두 첼레비 본인도 주목했듯이 몽골제국의 계승국가
   들이었다. 즉 16세기 말 당시 몽골제국은 사라지지 않은 존재였다. Seyfi Çelebī,
   L'ouvrage de Seyfi Çelebī: historien Ottoman du XVIe siècle (Paris: Librairie
   Adrien Maisonneuve, 1968), pp. 80, 82, 86 (trans.), 81, 83, 87 (text).

6 투르크멘은 중앙아시아에서 중동 지역으로 진출해 셀주크제국을 건설한 오구즈
   투르크계 유목민의 다른 이름이다. 이들은 오스만제국과 사파비제국을 건설하며
   포스트 몽골 시기에 중동 지역의 지배 세력으로 부상했다.

7 Timothy May, *The Mongol Conquests in World History* (London: Reaktion
   Books, 2011), pp. 85~86.

8 ʿÂşıkpaşazâde, *Tevârîḥ-i Âl-i ʿOṣmân, in Osmanlı Tarihleri*, ed. N. Atsız (Istanbul:
   Türkiye Yayınevi, 1947), pp. 92~93.

9 Evliya Çelebi, *Evliya Çelebi Seyahatnâmesi*, vol. 7, ed. Yücel Dağlı, Seyit Ali
   Kahraman, and Robert Dankoff (Istanbul: Yapı Kredi Yayınları, 2000), pp. 194,
   239.

10 Hidehiro Okada, "China as a Successor State to the Mongol Empire", in *The
   Mongol Empire and Its Legacy*, ed. Reuven Amitai-Preiss and David O. Morgan
   (Leiden: Brill, 1999), p. 270.

1장 티무르제국: 티무르가 건설한 제2의 몽골제국

1   티무르(Timūr)는 테무르(Temür)의 페르시아어 음차이다.

2   *Muʿizz al-ansāb fī shajarat al-ansāb*, trans. and ed. M. Kh. Abuseitova and others, Istoriya Kazakhstana v persidskikh istochnikakh 3 (Almaty: Dayk, 2006), fol. 2a.

3   *Muʿizz al-ansāb*, fol. 3a. 일 칸국의 역사서 《집사(Jāmiʿ al-tavārīkh)》에 따르면 오래전 몽골인들은 적과의 전투에서 패해 모두 살해되고 키얀과 네쿠즈라는 자만이 살아남아 부인들과 함께 에르게네 쿤이라는 계곡으로 피신했는데 후대의 몽골인들은 모두 이들의 후예이다. Rashīd al-Dīn Fażlallāh Hamadānī, *Jāmiʿ al-tavārīkh*, ed. Bahman Karīmī (Tehran: Intishārāt-i Iqbāl, 1367/1988), pp. 113~114; Rashiduddin Fazlullah, *Jamiʿuʾt-tawarikh (Compendium of Chronicles): A History of the Mongols*, trans. W. M. Thackston, 3 pts. ([Cambridge, Mass.]: Department of Near Eastern Languages and Civilizations, Harvard University, 1998~1999), p. 1: 80.

4   Niẓām al-Dīn Shāmī, *Histoire des conquêtes de Tamerlan intitulée Ẓafarnāma, par Niẓāmuddīn Šāmī*, vol. 1, *Texte persan du Ẓafarnāma*, ed. F. Tauer (Prague: Oriental Institute, 1937), p. 1: 140.

5   Aḥmad b. Muḥammad Ibn ʿArabshāh, *ʿAjāʾib al-maqdūr fī nawāʾib Tīmūr*, ed. Aḥmad Fāʾiz al-Ḥimṣī (Beirut: Muʾassasat al-Risālah, 1986), p. 320; J. H. Sanders, trans., *Tamerlane, or Timur the Great Amir: From the Arabic Life by Ahmed Ibn Arabshah* (London: Luzac, 1936), p. 178.

6   Joo-Yup Lee and Shuntu Kuang, "A Comparative Analysis of Chinese Historical Sources and Y-DNA Studies with Regard to the Early and Medieval Turkic Peoples." *Inner Asia* 19, no. 2 (2017), pp. 210~239.

7   Joo-Yup Lee, "Some Remarks on the Turkicization of the Mongols in Post-Mongol Central Asia and the Qipchaq Steppe", *Acta Orientalia Academiae Scientiarum Hungaricae* 71, no. 2 (2018), pp. 128~131. 투르크계 언어를 사용한 유목민들 사이에 공통 정체성이 아예 없었던 것은 아니다. 아랍인 혹은 이란인(타직인)이나 프랑크인(서유럽인)을 상대할 때 이들에게는 공통 종족의식이 존재

했다. 그러나 이는 어디까지나 몽골인이 포함된 종족의식이었다.

8 카자흐스탄의 역사학자인 사비토프 교수는 현재 인도에 생존하는 티무르의 후손들이 몽골인들에게 흔히 나타나는 Y-DNA 하플로그룹 C2b에 속한다는 유전자 조사 결과를 발표한 바 있다.

9 Lee, "Some Remarks on the Turkicization of the Mongols", pp. 128~129.

10 이상의 논의는 다음의 연구를 참조할 것. Joo-Yup Lee, "Turkic Identity in Mongol and post-Mongol Central Asia and the Qipchaq Steppe", in *The Oxford Research Encyclopedia of Asian History*, ed. David Ludden (New York: Oxford University Press), doi: 10.1093/acrefore/9780190277727.013.443; Lee, "The Historical Meaning of the Term Turk and the Nature of the Turkic Identity of the Chinggisid and Timurid Elites in Post-Mongol Central Asia", *Central Asiatic Journal* 59 (2016), pp. 101~132.

11 티무르제국의 사가들은 티무르가 헤지라력으로 736년(서양력 1335/36년)에 태어났다고 기록했다. 이 해는 일 칸국의 아부 사이드 칸이 사망한 해이다. 티무르제국의 사가들은 티무르가 이슬람 세계에서 칭기스 일족의 지배를 계승했다는 것을 강조하기 위해 736년을 티무르의 출생 연도로 정한 것이다. Maria Eva Subtelny, "Tamerlane and His Descendants: From Paladins to Patrons", in *The New Cambridge History of Islam*, vol. 3, *The Eastern Islamic World, Eleventh to Eighteenth Centuries*, ed. David Morgan and Anthony Reid (Cambridge: Cambridge University Press, 2010), p. 171; Beatrice F. Manz, "Temür and the Early Timurids to c. 1450", in *The Cambridge History of Inner Asia: The Chinggisid Age*, ed. Nicola Di Cosmo, Allen J. Frank, and Peter B. Golden (Cambridge: Cambridge University Press, 2009), p. 185. 티무르의 실제 나이에 대해선 다음의 연구를 참조하시오. Takao Ito, "Al-Maqrīzī's Biography of Tīmūr", *Arabica* 62 (2015), p. 323.

12 Rashīd al-Dīn, *Jāmiʿ al-tavārīkh*, pp. 409, 541; Thackston, *Jamiʿuʾt-tawarikh*, pp. 2: 279, 374.

13 Y-염색체 하플로그룹이란 동일한 부계 조상을 둔 남성 집단을 지칭하는 유전학 용어이다.

14 Shāmī, *Ẓafarnāma*, pp. 1: 58, 61.

15 Muʿīn al-Dīn Naṭanzī, *Muntakhab al-tavārīkh-i Muʿīnī*, ed. Jean Aubin (Tehran:

Khayyam, 1957), p. 206.

16 우루스 칸은 카자흐 칸국을 세운 자니벡과 기레이의 증조부였다.

17 이 과정에서 우루스 칸이 이끄는 주치 울루스 군대와 티무르가 이끄는 차가다이 울루스 군대가 현 카자흐스탄 남부에서 격돌할 뻔 했으나 우루스 칸이 병사함에 따라 양자 간의 전투는 이루어지지 않았다.

18 ʿAbd al-Raḥmān Ibn Khaldūn, *Al-Taʿrif bi-Ibn Khaldun wa-riḥlatihi Gharban wa-Sharqan*, ed. Muḥammad ibn Tāwīt al-Ṭanjī (Cairo: Lajnat al-taʾlif wa-al-tarjamah wa-al-nashr, 1951), p. 366.

19 Gelibolulu Mustafa Âlî, *Füsûl-i hall ü akd ve usûl-i harc ü nakd: İslam devletleri tarihi; 622-1599*, ed. Mustafa Demir (Istanbul: Değişim Yayınları, 2006), p. 105.

20 Muṣṭafa ʿĀlī, *Künhü'l-ahbār, Künhü'l-ahbār*, 5 vols. (Istanbul: Takvimhane-i Amire, 1861~1868), p. 5: 99.

21 Rashīd al-Dīn, *Jāmiʿ al-tavārīkh*, pp. 1: 35~36; Thackston, *Jamiʿuʾt-tawarikh*, p. 1: 31; Ḥāfiẓ Tanish Bukhārī, *Sharaf-nama-ii shakhi: Kniga shakhskoy slavy*, ed. and trans. M. A. Salakhetdinova (Moscow: Nauka, GRVL, 1983), fol. 17a (text), p. 1: 61 (trans.); Abu-l-Gazi, *Rodoslovnaya turkmen: Sochineniye Abu-l-Gazi khana khivinskogo*, ed. and trans. Andrey Nikolaevich Kononov (Moscow/Leningrad: Izd-vo Akademii nauk SSSR, 1958), p. 42 (text), 57 (trans.); Ebülgazî Bahadir Han, *Şecere-i Terākime* (Istanbul: Tercüman, 1975), pp. 57~58. 투르크계 집단의 외모에 대한 연구는 다음의 논문을 보시오. Lee and Kuang, "A Comparative Analysis", pp. 197~209.

22 Lee, "Turkic Identity", pp. 7~8.

23 Beatrice Manz, "Mongol History Rewritten and Relived", *Revue des Mondes Musulmans et de la Mediterranée* 89-90 (2000), pp. 129~149.

24 이 주제를 다룬 주요 연구는 다음과 같다. Beatrice F. Manz, "Women in Timurid Dynastic Politics", in *Women in Iran from the Rise of Islam to 1800*, ed. Lois Beck and Guity Nashat (Urbana, IL: University of Illinois Press, 2003), pp. 121~139.

25 Manz, "Women in Timurid Dynastic Politics", p. 132.

1   Abu'l-Fazl, *The History of Akbar, Volume I*, ed. and trans. Wheeler M. Thackston (Cambridge, Mass.: Harvard University Press, 2015), pp. 198, 200, 212 (text), 199, 201, 213 (trans.).

2   Abu'l-Fazl, *The History of Akbar*, p. 248 (text), 249 (trans.).

3   Muhammad Hadi Kamwar Khan, *Tazkirat al-Salatin-i Chaghata*, ed. Muzaffar Alam (Bombay & New York: Asia Publishing House, 1980).

4   Mahomed Kasim Ferishta, *History of the Rise of the Mahomedan Power in India, till the Year AD 1612*, trans. John Briggs (London: 1829), pp. 1: 489, 598, 2: 67.

5   Khāfī Khān, *Muntakhab-ul lubab*, ed. Maulvi Khair al-Din Ahmad and Maulvi Ghulam Qadir, Part I (Calcutta, 1896), p. 4.

6   Richard C. Foltz, *Mughal India and Central Asia*, (Karachi; New York: Oxford University Press, 1998), p. 13.

7   Zahīr al-Dīn Muḥammad Babur, *Bābur-nāma (Vaqāyiʻ)*, ed. Eiji Mano, 2 vols. (Kyoto: Syokado, 1995~1996), fol. 85a; Zahiruddin Muhammad Babur Mirza, *Baburnama*, ed. and trans. W. M. Thackston, Jr., pts. (Cambridge, MA: Department of Near Eastern Languages and Civilizations, Harvard University, 1993), p. 171.

8   Babur, *Bābur-nāma (Vaqāyiʻ)*, fols. 273a-b; Thackston, *Baburnama*, p. 582.

9   *Chrestomathie en Turk Oriental contant plusieurs ouvrages: De L'emir Ali-Schir*, École royale et spéciale des langues orientales vivantes (Paris: Firmin Didot frères, 1841), p. 33; Robert Devereux, "Judgment of Two Languages: Muhakamat al-Lughatain by Mir ʻAli Shir Nawaʼi", *Muslim World* 55, nos. 1 (1965), p. 40.

10   Lee, "Turkic Identity", pp. 8~11.

11   Babur, *Bābur-nāma (Vaqāyiʻ)*, fol. 186b; Thackston, *Baburnama*, p. 391.

12   John F. Richards, *The Mughal Empire* (Cambridge: Cambridge University Press, 1993), p. 24.

13   Omeljan Pritsak, "The Polovcians and Rus", *Archivum Eurasiae Medii Aevi* 2 (1982): pp. 336~339; Peter B. Golden, "Cumanica II: The Ölberli (Ölperli): The Fortunes and Misfortunes of an Inner Asian Nomadic Clan", *Archivum Eurasiae*

Medii Aevi, 4 (1988), p. 22.

14 André Wink, *Al-Hind: The Making of the Indo-Islamic World*, vol. 2, *The Slave Kings and the Islamic Conquest, 11th~13th Centuries* (Leiden: Brill, 1997), pp. 210~11.

15 Sunil Kumar, "The Ignored Elites: Turks, Mongols, and a Persian Secretarial Class in the Early Delhi Sultanate", *Modern Asian Studies* 43, no. 1 (2009), pp. 50~51; Peter Jackson, *The Delhi Sultanate : A Political and Military History* (Cambridge: Cambridge University Press, 2003), p. 80.

16 Ibn Baṭūṭah, *Voyages d'Ibn Batoutah: Texte arabe, accompagné d'une traduction, par C. Defrémery et le dr. B. R. Sanguinetti*, 4 vols. (Paris: Imprimerie nationale, 1877~1893), p. 3: 201 (text and trans.).

17 Peter Jackson, "Muslim India: the Delhi Sultanate", in *The New Cambridge History of Islam*, vol. 3, *The Eastern Islamic World, Eleventh to Eighteenth Centuries*, ed. David Morgan and Anthony Reid (Cambridge: Cambridge University Press, 2010), p. 109.

18 Wink, *Al-Hind: The Making of the Indo-Islamic World*, pp. 130~131.

19 Ibn Baṭūṭah, *Voyages d'Ibn Batoutah*, pp. 3: 45~46.

20 Wink, *Al-Hind: The Making of the Indo-Islamic World*, pp. 135, 137.

21 Wink, *Al-Hind*, p. 148.

3장 모굴 칸국: 동차가다이 울루스 국가

1 무굴(Mughul)이 몽골을 페르시아어로 발음한 것이라면 모굴(Moghul)은 몽골을 투르크어로 발음한 것이다.

2 Muḥammad Ḥaidar Dughlāt Mīrzā, *Tārīkh-i Rashīdī*, ed. ʿAbbāsqulī Ghaffārī Fard (Tehran: Mīrās-i Maktūb, 2004), p. 190.

3 Ghiyās al-Dīn b. Humām al-Dīn al-Ḥusainī Khvāndamīr, *Tārīkh-i Ḥabīb al-siyar fī akhbār-i afrād-i bashar*, ed. Jalāl al-Dīn Humāʾī, 4 vols. (Tehran: Kitābfurūshī-i Khayyām, 1333/1954~1955; 3rd repr. ed., 1362/1984), p. 3: 398; Thackston, *Habibu's-siyar: Tome Three*, trans. W. M. Thackston, 2 pts. (Cambridge, MA: Harvard University Press, 1994), p. 230.

4   Muḥammad Ḥaidar Dughlāt, *Tārīkh-i Rashīdī*, p. 187; Mirza Haydar Dughlat, *Tarikh-i-Rashidi: A History of the Khans of Moghulistan*, trans. and ed. W. M. Thackston, 2 vols, Sources of Oriental Languages and Literatures 37~38 (Cambridge, MA: Department of Near Eastern Languages and Civilizations, Harvard University, 1996), p. 83.

5   Johan Elverskog, *The Jewel Translucent Sūtra: Altan Khan and the Mongols in the Sixteenth Century* (Leiden: Brill, 2003), p. 278 (text), pp. 168~169 (trans.).

6   Shāh-Maḥmūd b. Mīrzā Fāżil Churās, *Khronika*, trans. and ed. O. F. Akimushkin, Pamyatniki pis'mennosti Vostoka, vol. 45 (Moscow: Izdatel'stvo Nauka, 1976), p. 31 (text), 177 (trans.).

7   Churās, *Khronika*, pp. 24~27 (text), 171~174 (trans.).

8   Henry Yule, ed. *Cathay and the Way Thither: Being a Collection of Medieval Notices of China*, 4 vols. (London: Hakluyr Society, 1913), pp. 4: 218~240. https://archive.org/details/cathaywaythither04yule/page/220

9   歐陽修, 宋祁, 新唐書 (北京: 中華書局, 2003), 217b,6147. 'Abd al-Hayy ibn Ẓahhāk Gardīzī, *Tārīkh-i Gardīzī, tālīf-i Abū Sa'īd 'Abd al-Hayy ibn al-Ẓahhāk ibn Mahmūd Gardīzī; bi-tashīh va tahshīyah va ta'līq-i 'Abd al-Hayy Habībī*, ed. 'Abd al-Ḥayy Ḥabībī (Tehran: dunyā-i Kitāb, 1363/1984), p. 557; A. P. Martinez, "Gardīzī's Two Chapters on the Turks", *Archivum Eurasiae Medii Aevi* 2 (1982), p. 126.

10 Lee and Kuang, "A Comparative Analysis", pp. 216~218.

11 Maḥmūd al-Kāšġarī, *Compendium of the Turkic Dialects (Dīwān Luġāt at-Turk)*, ed. and trans. Robert Dankoff, in collaboration with James Kelly, 3 pts. (Cambridge, MA: Department of Near Eastern Languages and Civilizations, Harvard University, 1982~1985), pp. i, 241, ii, 103.

2부 중동과 서아시아의 일 칸국 후예들

4장 오스만제국: 몽골 세계에서 탄생한 투르크제국

1   Colin Heywood, "Filling the Black Hole: The Emergence of the Bithynian

Atamanates", in *The Great Ottoman Turkish Civilisation*, vol. 1, *Politics*, ed. Kemal Çiçek, Nejat Göyünç, Ercüment Kuran, and Ilber Ortayli (Ankara: Yeni Turkiye, 2000), pp. 109~114.

2   Khvāndamīr, *Tārīkh-i Ḥabīb al-siyar*, p. 4: 487; and Khwandamir, *Habibu's-siyar*, trans. Thackston, pp. 272~273.

3   'Âşıkpaşazâde, *Tevârîh-i Âl-i 'Oṣmân*, pp. 92~93.

4   바키 테즈잔은 또한 1402년 티무르의 오스만제국 침공으로 인해 형성된 반몽골 정서 때문에 15세기의 다른 오스만 사료들이 이 몽골인 집단에 대해 기록하지 않았을 것이라고 추정한다. 당시 오스만인들은 티무르를 몽골인으로 여겼다. Baki Tezcan, "The Memory of the Mongols in Early Ottoman Historiography", in *Writing History at the Ottoman Court: Editing the Past, Fashioning the Future*, edited by Erdem Çıpa and Emine Fetvacı (Bloomington, IN: Indiana University Press), p. 24.

5   Rudi Paul Lindner, *Explorations in Ottoman Prehistory* (Ann Arbor: University of Michigan Press, 2007), pp. 97~99.

6   Rudi Paul Lindner, "Between Seljuks, Mongols and Ottomans", in *The Great Ottoman-Turkish Civilization*, ed. Kemal Cicek (Ankara: Yeni Tiirkiye, 2000), p. 1: 118

7   Lindner, *Explorations in Ottoman Prehistory*, p. 98.

8   François Pétis, *Histoire du grand Genghizcan, premier empereur des anciens Mogols et tartares* (Paris: Dans la boutique de Claude Barbin, chez la veuve Jombert, 1710), p. 525. https://archive.org/details/histoiredugrandg00pt/page/524

9   Cornell H. Fleischer, *Bureaucrat and Intellectual in the Ottoman Empire: The Historian Mustafa Ali (1541-1600)* (Princeton, N.J.: Princeton University Press, 1986), pp. 287, 331; Guy Burak, *The Second Formation of Islamic Law: The Ḥanafī School in the Early Modern Ottoman Empire* (Cambridge: Cambridge University Press, 2015), pp. 17~18.

10   Antony Black, *The History of Islamic Political Thought : From the Prophet to the Present* (Edinburgh: Edinburgh University Press, 2011), pp. 218~219.

11   Muṣṭafā 'Ālī, *Künhü'l-aḥbār*, 5 vols. (Istanbul: Takvimhane-i Amire, 1860~68), p. 2:93.

12 Muṣṭafā ʿĀlī, *Künhüʾl-aḫbār*, p. 1: 16.

13 Evliya Çelebi, *Evliya Çelebi Seyahatnâmesi*, p. 7: 239.

14 Hakan Kırımlı and Ali Yaycıoğlu, "Heirs of Chinghis Khan in the Age of Revolutions: An Unruly Crimean Prince in the Ottoman Empire and Beyond", *Der Islam* 94 no. 2 (2017), pp. 496~526.

15 Bert G. Fragner, "Ilkhanid Rule and Its Contributions to Iranian Political Culture", in *Beyond the Legacy of Genghis Khan*, ed. Linda Komaroff (Leiden, The Netherlands: Brill, 2006), pp. 68~80; Fragner, "Iran Under Ilkhanid Rule in a World History Perspective", in *L' Iran face à la domination mongole*, ed. D. Aigle (Tehran: Institut Français de Recherche en Iran, 1997), pp. 121~131.

16 이란은 20세기 초까지 일 칸국의 중심부였던 아제르바이잔과 아나톨리아반도 동부 지역 출신의 투르크멘인의 지배를 받았다. 투르크멘계 주민과 이들에게 동화 된 이란인은 현대 이란 인구의 약 20%를 차지한다. 이들은 일 칸국의 옛 수도 타 브리즈가 위치한 이란의 아제르바이잔 지방에 대부분 거주한다.

17 'Abd al-Razzāq ibn Najaf Qūlī, *The Dynasty of the Kajars, Translated from the Original Persian Manuscript*, trans. Harford Jones-Brydges (London: J. Bohn, 1833), p. 3.

18 Sīmā Sālūr, "Tārīkh Nivīsī-ʿi Shāhzādigān-i Qājārī: Nimūniʾī az Nasab Namah-i Īl-i Qājār, Nimūniʾi az tārīkh nivīsī", *Payām-i Bahāristan* 2, no. 7 (2010), pp. 238, 248, 250~251.

19 Hormoz Ebrahimnejad, *Pouvoir et succession en Iran: les premiers Qājār 1726–1834*, (Paris: L'Harmattan, 1999), pp. 13~14.

20 Ḥasan ibn Ḥasan Fasāʾī, *History of Persia under Qajar Rule, Translated from the Persian of Ḥasan-e Fasāʾiʾs Fārsnāma-ye Nāseri*, tr. Heribert Busse (New York: Columbia University Press, 1972), p. 1.

5장 잘라이르 왕조: 중동의 잊힌 몽골제국 계승국가

1 일 칸국의 몽골인들이 아제르바이잔 지역(현 이란 북서부 지역과 아제르바이잔 공 화국)을 중심부로 삼은 이유는 이곳에 중요한 목초지인 무간 초원(Mughan Steppe) 이 존재했기 때문이다.

2   A. Zeki Velidi Togan, "Mogollar Devrinde Anadolu'nun İktisadî Vaziyeti", *Türk Hukuk ve İktisat Tarihi Mecmuast* 1 (1931), p. 33.

3   이란 남중부를 지배한 무자파르 왕조는 일 칸국의 제후였던 무바라즈 알딘(1335~1358 재위)에 의해 세워졌다. 무바라즈 알딘은 아랍인의 후예였다.

4   Ruy González de Clavijo, *Narrative of the Embassy of Ruy Gonzalez de Clavijo to the Court of Timour, at Samarcand, A.D. 1403-6 Translated for the First Time, with Notes, a Preface, and an Introductory Life of Timour Beg, by Clements R. Markham* (London: the Hakluyt Society, 1859), pp. 89~90; Ruy González de Clavijo, *Historia del gran Tamorlan e itinerario y enarracion del viage, y relacion de la embajada que Ruy Gonzalez de Clavijo le hizo por mandado del muy poderoso señor rey Don Henrique el Tercero de Castilla. Y un breve discurso* (Madrid: Antonio de Sancha, 1782), p. 110.

5   이 주제에 대한 연구들은 다음과 같다. Nobutaka Nakamachi, "The Rank and Status of Military Refugees in the Mamluk Army: A Reconsideration of the Wafidiyah", *Mamluk Studies Review* 10, no. 1 (2006), pp. 55~81; Ekrem Kalan, "A Mongol Sultan in Egypt: Al-Malik Al-Adil Zeyneddin Ketbugha Al-Mansurî (1294-1296)", *Mongolica: An International Annual of Mongol Studies* 18, no. 39 (2006), pp. 424~439; Reuven Amitai, "Mamluks of Mongol Origin and Their Role in Early Mamluk Political Life", *Mamluk Studies Review* 12 (2008), pp. 119~137.

6   Aḥmad ibn Yaḥyā Ibn Faḍl Allāh al-ʿUmari, *Al-Taʿrīf biʾl-Muṣṭalaḥ al-Sharīf*, ed. Samīr al-Durūbī, vol. 1 (Karak: Muʿta University, 1413/1992), p. 83; David Ayalon, "The Great Yasa of Chingiz Khan: A Reexamination", *Studia Islamica* 33 (1971), p. 122.

3부 동유럽과 중앙아시아의 주치 울루스 계승국가들

6장 모스크바 대공국: 주치 울루스를 계승한 초기 러시아제국

1   Donald Ostrowski, *Muscovy and the Mongols: Cross-Cultural Influences on the Steppe Frontier, 1304-1589* (Cambridge; New York: Cambridge University Press,

1998), pp. 108~132.

2   Ostrowski, *Muscovy and the Mongols*, p. 118.

3   Charles J. Halperin, *Russia and the Golden Horde: The Mongol Impact on Medieval Russian History* (London: Tauris, 1987), p. 83; Ostrowski, *Muscovy and the Mongols*, pp. 130~131.

4   Halperin, *Russia and the Golden Horde*, pp. 90, 95, 102~103.

5   Ostrowski, *Muscovy and the Mongols*, pp. 36~63, 185~186. 이 예로는 보야르 귀족 회의', '티씨야츠키(tysiatskii)'라 불리는 최고위 군사 · 외교 관리직, '드보르스키(dvorskii)'라 불리는 법원행정 수반직, '볼로스텔리(volosteli)'라고 불리는 지방행정관리직, '젬스키 소보르(Zemskii sobor)'라고 불리는 지역대표 회의체가 있다.

6   Jaroslaw Pelenski, "State and Society in Muscovite Russia and the Mongol-Turkic System in the Sixteenth Century", in *The Mutual Effects of the Islamic and Judeo-Christian Worlds: The East European Pattern*, ed. A. Ascher, T. Halasi-Kun and B. K. Király (New York: Brooklyn College Press, 1979), p. 98.

7   Ostrowski, *Muscovy and the Mongols*, pp. 51~52.

8   Ostrowski, *Muscovy and the Mongols*, pp. 54~56.

9   Ostrowski, *Muscovy and the Mongols*, pp. 56~57; Halperin, *Russia and the Golden Horde*, p. 111.

10 Francis Carr, *Ivan the Terrible* (Newton Abbot: David & Charles Publishers, 1981), p. 61; Walter G. Moss, *A History of Russia*, vol. 1, *To 1917* (London: Anthem Press, 2003), p. 130.

11 Allen J Frank, *The Siberian Chronicles and the Taybughid Biys of Sibir´* (Bloomington: Indiana University, 1994), pp. 8~10.

12 Robert Payne and Nikita Romanoff, *Ivan the Terrible* (New York: Crowell, 1975), p. 361.

13 오스트로우스키도 이반 4세의 행위가 몽골 세계에서 비칭기스 가문의 실력자가 칭기스 일족을 명목상의 군주로 추대하던 관례에 해당한다고 보았다. Ostrowski, *Muscovy and the Mongols*, p. 188.

14 George Vernadsky, *A History of Russia*, vol. 5, part 2, *The Tsardom of Moscow, 1547-1682* (New Haven: Yale University Press, 1969), p. 631n5; Sergei O. Prokofieff, *The Spiritual Origins of Eastern Europe and the Future Mysteries of the*

Holy Grail, Temple Lodge Publishing (1993), p. 460n104; W. E. D. Allen, *The Ukraine* (Cambridge: Cambridge University Press, 2014), p. 121.

7장 크림 칸국: 16세기 동유럽의 군사 최강국으로 군림한 주치 울루스 계승국가

1   크림은 투르크어로 크름(Qïrïm)으로 발음된다.

2   일설에 의하면 크림 왕조의 성씨 '기레이'는 케레이트 부의 이름에서 유래했다. 하지 기레이의 부친 기야스 알딘(Ghiyāth al-Din)은 케레이트 부 출신이었던 자신의 스승을 기리기 위해 아들의 이름을 하지 케레이(Hajji Kerey)라고 지었다는 것이다. 기레이는 케레이(트)를 오스만 투르크어식으로 발음한 것이다.

3   Sigmund Herberstein, *Notes upon Russia: Being a Translation of the Earliest Account of that Country, Entitled Rerum Moscoviticarum Commentarii* (London: The Hakluyt Society, 1851~52; repr., New York: Burt Franklin, 1963), p. 2: 53.

4   예컨대 사힙 기레이 칸과 데블레트 기레이 칸은 폴란드에 보낸 서신에서 오스만 술탄을 투르크인이라고 지칭한다. Dariusz Kolodziejczyk, *The Crimean Khanate and Poland-Lithuania: A Study of Peace Treaties Followed by Annotated Documents*, (Boston: Brill, 2011), pp. 720, 764.

5   Remmal Khoja, *Tarih Sahib Giray Han: Histoire de Sahib Giray, Khan de Crimée de 1532 à 1551*, trans. and ed. Özalp Gökbilgin, (Ankara, Turkey: Atatürk Üniversitesi Edebiyat Fakültesi, 1973).

6   Abdulgaffar Kyrymi, *Umdet al-Akhbar*, vol. 1, *Transkrptsiya, facsimile*, ed. I. M. Mirgaleyev, (Kazan, Russia: Institut istorii im. SH. Mardzhani AN RT, 2014), pp. 22~24; vol. 2, *Perevod*, trans. Yu. N. Karimovoy and I. M. Mirgaleyev (Kazan, Russia: Institut istorii im. SH. Mardzhani An RT, 2018), pp. 12~14.

7   Pero Tafur, *Travels and Adventures (1435-1439)*, trans. Malcolm Letts, (New York and London: Harper & Brothers, 1926), p. 136. https://archive.org/details/ldpd_6352599_000/page/n161 유럽인에게 투르크인은 셀주크인과 오스만인을 의미했다.

8   V. Veliaminof-Zernof, *Matériaux pour servir à l'histoire du Khanat de Crimée: Extrait*, par ordre de l'Académie impériale des sciences, des archives centrales du Ministère des affaires étrangères, à Moscou (Saint-Petersbourg, 1864), p. 2.

9   John R. Staples, *Cross-Cultural Encounters on the Ukrainian Steppe: Settling the Molochna Basin, 1783-1861*, (Toronto: University of Toronto Press, 2003), p. 49; "Geschichte der Tataren und Nogaier aus derselben", 1838, Peter J. BI-aun Russian Mennonite Archive, file 494.

10 사힙 기레이 칸의 사망 후 그의 주치의 레말 호자(Remmāl Ḫoca)는《사힙 기레이 칸의 역사(*Tārīḫ-i Ṣāḥib Girāy Ḫān*)》를 오스만 투르크어로 저술했다.

11 Jacques Margeret, *The Russian Empire and Grand Duchy of Muscovy : A 17th Century French Account*, trans. Chester S.L. Dunning (Pittsburgh, Pa.: University of Pittsburgh Press, 1983), p. 45.

12 Guillaume Le Vasseur Beauplan, *A Description of Ukraine. Guillaume Le Vasseur, Sieur de Beauplan*, trans. and ed. Andrew B. Pernal and Dennis F. Essar (Cambridge, Mass.: Harvard University Press for the Harvard Ukrainian Research Institute, 1993), p. 57.

13 Julian Bordier, "Le Khanat de Crimée en Mai 1607 vu par un voyageur français", *Cahiers* 12, no. 3 (1971), p. 323.

14 Alan W. Fisher, *The Crimean Tatars* (Stanford: Hoover Institution Press, 1978), pp. 17~28.

15 Joo-Yup Lee, *Qazaqlïq, or Ambitious Brigandage, and the Formation of the Qazaqs: State and Identity in post-Mongol Central Eurasia*, Studies in Persian Cultural History 8 (Leiden: Brill, 2016), pp. 74~93.

16 1655년부터 1660년까지 스웨덴과 폴란드-리투아니아 연방, 러시아, 브란덴부르크-프로이센 공국, 합스부르크 제국, 덴마크-노르웨이 사이에서 일어난 전쟁이다.

17 이 전투는 1992년 국내에서도 개봉되었던 폴란드 영화 '크미치스(원제: Potop, The Deluge)'에도 등장한다.

18 이 패전으로 인해 당시 헝가리 엘리트층이 심각한 인력 손실을 경험했기 때문에 현대 헝가리 역사가들은 이 전투를 헝가리가 오스만제국에 패했던 1526년 모하치 전투에 견주기도 한다.

19 방아쇠를 당기면 불이 붙은 노끈(화승火繩)이 화약에 닿으면서 총알이 발사되는 총.

20 부싯돌을 이용해 화약에 불을 붙여 격발하는 총.

21 당시 폴란드 군대에는 주치 울루스에서 리투아니아로 이주했던 몽골군의 후예인 리프카 타타르인(Lipka Tatars) 부대도 포함되어 있었다.

22 현대 크림/카잔 타타르인들의 주류는 크림 칸국과 카잔 칸국을 지배했던 소수 유
목민 집단의 후예들이 아니라 이들의 지배를 받았던 다양한 기원의 정주민 집단
의 후예들이다. 현대 타타르인들 중 진정한 몽골제국의 후예들은 자신들의 유목
부족명을 알고 있는 이들이다.

8장 카자흐 칸국: 유라시아 초원의 마지막 칭기스 왕조 국가

1 Joo-Yup Lee, "Kazakh Khanate", in *The Oxford Research Encyclopedia of Asian History*, ed. David Ludden (New York: Oxford University Press), doi: 10.1093/acrefore/9780190277727.013.60.

2 Lee, "Some Remarks on the Turkicization of the Mongols", pp. 131~137.

3 Lee, "Some Remarks on the Turkicization of the Mongols", p. 113.

4 '카작(qazaq 영어의 cossack)'은 투르크어로 도주자, 방랑자, 약탈자 등을 의미한다.

5 Lee, *Qazaqlïq, or Ambitious Brigandage*, pp. 121~131.

6 Vasily Vasilievich Radlov, *Proben der Volksliteratur der Nördlichen Türkischen Stämme*, vol. 3, bk. 1, *Kirgisische mundarten* (Berlin: Zentral-Antiquariat der Deutschen Demokratischen Republik, 1965), pp. 63~68 (text); and Radlov, *Proben*, bk. 2, pp. 82~89 (trans.); Mihály Dobrovits, "Maidens, Towers and Beasts", in *The Role of Women in the Altaic World: Permanent International Altaistic Conference, 44th meeting, Walberberg, 26-31 August 2001*, ed. Veronika Veit, Asiatische Forschungen Bd. 152 (Wiesbaden: Harrassowitz, 2007), pp. 51~52.

7 《몽골비사》에 따르면 칭기스 칸의 선조였던 알란 고아는 남편이 죽은 뒤에 빛에 의해 임신하여 세 아들을 낳았고, 이들 중 막내인 보돈차르가 칭기스 칸의 직계 선조 이다.

8 N. I. Grodekov, *Kirgizi i karakirgizy Syr-Dar'inskoi oblasti*, vol. 1 (Tashkent, Tipo-Litografya S. I. Lakhtina, 1889), p. 2.

9 Qūrbanğali Halid, *Tauarih hamsa: bes tarih* (Astana: Altyn kitap, 2006), pp. 44~45, 209.

10 Fażlallāh b. Rūzbihān [Isfahānī] Khunjī, *Mihmān-nāma-i Bukhārā: Tārīkh-i pādshāhī-i Muḥammad Shībānī*, ed. Manūchihr Sutūda (Tehran: Bungāh-i

Tarjuma va Nashr-i Kitāb, 1341/1962), p. 213.

11 나탄지와 같은 일부 티무르 사가들이 주치 울루스의 좌우익을 반대로 각각 악 오르
다와 쾩 오르다로 지칭하는 바람에 현대 사가들에게 혼란을 주었는데 현재 몽골제
국사 연구자들 대부분은 주치 울루스의 내부 사정에 정통했던 우즈벡 사료들과 러
시아 사료들에 근거해 주치 울루스의 좌익을 쾩 오르다, 우익을 악 오르다로 본다.

12 우루스 칸은 과거 주치의 맏아들인 오르다의 후손으로도 알려져 왔다. 그러나
《투르크인의 계보》는 우루스 칸을 토카 테무르의 후손이라고 기록한다. 이를 따
르는 것이 최근 학계의 동향이다. 이 문제를 다루는 연구들은 다음과 같다. T. I.
Sultanov, *Podnyatye na beloy koshme: Potomki Chiniz-khana* (Almaty: Dayk,
2001), pp. 137~144; István Vásáry, "The Beginnings of Coinage in the Blue
Horde", *Acta Orientalia* 62, no. 4 (2009), pp. 371~385.

13 자니벡과 기레이는 형제 관계라고도 알려져 있으나 아니었을 가능성이 크다. 16세
기 초 쓰인 우즈벡 사료《승전기 사료집(*Tavārīkh-i guzīda-i nuṣrat-nāma*)》은 둘
을 형제라고 부르기도 하지만 이들의 가계를 논할 때는 자니벡만을 바락 칸의
아들로 기록한다. 기레이는 자니벡과 마찬가지로 우루스 칸의 증손자였지만 자니
벡과는 부친이 달랐다. "Tauarih-i guzida-yi nūsrat-name", in *Qazaqstan tarihy
turaly türk derektemeler*, vol. 1, *XV~XIX Gasyrlar šyğarmalarynan üzíndíler*, trans.
and ed. M. Q. Äbuseyítova (Almaty: Dayk, 2006), pp. 24~25, 49.

14 자니벡과 기레이가 정확히 언제 동차가다이 울루스로 이주했는지는 알 수 없다.
학계에서는 일반적으로 1456년으로 본다. 김호동 교수가 밝혔듯《명실록(明實錄)》
에는 1452년 자니벡과 기레이가 명에 사신을 보냈다는 기록이 남아 있다. 김호동,
〈15-16세기 중앙아시아 신유목집단들의 동향〉,《러시아연구》3(1), 1993, 105쪽.
明英宗睿皇帝實錄. 卷之二百二十四. http://ctext.org/wiki.pl?if=gb&chapter=
706681. 따라서 자니벡과 기레이의 이주는 1450년대 중반이 아닌 초반에 이루어
졌을 수도 있다. 한편 에센 부카 칸이 이들을 통해 유누스 칸을 견제하려 했다는
《비밀의 바다》의 기록이 사실이라면 자니벡과 기레이의 이주는 유누스 칸이 모굴
리스탄의 변경에 자리잡은 시점인 1456년경과 에센 부카 칸이 사망한 1462년 사
이에 이루어졌다고 볼 수 있다.

15 Maḥmūd b. Amīr Valī, *Baḥr al-asrār fī manāqib al-akhyār*, MS, Tashkent, Institute
of Oriental Studies, Academy of Sciences of the Republic of Uzbekistan, 1375, fol.
132a.

16 '카작' 명칭에 대한 자세한 연구와 칭기스 일족과 티무르 일족의 카자클릭 활동이
　포스트 몽골 시대 새로운 국가 및 민족의 형성에 미친 영향을 다룬 연구는 다음과
　같다. Joo-Yup Lee, "The Political Vagabondage of the Chinggisid and Timurid
　Contenders to the Throne and Others in Post-Mongol Central Asia and the
　Qipchaq Steppe: A Comprehensive Study of Qazaqlïq, or the Qazaq Way of
　Life", *Central Asiatic Journal* 60 (2017), pp. 60~95.

17 Muḥammad Ḥaidar Dughlāt, *Tārīkh-i Rashīdī*, p. 404; Maḥmūd b. Amīr Valī,
　Baḥr al-asrār, fol. 132a..

18 Khunjī, *Mihmān-nāma-i Bukhārā*, pp. 41~42, 144, 171, 211; Qādir ʿAlī Bek
　Jalāyirī, *Sbornik letopisei: Tatarskii tekst, s russkim predisloviem*, ed. I. Berezin
　(Kazan, 1854), pp. 164, 171.

19 Makhmud ibn Vali, *More tayn otnositel'no doblestey blagorodnykh (geografiya)*,
　trans. B. A. Akhmedov (Tashkent: Izdatel'stvo "Fan", 1977), fols. 156a-156b.

20 이러한 변화는 민족의 교체가 아닌 왕조의 교체였을 뿐이다.

21 Muḥammad Ḥaidar Dughlāt, *Tārīkh-i Rashīdī*, p. 405.

22 Lee, "Turkic Identity", p. 29n77.

23 당시 우즈벡 칸국에서는 인도의 무굴인을 '차가다이인'이라고 불렀다.

24 러시아의 공산 혁명의 발발 후 카자흐인들은 독립 정부를 수립했다. 당시 이를 주
　도한 것은 카자흐 민족주의 정당인 알라슈 오르다(Alash Orda)이다. 그런데 이 당
　의 지도자 알리칸 부케이카노프(Alikhan Bukeykhanov, 1869~1932)는 칭기스 칸
　의 후손이었다.

9장 우즈벡 칸국: 중앙아시아에서 칭기스 왕조를 부흥시킨 몽골제국 계승국가

1 과거에는 시바니(Shībānī) 칸을 샤이바니(Shaybānī) 칸이라고도 적었지만 이는
　잘못된 전사(轉寫)이다.

2 1917년 볼셰비키 혁명 이후 만들어진 러시아의 공산당 정부의 군대.

3 Lee, *Qazaqlïq, or Ambitious Brigandage*, pp. 123~124.

4 Shīr Muḥammad Mīrāb Mūnis and Muḥammad Rīżā Mīrāb Āgahī, *Firdaws al-
　Iqbāl: History of Khorezm*, ed. Yuri Bregel (Leiden: E.J. Brill, 1988), pp. 135~136;
　Shīr Muḥammad Mīrāb Mūnis and Muḥammad Rīżā Mīrāb Āgahī, *Firdaws al-

iqbāl: History of Khorezm, trans. Yuri Bregel, Islamic History and Civilization 28 (Leiden: E.J. Brill, 1999), p. 45.

5   한 유전학 연구에 따르면 현대 우즈벡인 중 몽골계 망기트와 케네게스 부의 일 원들은 몽골인과 유사한 유전자를 보유하고 있다. Wei Lan-Hai et al., "Whole-Sequence Analysis Indicates That the Y Chromosome C2*-Star Cluster Traces Back to Ordinary Mongols, Rather Than Genghis Khan", *Eur J Hum Genet* 26 (2018), pp. 230~237.

6   Peter Finke, *Variations on Uzbek Identity: Strategic Choices, Cognitive Schemas and Political Constraints in Identification Processes* (New York: Berghahn Books, 2014), pp. 216~219.

7   Lee, "Turkic Identity", pp. 8~14.

8   Yakup Karasoy, ed., *Şiban Han Dîvânı* (Ankara: Türk Dil Kurumu, 1998), pp. 184, 795; András J. E. Bodrogligeti, "Muḥammad Shaybānī Khan's Apology to the Muslim Clergy", *Archivum Ottomanicum* 13 (1993–94), p. 99.

9   고인골은 옛사람의 뼈를 말한다.

10   Makhmud ibn Vali, *More tayn*, fols. 156a~156b.

11   Maḥmūd b. Amīr Valī, *Baḥr al-asrār fī maʿrifat il-akhyār*, vol. 1, part 1, ed. Ḥakīm Muḥammad Saʿīd, Sayyid Muʿīn al-Ḥaqq, and Anṣār Zāhid Khān (Karachi: Pakistan Historical Society, 1984), p. 17 (text).

12   Mūnīs and Āgahī, *Firdaws al-Iqbāl*, p. 193; Bregel, trans., *History of Khorezm*, p. 82.

13   ʿĀlam Khān, *Tārīkh-i ḥuzn al-milal-i Bukhārā* (Paris: Dar Maṭbaʿah-i Barādarān-i Mizun-i Naw dar Pārīs ṭabʿ va nashr gardīd, 1921), pp. 87~88; ʿĀlam Khān, *Kāṭ irahā-yi Āmīr Sayyid ʿĀlam Khān: Tārīkh-i ḥuzn al-milal-i Bukhārā* (Tehran: Markaz-i mutalaʿat-i īrānī, 1953), pp. 33~34.

14   우즈베키스탄의 역사학계는 현대 우즈벡인이 티무르제국의 후예라고 주장하면서 도 티무르 일족의 몽골인 정체성은 철저히 외면한다.

15   Muḥammad Ḥaidar Dughlāt Mīrzā, *Tārīkh-i Rashīdī*, p. 414; Mirza Haydar Dughlat, *Tarikh-i-Rashidi*, p. 182.

16   Anke von Kügelgen, *Die Legitimierung der mittelasiatischen Mangitendynastie in den Werker ihrer Historiker (18.-19. Jahrhundert)* (Istanbul: Orient-Institut,

2002), pp. 220~221.

17 Anke von Kügelgen, "Manghits", in *Encyclopaedia Iranica*, ed. by Ehsan Yarshater, 2004, www.iranica.com, s.v.

18 'Ālam Khān, *Tārīkh-i ḥuzn al-milal-i Bukhārā*, pp. 87~88; 'Ālam Khān, *Kāṭirahā-yi Āmīr Sayyid 'Ālam Khān*, pp. 33~34.

19 그의 뒤를 이은 망기트 군주들은 아미르 칭호를 사용했다. 그런데 19세기 중반부터 이름 뒤에 칸 칭호도 붙였기 때문에 망기트 왕조는 '망기트 아미르국'과 더불어 '망기트 칸국'으로도 불릴 수 있게 되었다. Yuri Bregel, "The New Uzbek States: Bukhara, Khiva and Khoqand: c. 1750~1886", in *The Cambridge History of Inner Asia: The Chinggisid Age*, ed. Nicola Di Cosmo, Allen J. Frank, and Peter B. Golden (Cambridge: Cambridge University Press, 2009), p. 396.

20 Niyāz Muḥammad b. Mullā 'Ashūr, *Taarikh Shakhrokhi: Istoriya vladeteley Fergany*, ed. N. N. Pantusov (Kazan: Tipografiya Imperatorskago Universiteta, 1885), pp. 173~174.

21 코칸드 칸국이 1865년 러시아에 정복되기 직전 그 군사령관이자 실권자였던 알림 쿨은 청에 반기를 든 신장 지역 무슬림들의 지원 요청을 받고 야쿱 벡(Ya'qūb Beg, 1877 사망)을 파견했다. 야쿱 벡은 타림 분지와 우룸치 지역을 점령하고 1877년까지 이들 지역을 통치했다.

22 Arminius Vámbéry, *Travels in Central Asia: Being the Account of a Journey from Teheran across the Turkoman Desert on the Eastern Shore of the Caspian to Khiva, Bokhara, and Samarcand Performed in the Year 1863* (New York: Harper & Brothers, 1865), pp. 433~434.

23 Ibn Baṭūṭah, *Voyages d'Ibn Batoutah*, p. 3: 3 (text and trans.).

24 Nikolay Murav'yov, *Journey to Khiva: Through the Turkoman Country* (London: Oguz, 1977), p. 117.

25 Murav'yov, *Journey to Khiva*, p. 138.

26 칭기스 칸의 부인 보르테, 주치의 장자 오르다와 차남 바투를 낳은 주치의 부인들, 그리고 14세기 하반기에 호레즘에 수피 왕조를 세운 후사인 수피도 쿵그라트 부의 일원들이었다.

27 Mūnis and Āgahī, *Firdaws al-Iqbāl*, pp. 50~89, 193; Bregel, trans., *History of Khorezm*, p. 82.

10장 청제국: 몽골인의 협력으로 건설된 만주인의 제국

1   퉁구스어족은 만주인과 더불어 만주와 동부 시베리아 지역에 거주하는 이벵크인, 나나이인 등이 사용하는 언어들을 일컫는다

2   Y-염색체 하플로타입(haplotype)이란 Y-염색체상에 존재하는 염기서열 변이의 조합을 일컫는다.

3   Tatiana Zerjal et al., "The Genetic Legacy of the Mongols", *American Journal of Human Genetics* 72 (2003), pp. 717~721.

4   《집사》에서는 칭기스 칸의 선조인 알란 고아가 남편의 사후 낳은 세 아들의 후손들을 '니룬 몽골인'이라고 지칭한다.

5   Zhaxylyk Sabitov and Nurbol Baimukhanov, "The Niruns and the Subclade C2a3-F4002 (the StarCluster)", *The Russian Journal of Genetic Genealogy* 6, no. 2 (2014), pp. 10~18.

6   Lan-Hai Wei et al., "Genetic Trail for the Early Migrations of Aisin Gioro, the Imperial House of the Qing Dynasty", *Journal of Human Genetics* 62, no. 3 (2016), doi:10.1038/jhg.2016.142.

7   만주인과 몽골인, 한국인의 Y-DNA 하플로그룹에 대해선 다음을 참조하시오. Toru Katoh et al., "Genetic Features of Mongolian Ethnic Groups Revealed by Y-Chromosomal Analysis", *Gene* 346 (2005), p. 66; Han-Jun Jin, Ki-Cheol Kim, and Wook Kim, "Genetic Diversity of Two Haploid Markers in the Udegey Population from Southeastern Siberia", *American Journal of Physical Anthropology* 142, no. 2 (2010), pp. 303~313.

8   Han-Jun Jin et al., "Y-Chromosomal DNA Haplogroups and Their Implications for the Dual Origins of the Koreans", *Human Genetics* 114, no. 1 (2003), p. 33.

11장 북원: 대원제국의 후예

1   중앙아시아의 몽골제국들은 원 제국을 울룩 유르트(Ulugh yurt. '큰 나라'를 의미)라고 불렀다. 예컨대 《승전기(勝戰記, Zafarnāma)》는 북원을 울룩 유르트라고 지칭

한다. Sharaf al-Dīn ʿAlī Yazdī, *Zafar-nāma: Tārīkh-i ʿumūmī mufaṣṣil-i Irān dar daura-i Tīmūrīyān*, ed. Muḥammad ʿAbbāsī (Tehran: shirkat-i sahāmī-i chāp-i rangīn, 1336/1957), p. 2:33.

2 "Shajarat al-Atrāk", in *Sbornik materialov, otnosyashchikhsya k istorii Zolotoy ordy*, Vol. 2, *Izvlecheniya iz persidskikh sochineniy*, trans. and ed. V. G. Tizengauzen (Moscow and Leningrad: Izd-vo Akademiya nauk SSSR, 1941), pp. 266 (text), 206~207 (trans.); Kyrymi, *Umdet al-Akhbar*, pp. 1:66~67, 2:47.

3 Joo-Yup Lee, "Were the Historical Oirats "Western Mongols"?: An Examination of their Uniqueness in Relation to the Mongols", *Études mongoles et sibériennes, centrasiatiques et tibétaines* 47 (2016), pp. 9~10.

4 Ssanang Ssetsen, *Erdeni-yin Tobci ('Precious Summary'): A Mongolian Chronicle of 1662*, ed. M. Gō, I. de Rachewiltz, J. R. Krueger, and B. Ulaan, vol. 1, *The Urga Text* (Canberra: The Australian National University, 1990), p. 123.

5 *Histoire secrète des Mongols*, ed. Louis Ligeti, Monumenta linguae mongolicae collecta 1 (Budapest: Akadémiai Kiadó, 1971), p. 168.

6 Rashīd al-Dīn, *Jāmiʿ al-tavārīkh*, pp. 76~80; Thackston, *Jamiʿuʾt-tawarikh*, pp 1: 55~57.

7 오이라트 집단의 기원 및 부족 구성에 대한 논의는 다음 연구를 참조하시오. Hidehiro Okada, "Origins of the Dörben Oyirad", *Ural-Altaische Jahrbücher* 7 (1987), pp. 181~211.

8 호슈드 부는 칭기스 칸의 동생 카사르의 후예들이 이끈 부족이었다.

9 Okada, "Origins of the Dörben Oyirad", pp. 208~209; Chʾi-Yu Wu, "Who Were the Oirats?", *Yenching Journal of Social Studies* 3, no 2 (1941), pp. 188~191.

10 Okada, "Origins of the Dörben Oyirad", pp. 197~201.

11 Charles Bawden, trans., *The Mongolian Chronicle Altan Tobči: Text, Translation and Critical Notes*, Göttinger Asiatische Forschungen 5 (Wiesbaden: O. Harrassowitz, 1955), p. 38 (text), 115 (trans.); Ssanang Ssetsen, *Erdeni-yin Tobci*, p. 47.

12 Elverskog, *The Jewel Translucent Sūtra*, p. 287 (text), 179 (trans.).

13 Elverskog, *The Jewel Translucent Sūtra*, p. 242 (text), 116 (trans.).

14 Ґabang Šes-rab [Gavang Sharav], "Dörvön Oyrdyn tüükh", in *Biography of Caya Pandita in Oirat Characters*, Corpus scriptorum Mongolorum, Tomus V, Fasc.

2-3, ed. Zh. Tsoloo (Ulaanbaatar: Shinjlekh Ukhaany Akadyemiin Khevlel, 1967), p. 74. 오이라트 문자를 만든 자야 판디타의 전기에선 오이라트인을 '몽골어로 말하는 자(mongyol keleten)'라고 부르는 경우가 있다. Ibid., pp. 3~4. 준가르 제국이 멸망한 이후 19세기에 쓰여진 일부 오이라트 사료들은 오이라트인을 몽골인이라고 부르기도 한다. N. Sukhbaatar, "Clear Scripts Sources on Oirat History. Classification, Values, and Significance", in *Oirat People. Cultural Uniformity and Diversification*, Senri Ethnological Studies 86 (Osaka: National Museum of Ethnology, 2014), pp. 117~118.

15 See Lama Galsan Gomboyev, *Altan-tobchi mongol'skaya letopis' v podlinnom tekste i perevode, s prilozheniyem kalmytskago teksta Istorii Ubashi-Khuntaydzhiya i ego voyny s oyratami*, Trudy Vostochnago otdeleniya Imperatorskago arkheologicheskago obshchestva 6 (St. Petersburg: v Tipografii Imperatorskoy akademii nauk, 1858), pp. 198, 210 (text), 213, 224 (trans.).

16 John R. Krueger, "Three Oirat-Mongolian Diplomatic Documents of 1691", *Central Asiatic Journal* 12, no. 4 (1969), p. 293 (text), 294 (trans.).

17 清實錄. 第八冊: 世宗憲皇帝實錄. 二 (北京: 中華書局, 1985), p. 111: 484.

18 清實錄, p. 112: 491. https://ctext.org/wiki.pl?if=gb&chapter=796490.

19 Elverskog, *The Jewel Translucent Sūtra*, pp. 243~248 (text), 119~126 (trans.).

1차 사료

'Abd al-Razzāq ibn Najaf Qülī. *The Dynasty of the Kajars, Translated from the Original Persian Manuscript*. Translated by Harford Jones-Brydges. London: J. Bohn, 1833.

Aboul-Ghâzi Béhâdour Khân. *Histoire des Mongols et des Tatares par Aboul-Ghâzi Béhâdour Khân*. Edited and translated by Petr I. Desmaisons. St. Petersburg, 1871~1874. Reprint, Amsterdam: Philo, 1970.

Abu'l-Fazl. *The History of Akbar*. 4 vols. Edited and translated by Wheeler M. Thackston. Cambridge, Mass.: Harvard University Press, 2015.

'Ālam Khān. *Kāṭirahā-yi Āmīr Sayyid 'Ālam Khān: Tārīkh-i ḥuzn al-milal-i Bukhārā*. Tehran: Markaz-i mutala'at-i īrānī, 1953.

_____. *Tārīkh-i ḥuzn al-milal-i Bukhārā*. Paris: Dar Maṭba'ah-i Barādarān-i Mizun-i Naw dar Pārīs ṭab' va nashr gardīd, 1921.

'Âşıkpaşazâde. "Tevârīḫ-i Âl-i 'Oşmân." In *Osmanlı Tarihleri*. Edited by N. Atsız. Istanbul: Türkiye Yayınevi, 1947.

Babur Mirza, Zahiruddin Muhammad. *Baburnama*. Translated by W. M. Thackston, Jr. 3 pts. Sources of Oriental Languages and Literatures, 18. Cambridge, MA: Department of Near Eastern Languages and Civilizations, Harvard University,

1993.

Babur, Ẓahīr al-Dīn Muḥammad. *Bābur-nāma (Vaqāyiʿ)*. Edited by Eiji Mano. 2 vols. Kyoto: Syokado, 1995~96.

Bawden, Charles, ed. and trans. *The Mongolian Chronicle Altan Tobči: Text, Translation and Critical Notes*. Göttinger Asiatische Forschungen 5. Wiesbaden: O. Harrassowitz, 1955.

de Beauplan, Guillaume Le Vasseur. *A Description of Ukraine*. Edited and translated by Dennis F. Essar and Andrew B. Pernal. Cambridge, MA: Harvard University Press for the Harvard Ukrainian Research Institute, 1993.

Bennigsen, Alexandre, Pertev Naili Boratav, Dilek Desaive, and Chantal Lemercier-Quelquejay, eds. *Le Khanat de Crimée dans les Archives du Musée de Palais de Topkapı*. Paris: Mouton, 1978.

Berezin, I., ed. and trans. *Sheybaniada: Istoriya mongolo-tyurkov na dzhagatayskom dialekte*. Biblioteka vostochnykh istorikov, vol. 1. Kazan, 1849.

Bukhārī, Ḥāfiẓ Tanish Amīr Muḥammad. *Sharaf-nama-ii shakhi: Kniga shakhskoy slavy*. 2 vols. Facsimile edition and translation by M. A. Salakhetdinova et al. Moscow: Nauka, 1983.

Çelebi, Evliya. *Evliya Çelebi Seyahatnâmesi*, vol. 7. Edited by Yücel Dağlı, Seyit Ali Kahraman, and Robert Dankoff. Istanbul: Yapı Kredi Yayınları, 2000.

Çelebī, Seyfī. *L'ouvrage de Seyfi Çelebī: historien Ottoman du XVIe siècle*. Paris: Librairie Adrien Maisonneuve, 1968.

Chrestomathie en Turk Oriental contant plusieurs ouvrages: De L'emir Ali-Schir. École royale et spéciale des langues orientales vivantes (France), compiler, publisher. Paris: Firmin Didot frères, 1841.

Churās, Shāh-Maḥmūd b. Mīrzā Fāżil. Khronika. Edited and translated by O. F. Akimushkin. Pamyatniki pis'mennosti Vostoka, vol. 45. Moscow: Izdatel'stvo Nauka, 1976.

de Clavijo, Ruy González. *Historia del gran Tamorlan e itinerario y enarracion del viage, y relacion de la embajada que Ruy Gonzalez de Clavijo le hizo por mandado del muy poderoso señor rey Don Henrique el Tercero de Castilla. Y un breve discurso*. Madrid: Antonio de Sancha, 1782.

_____. *Narrative of the Embassy of Ruy Gonzalez de Clavijo to the Court of Timour, at Samarcand, A.D. 1403-6 Translated for the First Time, with Notes, a Preface, and an Introductory Life of Timour Beg, by Clements R. Markham.* London: the Hakluyt Society, 1859.

Das Buch der Dschingis-Legende (Däftär-i Čingiz-nämä). Edited by A. Mirkasym Usmanov and Mária Ivanics. Studia Uralo-Altaica, 44. Szeged: University of Sezged, 2002.

Elverskog, Johan. *The Jewel Translucent Sūtra: Altan Khan and the Mongols in the Sixteenth Century.* Leiden: Brill, 2003.

Ferishta, Mahomed Kasim. *History of the Rise of the Mahomedan Power in India, till the Year* AD 1612. Translated by John Briggs. London: 1829.

Gomboyev, Lama Galsan. *Altan-tobchi mongol'skaya letopis' v podlinnom tekste i perevode, s prilozheniyem kalmytskago teksta Istorii Ubashi-Khuntaydzhiya i ego voyny s oyratami,* Trudy Vostochnago otdeleniya Imperatorskago arkheologicheskago obshchestva 6. St. Petersburg: v Tipografii Imperatorskoy akademii nauk, 1858.

Ḥāfiẓ Abrū. *Zayl-i jāmiʿ al-tavārīkh-i Rashīdī.* Tehran: Shirkat-i taẓāmunī-yi ʿilmī, 1939.

Ḥaidar Dughlat Mīrzā, Muḥammad. *Tārīkh-i Rashīdī.* Edited by ʿAbbās Qulī Ghaffārī Fard. Tehran: Mīrās-i Maktūb, 2004.

Ḥasan ibn Ḥasan Fasāʾī. *History of Persia under Qajar Rule, Translated from the Persian of Ḥasan-e Fasāʾiʾs Fārsnāma-ye Nāseri.* Translated by Heribert Busse. New York: Columbia University Press, 1972.

Haydar Dughlat, Mirza. [Muḥammad Ḥaidar Dughlat]. *Tarikh-i-Rashidi: A History of the Khans of Moghulistan.* Edited and translated by W. M. Thackston. 2 vols. Sources of Oriental Languages and Literatures 37–38. Cambridge, MA: Department of Near Eastern Languages and Civilizations, Harvard University, 1996.

Herberstein, Sigmund. *Notes upon Russia: Being a Translation of the Earliest Account of that Country, Entitled Rerum Moscoviticarum Commentarii.* 2 vols. London: The Hakluyt Society, 1851~1852. Reprint, New York: Burt Franklin, 1963.

Histoire secrète des Mongols. Edited by Louis Ligeti. Monumenta linguae mongolicae collecta 1. Budapest: Akadémiai Kiadó, 1971.

Ḥunǧi, Faḍlallāh b. Rūzbihān. *Transoxanien und Turkestan zu Beginn des 16. Jahrhunderts: Das Mihmān-nāma-yi Buhārā des Fadlallāh b. Rūzbihān Hunǧi.* Translated by Ursula Ott. Islamkundliche Untersuchungen, 25. Freiburg: Klaus Schwarz, 1974.

Ibn ʿArabshāh, Aḥmad b. Muḥammad. *ʿAjāʾib al-maqdūr fī nawāʾib Taimūr.* Edited by Aḥmad Fāʾiz al-Ḥimṣī. Beirut: Muʾassasat al-Risālah, 1407/1986.

Ibn Batūtah. *Riḥlat Ibn Batūtah, al-musammāh Tuḥfat al-nuẓẓār fī gharāʾib al-amṣār wa-ʿajāʾib al-asfār.* 2 vols. Beirut: Dār al-Kitab al-Lubnānī, 1975.

_____. *Voyages d'Ibn Batoutah: Texte arabe, accompagné d'une traduction, par C. Defrémery et le dr. B. R. Sanguinetti,* 4 vols. Paris: Imprimerie nationale, 1877~1893.

Ibn Khaldūn, ʿAbd al-Raḥmān. *Al-Taʿrif bi-Ibn Khaldun wa-riḥlatihi Gharban wa-Sharqan.* Edited by Muḥammad ibn Tāwīt al-Ṭanjī. Cairo: Lajnat al-taʾlīf wa-al-tarjamah wa-al-nashr, 1951.

Ibragimov, S. K., H. H. Mingulov, K. A. Pishchlina, and V. P. Yudin, comp. and trans. *Materialy po istorii kazakhskikh khanstv 15-18 vekov.* Alma-Ata: Nauka, 1969.

Jalāyirī, Qādir ʿAlī Bek. *Sbornik letopisei: Tatarskii tekst, s russkim predisloviem.* Edited and translated by I. Berezin. Biblioteka vostochnykh istorikov, vol. 2. Kazan, 1854.

Karasoy, Yakup, ed. *Şiban Han Dîvânı.* Ankara: Türk Dil Kurumu, 1998.

_____, ed. and trans. *Türklerde şecere geleneği ve anonim Şibanî-nâme.* Konya: Tablet, 2005.

Khāfî Khān. *Muntakhab-ul lubab,* Edited by Maulvi Khair al-Din Ahmad and Maulvi Ghulam Qadir, Part I. Calcutta, 1896.

Khunjī, Fażlallāh b. Rūzbihān [Isfahānī]. *Mihmān-nāma-i Bukhārā: Tārīkh-i pādshāhī-i Muḥammad Shībānī.* Edited by Manūchihr Sutūda. Tehran: Bungāh-i Tarjuma va Nashr-i Kitāb, 1962.

Khvāndamīr, Ghiyās al-Dīn b. Humām al-Dīn. *Tārīkh-i Ḥabīb al-siyar fī akhbār-i afrād-i bashar*. Edited by Jalāl al-Dīn Humā'ī. 4 vols. Tehran: Kitābfurūshī-i Khayyām, 1333/1954~1955. 3rd repr. ed., 1984.

Khwandamir. *Habibu's-siyar: Tome Three*. Translated by W. M. Thackston. 2 pts. Sources of Oriental Languages and Literatures 24. Cambridge, MA: Department of Near Eastern Languages and Civilizations, Harvard University, 1994.

Kubo, Kazuyuki, ed. "Shaybānī-nāma by Mullā Binā'ī, Kamāl al-Dīn 'Alī." In A *Synthetical Study on Central Asian Culture in the Turco-Islamic Period*, pp. 1~93 (Persian text), 61~67 (Japanese and English). Research Report, Ministry of Education, Science, Sports ad Culture, Japan, Project No. 6301043. Kyoto, 1997.

Lubsangdanjin. *Altan Tobči: eine mongolische Chronik des XVII. Jahrhunderts von Blo bzan bstan'jin: Text und Index*. Edited by Hans-Peter Vietze and Gendeng Lubsang. Tokyo: Institute for the Study of Languages and Cultures of Asia and Africa, 1992.

Maḥmūd al-Kāšġarī. *Compendium of the Turkic Dialects (Dīwān Luġāt at-Turk)*. Edited and translated by Robert Dankoff, in collaboration with James Kelly, 3 pts. [Cambridge, MA: Department of Near Eastern Languages and Civilizations, Harvard University], 1982~1985.

Maḥmūd b. Amīr Valī Balkhī. *Baḥr al-asrār fī manāqib al-akhyār*. MS, British Library, India Office, Ethé 575.

_____. *Baḥr al-asrār fī manāqib al-akhyār*. MS, Tashkent, Institute of Oriental Studies, Academy of Sciences of the Republic of Uzbekistan, 1385.

_____. *Baḥr al-Asrār fī ma'rifat il-akhyār*. Edited by Sayyid Mu'īn al-Ḥaqq, Anṣ ār Zāhid Khān, and Ḥakīm Muḥammad Sa'īd, vol. 1, part 1. Karachi: Pakistan Historical Society, 1984.

Makhmud ibn Vali. *More tayn otnositel'no doblestey blagorodnykh (geografiya)*. Translated by B. A. Akhmedov. Tashkent: Izdatel'stvo "Fan", 1977.

Margeret, Jacques. *The Russian Empire and Grand Duchy of Muscovy: A 17th Century French Account*. Translated by Chester S. L. Dunning. Pittsburgh, Pa.: University of Pittsburgh Press, 1983.

Muhammad Hadi Kamwar Khan. *Tazkirat al-Salatin-i Chaghata*. Edited by Muzaffar

Alam. Bombay & New York: Asia Publishing House, 1980.

Muḥammad ibn Khāvandshāh Mīr Khvānd. *Tārīkh-i Rauẓat al-ṣafā*. Edited by Riża Qulī Khān. 6 vols. Tehran: Pīrūz, 1960.

Muṣṭafā ʿĀlī. *Füsûl-i hall ü akd ve usûl-i harc ü nakd: İslam devletleri tarihi: 622-1599*. Edited by Mustafa Demir. Istanbul: Değişim Yayınları, 2006.

_____. *Künhü'l-aḫbār*. 5 vols. Istanbul: Takvimhane-i Amire, 1860~1868.

Muʿizz al-ansāb fī shajarat al-ansāb. Edited and translated by M. Kh. Abuseitova et al. Istoriya Kazakhstana v persidskikh istochnikakh 3. Almaty: Dayk, 2006.

Muʿizz al-ansāb fī shajarat al-ansāb. MS, Bibliothèque nationale de France, ancien fonds persan 67.

Mūnīs, Shīr Muḥammad Mīrāb and Muḥammad Rīżā Mīrāb Āgahī. *Firdaws al-iqbāl: History of Khorezm*. Edited by Yuri Bregel. Leiden: E.J. Brill, 1988.

_____. *Firdaws al-iqbāl: History of Khorezm*. Translated by Yuri Bregel. Islamic History and Civilization, vol. 28. Leiden: E.J. Brill, 1999.

Munshī, Muḥammad Yūsuf. *Taẕkira-i Muqīm Khānī*. Edited by Firishta Ṣarrāfān. Tehran: Mīrāṣ̱-i Maktūb, 2001.

Naṭanzī, Muʿīn al-Dīn. *Muntakhab al-tavārīkh-i Muʿīnī*. Edited by Jean Aubin. Tehran: Khayyam, 1957.

The Nikonian Chronicle. Edited, introduced and annotated by Serge A. Zenkovsky. Translated by Serge A. and Betty Jean Zenkovsky. 5 vols. Princeton, N.J.: Kingston Press, 1984.

Niyāz Muḥammad b. Mullā ʿAshūr. *Taarikh Shakhrokhi: Istoriya vladeteley Fergany*. Edited by N. N. Pantusov. Kazan: Tipografiya Imperatorskogo Universiteta, 1885.

Ötemiş Hacı. *Çengiz-name*. Edited and translated by İlyas Kamalov. Ankara: Türk Tarih Kurumu Basımevi, 2009.

Ötämiš Ḥājī. *Čingīz-Nāma*. Edited and translated by Takushi Kawaguchi and Hiroyuki Nagamine. Studia Culturae Islamicae 94. Tokyo: Research Institute for Languages and Cultures of Asia and Africa, 2008.

Ötemís Qažy. *Šyńǵys-name*. Edited and translated by M. Q. Äbuseyítova. Qazaqstan tarihy turaly türk derektemeler, vol. 1. Almaty: Dayk, 2005.

Qïrïmï, Abd al-Ghaffār. *'Umdet-üt-tevārīḫ*. Edited by Najīb 'Āsim. Supplement to *Türk Tarih Encümeni Mecmuası*. Istanbul: 1343/1924~1925.

Qūrbangǎli Halid. *Tauarih hamsa: bes tarih*. Astana: Altyn kitap, 2006.

Rashīd al-Dīn Fażlallāh Hamadānī. *Jāmi' al-tavārīkh*. Edited by Bahman Karīmī. Tehran: Intishārāt-i Iqbāl, 1988.

_____. *Jāmi' al-tavārīkh*. Edited by Muḥammad Raushan and Muṣṭafā Mūsavī. 4 vols. Tehran, 1994~1995.

Rashiduddin Fazlullah. *Jami'u't-tawarikh (Compendium of Chronicles): A History of the Mongols*. Translated by W. M. Thackston. 3 pts. Sources of Oriental Languages and Literatures 45. [Cambridge, MA]: Department of Near Eastern Languages and Civilizations, Harvard University, 1998~1999.

Remmal Khoja. *Tarih Sahib Giray Han: Histoire de Sahib Giray, Khan de Crimée de 1532 à 1551*. Edited and translated by Özalp Gökbilgin. Ankara: Atatürk Üniversitesi Edebiyat Fakültesi, 1973.

The Secret History of the Mongols: A Mongolian Epic Chronicle of the Thirteenth Century. Translated by Igor de Rachewiltz. 2 vols. Brill's Inner Asian Library, vol. 7. 2nd ed. Leiden: Brill, 2006.

Shāmī, Niẓām al-Dīn. *Histoire des conquêtes de Tamerlan intitulée Ẓafarnāma, par Niẓ āmuddīn Šāmī*. Vol. 1, *Texte persan du Ẓafarnāma*. Edited by F. Tauer. Prague: Oriental Institute, 1937.

Shajarat al-Atrāk. MS, London, British Library, India Office, Ethé 172.

Ssanang Ssetsen, Chungtaidschi. *Erdeni-yin tobci ('Precious summary'): A Mongolian Chronicle of 1662*. Edited by Minoru Gō, Igor de Rachewiltz, J. R. Krueger, and B. Ulaan. 2 vols. Faculty of Asian Studies monographs, n.s., nos. 15, 18. Canberra: Australian National University, 1990~1991.

Tafur, Pero. *Travels and Adventures (1435-1439)*. Translated by Malcolm Letts. New York and London: Harper & Brothers, 1926.

"Tauarih-i guzida-yi nūsrat-name." In *Qazaqstan tarihy turaly türk derektemeler*. Vol. 5, *XV-XIX ǧasyrlar šyǧarmalarynan üzíndíler*, edited and translated by M. Q. Äbuseyítova et al, pp. 13~66. Almaty: Dayk, 2006.

Tavarikh-i guzīda-Nuṣrat-nāma [sic]. Facsimile edition by A. M. Akramov. Tashkent:

Fan, 1967.

Γabang Šes-rab [Gavang Sharav]. "Dörvön Oyrdyn tüükh." In Biography of Caya Pandita in Oirat Characters, Corpus scriptorum Mongolorum, Tomus V, Fasc. 2–3. Edited by Zh. Tsoloo. Ulaanbaatar: Shinjlekh Ukhaany Akadyemiin Khevlel, 1967.

Utemish-Khadzhi [Ötemish-Ḥājjī]. Chingiz-name. Edited and translated by V. P. Yudin. Alma-Ata: Gilim, 1992.

Vel'yaminov-Zernov, V. Matériaux pour servir à l'histoire du Khanat de Crimée: Extrait, par ordre de l'Académie impériale des sciences, des archives centrales du Ministère des affaires étrangères, à Moscou. St. Petersburg, 1864.

Yazdī, Sharaf al-Dīn ʿAlī. Ẓafar-nāma. Facsimile edition by A. Urinboyev. Tashkent: Fan, 1972.

_____. Zafar-name: Kniga pobed Amira Temura. Edited and trans-lated by Ashraf Akhmedov. Tashkent: San'at, 2008.

_____. Ẓafar-nāma: Tārīkh-i ʿumūmī mufaṣṣil-i Irān dar daura-i Tīmūrīyān. Edited by Muḥammad ʿAbbāsī. 2 vols. Tehran: Shirkat-i sahāmī-i chāp-i rangīn, 1336/1957.

Žalayyr, Qadyr-Ğali Bi. "Žamiğ at-tauarih." In Qazaqstan tarihy turaly türk derektemeler. Vol. 5, XV–XIX ğasyrlar šyğarmalarynan üzíndíler, edited and translated by M. Q. Äbuseyítova, pp. 140~173. Almaty: Dayk, 2006.

清實錄. 第八冊: 世宗憲皇帝實錄. 二. 北京: 中華書局, 1985.

2차 사료

Alekseev, A. K. Politicheskaya istoriya Tukay-timuridov: Po materialam persidskogo istoricheskogo sochineniya Bakhr al-asrar. St. Petersburg: Izdatel'stvo S.-Peterburgskogo universiteta, 2006.

Allen, W. E. D. The Ukraine. Cambridge : Cambridge University Press, 2014.

Amitai, Reuven. "Mamluks of Mongol Origin and Their Role in Early Mamluk

Political Life", *Mamluk Studies Review* 12 (2008), pp. 119~137.

Ando, Shiro. *Timuridische Emire nach dem Mu'izz al-ansāb: Untersuchung zur Stammesaristokratie Zentralasiens im 14. und 15. Jahrhundert.* Islamkundliche Untersuchungen, vol. 153. Berlin: Klaus Schwarz, 1992.

Atwood, Christopher P. *Encyclopedia of Mongolia and the Mongol Empire.* New York: Facts on File, 2004.

Atygayev, Nurlan A. *Kazakhskoye khanstvo v potoke istorii, Ocherki.* Almaty: Yeltanym, 2015.

Badamhatan, S. *BNMAU-iin ugsaatnii züi boty 1: khalkhiin ugsaatnii züi.* Ulaanbaatar: Sinzlech Uchaany Akademi: 1987.

Barthold, V. V. *Four Studies on the History of Central Asia.* Translated by V. Minorsky and T. Minorsky. Vol. 2, *Ulugh-Beg;* Vol. 3, *Mīr 'Alī-Shīr and A History of the Turkman People.* Leiden: Brill, 1958~1962.

_____. *Ocherk istorii turkmenskogo naroda.* In V. V. Bartol'd, *Sochineniya.* Vol. 2, pt. 1, edited by B. G. Gafurov, pp. 545~623. Moscow: Nauka, 1963.

_____. "Otchet o komandirovke v Turkestan." In V. V. Bartol'd, *Sochineniya.* Vol. 8, edited by O. F. Akimushkin, pp. 119~210. Moscow: Nauka, 1973.

_____. "Tserimonial pri dvore uzbetskikh khanov v XVII veke." In V. V. Bartol'd, *Sochineniya.* Vol. 2, pt. 2, edited by Yu. E. Bregel', pp. 388~399. Moscow: Nauka, 1964.

_____. *Ulugbek i ego vremia.* In V. V. Bartol'd, *Sochineniya.* Vol. 2, pt. 2, edited by Yu. E. Bregel', pp. 25~196. Moscow: Nauka, 1964.

Beisembiev, Timur. "Ethnical Identity in Central Asia and Kazakhstan in the 18th and 19th Centuries: According to the Khokand Chronicles." *Annals of Japan Association for Middle East Studies* 6 (1991), pp. 55~66.

_____. "Legenda o proiskhozhdenii kokandskikh khanov kak istochnik po istorii ideologii v Sredney Azii." In Kazakhstan, *Srednyaya i Tsentral'naya Aziya v XVI–XVIII vv.,* edited by E. A. Tulepbaev, pp. 95~105. Alma-Ata: Nauka, 1983.

_____. "Migration in the Qoqand Khanate in Eighteenth and Nine-teenth Centuries." In *Migration in Central Asia: Its History and Current Problems,* edited by Hisao Komatsu, Chika Obiya and John S. Schoeberlein, pp. 35~40. Japan

Center for Area Studies (JCAS) Symposium Series 9. Osaka, Japan Center for Area Studies, 2000.

_____. *Tarikh-i Shahrukhi kak istoricheskii istochnik.* Alma-Ata: Nauka, 1987.

Bennigsen et al., ed. Alexandre. *Le Khanat de Crimee dans les Archives du Musee de Palais de Topkapi.* Paris and The Hague: Mouton, 1978.

Bodrogligeti, András J. E. "Muḥammad Shaybānī Khān's Apology to the Muslim Clergy." *Archivum Ottomanicum* 13 (1993~1994), pp. 85~100.

Bordier, Julian. "Le Khanat de Crimée en Mai 1607 vu par un voyageur français." *Cahiers* 12, no. 3 (1971), pp. 316~326.

Bouvat, Lucien. *L'Empire Mongol (2ème phase).* Paris: E. De Boccard, 1927.

Bregel, Yuri. *An Historical Atlas of Central Asia.* Handbook of Oriental Studies, sec. 8, Central Asia, vol. 9. Leiden: Brill, 2003.

_____. "The New Uzbek States: Bukhara, Khiwa and Khoqand, ca. 1750-1886." In *The Cambridge History of Inner Asia,* edited by Nicola Di Cosmo, Allen J. Frank, and Peter B. Golden, pp. 392~411. Cambridge, U.K.: Cambridge University Press, 2009.

_____. "Uzbeks, Qazaqs and Turkmens." In *The Cambridge History of Inner Asia: The Chinggisid Age,* edited by Nicola Di Cosmo, Allen J. Frank, and Peter B. Golden, pp. 221~236. Cambridge, U.K: Cambridge University Press, 2009.

Bulag, U. E. "Dark Quadrangle in Central Asia: Empires, Ethnogenesis, Scholars and Nation-States." *Central Asian Survey* 13, no. 4 (1994), pp. 459~478.

Burak, Guy. *The Second Formation of Islamic Law: The Ḥanafī School in the Early Modern Ottoman Empire.* Cambridge: Cambridge University Press, 2015.

Burton, Audrey. *The Bukharans: A Dynastic, Diplomatic and Commercial History 1550-1702.* New York: St. Martin's, 1997.

Carr, Francis. *Ivan the Terrible.* Newton Abbot: David & Charles Publishers, 1981.

Collins, L. J. D. "The Military Organization and Tactics of the Crimean Tatars during the Sixteenth and Seventeenth Centuries." In *War, Technology and Society in the Middle East,* edited by V. J. Perry and M. E. Yapp, pp. 257~276. London: Oxford University Press, 1975.

Dale, Stephen Frederic. *Babur: Timurid Prince and Mughal Emperor, 1483-1530.*

Cambridge, UK: Cambridge University Press, 2018.

_____. *The Garden of the Eight Paradises: Babur and the Culture of Empire in Central Asia, Afghanistan and India (1483-1530)*. Brill's Inner Asian Library, vol. 10. Leiden: Brill, 2004.

_____. "India under Mughal Rule." In *The New Cambridge History of Islam*. Vol. 3, *The Eastern Islamic World, Eleventh to Eighteenth Centuries*, edited by David Morgan and Anthony Reid, pp. 266~314. Cambridge: Cambridge University Press, 2010.

_____. "The Later Timurids c. 1450-1526." In *The Cambridge History of Inner Asia: The Chinggisid Age*, edited by Nicola Di Cosmo, Allen J. Frank, and Peter B. Golden, pp. 199-217. Cambridge: Cambridge University Press, 2009.

_____. "The Legacy of the Timurids." *Journal of the Royal Asiatic Society*, 3rd ser., 8, no. 1 (1998), pp. 43~58.

_____. The Muslim Empires of the Ottomans, Safavids, and Mughals. Cambridge, UK; New York: Cambridge University Press, 2010.

Davies, Brian L. *Warfare, State and Society on the Black Sea Steppe, 1500-1700*. London: Routledge, 2007.

Devereux, Robert. "Judgment of Two Languages: Muhakamat al-Lughatain by Mir 'Ali Shir Nawa'i." Muslim World 55, nos. 1 (1965), pp. 28~45.

DeWeese, Devin. *Islamization and Native Religion in the Golden Horde: Baba Tükles and Conversion to Islam in Historical and Epic Tradition*. University Park, PA: Pennsylvania State University Press, 1994.

Di Cosmo, Nicola. "The Qing and Inner Asia: 1636-1800." In *The Cambridge History of Inner Asia: The Chinggisid Age*, edited by Nicola Di Cosmo, Allen J. Frank, and Peter B. Golden, pp. 333~362. Cambridge: Cambridge University Press, 2009.

Dobrovits, Mihály. "Maidens, Towers and Beasts." In *The Role of Women in the Altaic World: Permanent International Altaistic Conference, 44th meeting, Walberberg, 26-31 August 2001*. Edited by Veronika Veit, Asiatische Forschungen Bd. 152. Wiesbaden: Harrassowitz, 2007.

_____. "The Turco-Mongolian Tradition of Common Origin and the Historiography in Fifteenth Century Central Asia." *Acta Orientalia Academiae Scientiarum Hungaricae* 48 (1994), pp. 269~277.

Ebrahimnejad, Hormoz. *Pouvoir et succession en Iran: les premiers Qājār 1726-1834*. Paris: L'Harmattan, 1999.

Elverskog, Johan. *Our Great Qing: the Mongols, Buddhism and the State in Late Imperial China*. Honolulu: University of Hawaii Press, 2006.

Finke, Peter. *Variations on Uzbek Identity: Strategic Choices, Cognitive Schemas and Political Constraints in Identification Processes*. New York: Berghahn Books, 2014.

Fisher, Alan W. *The Crimean Tatars*. Stanford: Hoover Institution Press, 1978.

Fleischer, Cornell H. *Bureaucrat and Intellectual in the Ottoman Empire: The Historian Mustafa Ali (1541-1600)*. Princeton, N.J.: Princeton University Press, 1986.

Foltz, Richard C. *Mughal India and Central Asia*. Karachi; New York: Oxford University Press, 1998.

Fragner, Bert G. "Ilkhanid Rule and Its Contributions to Iranian Political Culture." In *Beyond the Legacy of Genghis Khan*. Edited by Linda Komaroff, pp. 68~80. Leiden, The Netherlands: Brill, 2006.

_____ . "Iran Under Ilkhanid Rule in a World History Perspective." In *L'Iran face à la domination mongole*. Edited by D. Aigle, pp. 121~131. Tehran: Institut Français de Recherche en Iran, 1997.

Frank, Allen J. *Islamic Historiography and "Bulghar" Identity among the Tatars and Bashkirs of Russia*. Leiden: Brill, 1998.

_____ . "The Qazaqs and Russia." In *The Cambridge History of Inner Asia: The Chinggisid Age*, edited by Nicola Di Cosmo, Allen J. Frank, and Peter B. Golden, pp. 363~379. Cambridge, UK: Cambridge University Press, 2009.

_____ . "Russia and the Peoples of the Volga-Ural Region: 1600-1850." In *The Cambridge History of Inner Asia: The Chinggisid Age*, edited by Nicola Di Cosmo, Allen J. Frank, and Peter B. Golden, pp. 380~391. Cambridge, UK: Cambridge University Press, 2009.

_____ . *The Siberian chronicles and the Taybughid Biys of Sibir'*. Papers on Inner Asia 27. Bloomington: Indiana University, Research Institute for Inner Asian

Studies, 1994.

_____. "The Western Steppe: Volga-Ural Region, Siberia and the Crimea." In *The Cambridge History of Inner Asia: The Chinggisid Age*, edited by Nicola Di Cosmo, Allen J. Frank, and Peter B. Golden, pp. 237~259. Cambridge: Cambridge University Press, 2009.

Golden, Peter B. *An Introduction to the History of the Turkic Peoples: Ethnogenesis and State-Formation in Medieval and Early Modern Eurasia and the Middle East.* Wiesbaden: O. Harrassowitz, 1992.

_____. "Inner Asia c. 1200." In *The Cambridge History of Inner Asia: The Chinggisid Age*, edited by Nicola Di Cosmo, Allen J. Frank, and Peter B. Golden, pp. 9~25. Cambridge: Cambridge University Press, 2009.

_____. "Migrations, Ethnogenesis." In *The Cambridge History of Inner Asia: The Chinggisid Age*, edited by Nicola Di Cosmo, Allen J. Frank, and Peter B. Golden, pp. 109~119. Cambridge: Cambridge University Press, 2009.

Grodekov, N. I. *Kirgizi i karakirgizy Syr-Dar'inskoi oblasti*, vol. 1. Tashkent, Tipo-Litografya S. I. Lakhtina, 1889.

Haidar, Mansura. *Central Asia in the Sixteenth Century.* New Delhi: Manohar, 2002.

_____. "The Mongol Traditions and Their Survival in Central Asia (14-15th Centuries)." *Central Asiatic Journal* 28, nos. 1~2 (1984), pp. 57~79.

Halkovic, Stephen A. Jr. *The Mongols of the West.* Bloomington: Indiana University Press, 1985.

Halperin, Charles J. *Russia and the Golden Horde: The Mongol Impact on Medieval Russian History.* London: Tauris, 1987.

_____. *The Tatar Yoke: The Image of the Mongols in Medieval Russia.* Bloomington, Ind.: Slavica Publishers, 2009.

Heywood, Colin. "Filling the Black Hole: The Emergence of the Bithynian Atamanates." In *The Great Ottoman-Turkish Civilisation.* Vol. 1, *Politics*, edited by Kemal Çiçek, Nejat Göyünç, Ercüment Kuran, and Ilber Ortayli, pp. 109~114. Ankara: Yeni Turkiye, 2000.

Howorth, Henry H. *History of the Mongols from the 9th to the 19th Century.* 4 vols. London: Longmans, Green, 1876~1927.

Hrushevsky, Mykhailo. *History of Ukraine-Rus'*. Vol. 7, *The Cossack Age to 1625*. Translated by Bohdan Struminski. Edited by Serhii Plokhy and Frank E. Sysyn with the assistance of Uliana M. Pasicznyk. Edmonton: Canadian Institute of Ukrainian Studies Press, 1999.

Inalcık, Halil. "The Khan and the Tribal Aristocracy: The Crimean Khanate under Sahib Giray I." *Harvard Ukrainian Studies* 3~4 (1980), pp. 445~466.

Isin, A. *Kazakhskoye khanstvo i Nogayskaya Orda vo vtoroy polovine XV-XVI v.* Almaty, 2004.

Ito, Takao. "Al-Maqrīzī's Biography of Tīmūr." *Arabica* 62 (2015), pp. 308~327.

Jackson, Peter. *The Delhi Sultanate : A Political and Military History*. Cambridge: Cambridge University Press, 2003.

_____. "The Mongols of Central Asia and the Qara'unas." *Iran* 56, no. 1 (2018), pp. 1~13. DOI: 10.1080/05786967.2018.1426191

Jamsran, L., ed. *Mongol Ulsyn Tüükh*, vol. 3. Ulaanbaatar: Mongol Ulsyn Shinjlekh Ukhaany Akademi Tüükhiin Khüreelen, 2003.

Janabel, Jiger. "From Mongol Empire to Qazaq Jüzder: Studies on the Steppe Political Cycle (13th-18th Centuries)." PhD diss., Harvard University, 1997.

Jin, Han-Jun et al. "Y-Chromosomal DNA Haplogroups and Their Implications for the Dual Origins of the Koreans." *Human Genetics* 114, no. 1 (2003), pp. 27~35.

Jin, Han-Jun, Ki-Cheol Kim, and Wook Kim. "Genetic Diversity of Two Haploid Markers in the Udegey Population from Southeastern Siberia." *American Journal of Physical Anthropology* 142, no. 2 (2010), pp. 303~313.

Kafalı, Mustafa. *Altın Orda Hanlığının kuruluş ve yükseliş devirleri*. Istanbul: İstanbul Üniversitesi Edebiyat Fakültesi, 1976.

Kalan, Ekrem. "A Mongol Sultan in Egypt: Al-Malik Al-Adil Zeyneddin Ketbugha Al-Mansurî (1294-1296)." *Mongolica: An International Annual of Mongol Studies* 18, no. 39 (2006), pp. 424~439.

Katoh, Toru et al. "Genetic Features of Mongolian Ethnic Groups Revealed by Y-Chromosomal Analysis." *Gene* 346 (2005), pp. 63~70.

Keenan, Edward Louis, Jr. "Muscovy and Kazan: Some Introductory Remarks on the

Patterns of Steppe Diplomacy." *Slavic Review* 26, no. 4 (1967), pp. 548~558.

Kennedy, Craig Gayen. "The Juchids of Muscovy: A Study of Personal Ties Between Émigré Tatar Dynasts and the Muscovite Grand Princes in the Fifteenth and Sixteenth Centuries." PhD diss., Harvard University, 1994.

Kenzheakhmet, Nurlan. "The Qazaq Khanate as Documented in Ming Dynasty Sources." *Crossroads* 8 (2013), pp. 131~156.

Kim, Hodong. "The Early History of the Moghul Nomads: The Legacy of the Chaghatai Khanate." In *The Mongol Empire and Its Legacy*, edited by Reuven Amitai-Preiss and David O. Morgan, pp. 290~318. Islamic History and Civilization, vol. 24. Leiden: Brill, 1999.

_____. *Holy War in China: The Muslim Rebellion and State in Chinese Central Asia, 1864-1877.* Stanford, CA: Stanford University Press, 2004.

Kırımlı, Hakan and Ali Yaycıoğlu. "Heirs of Chinghis Khan in the Age of Revolutions: An Unruly Crimean Prince in the Ottoman Empire and Beyond." *Der Islam* 94 no. 2 (2017), pp. 496~526.

Klyashtornyi, S. G., and T. I. Sultanov. *Gosudarstva i narody Evraziyskikh stepey: Drevnost' i srednevekov'ye.* St. Petersburg: Peterburgskoye Vostokovedenie, 2000.

Kochnev, Boris. "Les relations entre Astarkhanides, khans kazaks et 'Arabshahides (dernières données numismatiques)." *Cahiers d'Asie Centrale* 3~4 (1997), pp. 157~167.

Kolodziejczyk, Dariusz. *The Crimean Khanate and Poland-Lithuania: A Study of Peace Treaties Followed by Annotated Documents.* Boston: Brill, 2011.

Koygeldiyev, M. K., ed. *Istoriya Kazakhstana v russkikh istochnikakh.* Vol. 1, *Posol'skiye materialy russkogo gosudarstva (XV–XVII vv.).* Almaty: Dayk, 2005.

Kozybaev, Manash Kabashevich, ed. *Istoriya kazakhstana s drevneyshikh vremen do nashikh dney.* Almaty: Izdatel'stvo Dăuĭr, 1993.

Krueger, John R. "Three Oirat-Mongolian Diplomatic Documents of 1691." *Central Asiatic Journal* 12, no. 4 (1969), pp. 286~295.

von Kügelgen, Anke. *Die Legitimierung der mittelasiatischen Mangitendynastie in den Werker ihrer Historiker (18.-19. Jahrhundert).* Istanbul: Orient-Institut, 2002.

_____. "Manghits." In *Encyclopaedia Iranica*, ed. by Ehsan Yarshater, 2004

Kumar, Sunil. "The Ignored Elites: Turks, Mongols, and a Persian Secretarial Class in the Early Delhi Sultanate." *Modern Asian Studies* 43, no. 1 (2009), pp. 45~77.

Kurat, A. N. *Topkapı Sarayı Müzesi Arşivindeki Altın Ordu, Kırım ve Türkistan hanlarına ait yarlık ve bitikler.* Istanbul: Bürhaneddin Matbaası, 1940.

Kuang, Shuntu. "Common People and the Founding of the Mughal Empire: Timurid Practices of Wartime Justice and Tyranny over Local Populaces, 1494-1556." MA diss., Columbia University, 2013.

_____. "For King and What Country? Chinggisid-Timurid Conceptions of Rulership and Political Community in Relation to Territory, 1370-1530." PhD diss., University of Toronto, 2020.

Lee, Joo-Yup. "The Historical Meaning of the Term Turk and the Nature of the Turkic Identity of the Chinggisid and Timurid Elites in Post-Mongol Central Asia." *Central Asiatic Journal* 59 (2016), pp. 101~132.

_____. "Kazakh Khanate." In *The Oxford Research Encyclopedia of Asian History*. Ed. David Ludden. New York: Oxford University Press. doi: 10.1093/acrefore/ 9780190277727.013.60

_____. "The Political Vagabondage of the Chinggisid and Timurid Contenders to the Throne and Others in Post-Mongol Central Asia and the Qipchaq Steppe: A Comprehensive Study of Qazaqlïq, or the Qazaq Way of Life." *Central Asiatic Journal* 60 (2017), pp 60~95.

_____. "Qazaq Khanate." In *Encyclopaedia of Islam, THREE*, edited by: Kate Fleet, Gudrun Krämer, Denis Matringe, John Nawas, and Everett Rowson. Leiden: Brill, 2020.

_____. *Qazaqlïq, or Ambitious Brigandage, and the Formation of the Qazaqs: State and Identity in Post-Mongol Central Eurasia.* Studies in Persian Cultural History 8. Leiden: Brill, 2016.

_____. "Qazaq, People." In *Encyclopaedia of Islam, THREE*, edited by: Kate Fleet, Gudrun Krämer, Denis Matringe, John Nawas, and Everett Rowson. Leiden: Brill, 2020.

_____. "Some Remarks on the Turkicization of the Mongols in Post-Mongol

Central Asia and the Qipchaq Steppe." *Acta Orientalia Academiae Scientiarum Hungaricae* 71, no. 2 (2018), pp. 121~144.

_____. "Turkic Identity in Mongol and post-Mongol Central Asia and the Qipchaq Steppe." In *The Oxford Research Encyclopedia of Asian History*, ed. David Ludden. New York: Oxford University Press, doi: 10.1093/acrefore/ 9780190277727.013.443

_____. "Were the Historical Oirats "Western Mongols"?: An Examination of their Uniqueness in Relation to the Mongols." *Études mongoles et sibériennes, centrasiatiques et tibétaines* 47 (2016), pp. 1~24.

Lee, Joo-Yup, Jesse Driscoll, Christopher Atwood, Scott Levi, and Uli Schamiloglu. "2017 CESS Book Award Author-Critic Forum." *Inner Asia* 21, no. 1 (2019), pp. 105~123.

Lee, Joo-Yup and Shuntu Kuang. "A Comparative Analysis of Chinese Historical Sources and Y-DNA Studies with Regard to the Early and Medieval Turkic Peoples." *Inner Asia* 19, no. 2 (2017), pp. 197~239.

Lemercier-Quelquejay, Chantal. *La Paix mongole.* Paris: Flammarion, 1970.

_____. "The Kazakhs and the Kirghiz." In *Central Asia*, edited by Gavin Hambly, pp. 140~149. New York: Delacorte, 1966.

Levi, Scott C. *The Rise and Fall of Khoqand, 1709–1876: Central Asia in the Global Age.* Pittsburgh: University of Pittsburgh Press, 2017.

Levshin, Aleksei. *Opisaniye kirgiz-kaysakskikh, ili kirgiz-kazachikh, ord i stepey.* St. Petersburg: Tipografii Karla Krayya, 1832.

Lindner, Rudi Paul. "Between Seljuks, Mongols and Ottomans." In *The Great Ottoman-Turkish Civilization*, vol. 1. Edited by Kemal Cicek. Ankara: Yeni Tiirkiye, 2000.

_____. *Explorations in Ottoman Prehistory.* Ann Arbor: University of Michigan Press, 2007.

Ma Dazheng. "The Tarim Basin." In *History of Civilizations of Central Asia.* Vol. 5, *Development in Contrast: From the Sixteenth to the Mid-Nineteenth Century*, edited by Chahryar Adle and Ifran Habib, pp. 181~208. Paris: Unesco, 2003.

Magocsi, Paul R. *This Blessed Land: Crimea and the Crimean Tatars.* Toronto:

University of Toronto Press, 2014.

Mano, Eiji. "Moghūlistān." *Acta Asiatica* 34 (1978), pp. 46~60.

Manz, Beatrice F. "The Development and Meaning of Chaghatay Identity." In *Muslims in Central Asia: Expressions of Identity and Change*, edited by Jo-Ann Gross, pp. 36~44. Durham, NC: Duke University Press, 1992.

_____. "The Empire of Tamerlane as an Adaptation of the Mongol Empire: An Answer to David Morgan, "The Empire of Tamerlane: An Unsuccessful Re-Run of the Mongol State?"" *Journal of the Royal Asiatic Society* 26, no. 1–2 (2016), pp. 281~291.

_____. "Historical Background." In *Central Asia in Historical Perspective*, edited by Beatrice F. Manz, pp. 4~24. Boulder, CO: Westview, 1994.

_____. "Mongol History Rewritten and Relived." *Revue des Mondes Musulmans et de la Mediterranée* 89–90 (2000), pp. 129~149.

_____. "Multi-ethnic Empires and the Formation of Identity." *Ethnic and Racial Studies* 26, no. 1 (2003), pp. 70~101.

_____. *Power Politics and Religion in Timurid Iran*. Cambridge, UK: Cambridge University Press, 2007.

_____. *The Rise and Rule of Tamerlane*. Cambridge: Cambridge University Press, 1989.

_____. "Tamerlane's Career and Its Uses." *Journal of World History* 13, no. 1 (2002), pp. 1~25.

_____. "Temür and the Early Timurids to c. 1450." In *The Cambridge History of Inner Asia: The Chinggisid Age*, edited by Nicola Di Cosmo, Allen J. Frank, and Peter B. Golden, pp. 182~198. Cambridge: Cambridge University Press, 2009.

_____. "Temür and the Problem of a Conqueror's Legacy." *Journal of the Royal Asiatic Society*, 3rd ser., 8, no. 1 (1998), pp. 21~41.

_____. "Women in Timurid Dynastic Politics." In *Women in Iran from the Rise of Islam to 1800*, edited by Guity Nashat and Lois Beck, pp. 121~139. Urbana: University of Illinois Press, 2003.

Martin, Virginia. *Law and Custom in the Steppe: The Kazakhs of the Middle Horde and Russian Colonialism in the Nineteenth Century*. Richmond: Curzon, 2001.

May, Timothy. *The Mongol Conquests in World History*. London: Reaktion Books, 2011.

McChesney, R. D. "The Amirs of Muslim Central Asia in the XVIIth Century." *Journal of the Economic and Social History of the Orient* 26, no. 1 (1983), pp. 33~70.

_____. *Central Asia: Foundations of Change*. Princeton, NJ: Darwin, 1996.

_____. "The Chinggisid Restoration in Central Asia: 1500-1785." In *The Cambridge History of Inner Asia: The Chinggisid Age*, edited by Nicola Di Cosmo, Allen J. Frank, and Peter B. Golden, pp. 277~302. Cambridge: Cambridge University Press, 2009.

_____. "Islamic Culture and the Chinggisid Restoration: Central Asia in the Sixteenth and Seventeenth Centuries." In *The New Cambridge History of Islam. Vol. 3, The Eastern Islamic World, Eleventh to Eighteenth Centuries*, edited by David Morgan and Anthony Reid, pp. 239~265. Cambridge: Cambridge University Press, 2010.

_____. "The "Reforms" of Bāqī Muḥammad Khān." *Central Asiatic Journal* 24 (1980), pp. 69~84.

Millward, James. "Eastern Central Asia (Xinjiang): 1300-1800." In *The Cambridge History of Inner Asia: The Chinggisid Age*, edited by Nicola Di Cosmo, Allen J. Frank, and Peter B. Golden, pp. 260~276. Cambridge: Cambridge University Press, 2009.

Moss, Walter G. *A History of Russia*. Vol. 1, To 1917. London: Anthem Press, 2003.

Murav'yov, Nikolay. *Journey to Khiva: Through the Turkoman Country*. London: Oguz, 1977.

Nakamachi, Nobutaka. "The Rank and Status of Military Refugees in the Mamluk Army: A Reconsideration of the Wafidiyah." *Mamluk Studies Review* 10, no. 1 (2006), pp. 55~81.

Newby, L. J. *The Empire and the Khanate: A Political History of Qing Relations with Khoqand, c. 1760-1860*. Leiden: Brill, 2005.

Noack, Christian. "The Western Steppe: the Volga-Ural Region, Siberia and the Crimea under Russian rule." In *The Cambridge History of Inner Asia: The*

Chinggisid Age, edited by Nicola Di Cosmo, Allen J. Frank, and Peter B. Golden, pp. 303~330. Cambridge: Cambridge University Press, 2009.

Noda, Jin. *The Kazakh Khanates between the Russian and Qing Empires: Central Eurasian International Relations during the Eighteenth and Nineteenth Centuries*. Leiden, The Netherlands and Boston: Brill, 2016.

Noda, Jin, and Takahiro Onuma. *A Collection of Documents from the Kazakh Sultans to the Qing Dynasty*. Tokyo: Department of Islamic Area Studies, University of Tokyo, 2010.

Northrup, Linda S. "The Bahri Mamluk Sultanate, 1250-1390." In *The Cambridge History of Egypt*. Vol. 1, *Islamic Egypt*, edited by Carl F. Petry, pp. 242~289. Cambridge: Cambridge University Press, 1998.

_____. *From Slave to Sultan: The Career of Al-Manṣūr Qalāwūn and the Consolidation of Mamluk Rule in Egypt and Syria (678-689 A.H./1279-1290 A.D.)*. Freiburger Islamstudien, Band 18. Stuttgart: Franz Steiner Verlag, 1998.

Nurmanova, Aytjan. "La tradition historique orale des Kazakhs." *Cahiers d'Asie Centrale* 8 (2000), pp. 93~100.

Nusupbekov, A. N., ed. *Istoriya Kazakhskoi SSR: S drevneishikh vremen do nashikh dnei. Vol. 1, Pervobytno-obshchinnyi stroi: Plemennye soiuzy i rannefeodal'nye gosudarstva na territorii Kazakhstana*. Alma-Ata: Nauka, 1977.

_____, ed. *Istoriya Kazakhskoy SSR: S drevneyshikh vremen do nashikh dney v pyati tomakh. Vol. 2, Razvitiye feodal'nykh otnosheniy: Obrazovaniye kazakhskoy narodnosti i Kazakhskogo khanstva*. Alma-Ata: Nauka, 1979.

Nyambuu, Kh. *Mongolin Ugsaatani Zuin Udirtgal: Ugsaatani Bureldhuun Garval Zui*. Surah Bichig Huuhdiin Nomin Hevleriin Gaar: Ulaanbaatar, 1992.

Ochir, T. A. *Mongolchuudyn garal, nershil*. Ulaanbaatar: IISNC, 2008.

d'Ohsson, Constantin. *Histoire des Mongols, depuis Tchinguiz-Khan jusqu'à Timour Bey ou Tamerlan*, 4 vols. La Haye and Amsterdam: Les Frères van Cleef, 1834~1835.

Okada, Hidehiro. "China as a Successor State to the Mongol Empire." In *The Mongol Empire and Its Legacy*. Edited by Reuven Amitai-Preiss and David O. Morgan, pp. 260~272. Leiden: Brill, 1999.

_____. "Dayan Khan as a Yüan Emperor: The Political Legitimacy in 15th Century Mongolia." *Bulletin de l'Ecole française d'Extrême-Orient* 81 (1994), pp. 51~58.

_____. "Origins of the Dörben Oyirad." *Ural-Altaische Jahrbücher* 7 (1987), pp. 181~211.

Onuma, Takahiro, David Brophy, and Yasushi Sinmen, eds. *Xinjiang in the Context of Central Eurasian Transformations.* Toyo Bunko Research Library 18. Tokyo: The Toyo Bunko, 2018.

Ostapchuk, Victor. "Long-Range Campaigns of the Crimean Khanate in the Mid-Sixteenth Century." *Journal of Turkish Studies* 29 (2004), pp. 75~99.

Ostrowski, Donald. *Muscovy and the Mongols: Cross-Cultural Influences on the Steppe Frontier, 1304–1589.* Cambridge: Cambridge University Press, 1998.

_____. "Simeon Bekbulatovich's Remarkable Career as Tatar Khan, Grand Prince of Rus', and Monastic Elder." *Russian History* 39, no. 3 (2012), pp. 269~299.

Papas, Alexandre. "Khojas of Kashgar." In *The Oxford Research Encyclopedia of Asian History.* Ed. David Ludden. New York: Oxford University Press, DOI: 10.1093/acrefore/9780190277727.013.12

Payne, Robert and Nikita Romanoff. *Ivan the Terrible.* New York: Crowell, 1975.

Pelenski, Jaroslaw. "State and Society in Muscovite Russia and the Mongol-Turkic System in the Sixteenth Century." In *The Mutual Effects of the Islamic and Judeo-Christian Worlds: The East European Pattern,* edited by A. Ascher, T. Halasi-Kun and B. K. Király, pp. 156~167. New York: Brooklyn College Press, 1979.

Pelliot, Paul. *Notes critiques d'histoire Kalmouke.* Paris: Adrien-Maisonneuve, 1960.

_____. *Notes sur l'histoire de la Horde d'Or. Suivies de quelques noms turcs d'hommes et de peuples finissant en "AR".* Paris: Adrien-Maisonneuve, 1949.

Pétis, François. *Histoire du grand Genghizcan, premier empereur des anciens Mogols et tartares.* Paris: Dans la boutique de Claude Barbin, chez la veuve Jombert, 1710.

Prokofieff, Sergei O. *The Spiritual Origins of Eastern Europe and the Future Mysteries of the Holy Grail.* Forest Row: Temple Lodge Publishing, 1993.

Radlov, Vasily Vasilievich. *Proben der Volksliteratur der Nördlichen Türkischen*

Stämme. Vol. 3, *Kirgisische mundarten*. Berlin: Zentral-Antiquariat der Deutschen Demokratischen Republik, 1965.

Richards, John F. *The Mughal Empire*. Cambridge: Cambridge University Press, 1993.

Sabitov, Z. "Etnogenez kazakhov s tochki zreniya populyatsionnoy genetiki." *Russian Journal of Genetic Genealogy* 5, no. 1 (2013), pp. 29~47.

Sabitov, Zhaxylyk and Nurbol Baimukhanov. "The Niruns and the Subclade C2a3-F4002 (the StarCluster)." *The Russian Journal of Genetic Genealogy* 6, no. 2 (2014), pp. 10~18.

Sālūr, Sīmā. "Tārīkh Nivīsī-'i Shāhzādigān-i Qājārī: Nimūni'ī az Nasab Namah-i Īl-i Qājār, Nimūni'i az tārīkh nivīsī." *Payām-i Bahāristan* 2, no. 7 (2010), pp. 238~251.

Schamiloglu, Uli. "Tribal Politics and Social Organization in the Golden Horde." PhD diss., Columbia University, 1986.

_____. "The *Umdet ül-ahbar* and the Turkic Narrative Sources for the Golden Horde and the Later Golden Horde." In *Central Asian Monuments*, edited by H. B. Paksoy, pp. 81~93. Istanbul: Isis Press, 1992.

Seaton, Albert. *The Horsemen of the Steppes: The Story of the Cossacks*. London: Bodley Head, 1985.

Sela, Ron. *The Legendary Biographies of Tamerlane: Islam and Heroic Apocrypha in Central Asia*. Cambridge: Cambridge University Press, 2011.

Smirnov, V. D. *Krymskoye Khanstvo pod verkhovenstvom Ottomanskoi Porty*. St. Petersburg, 1887.

Stökl, Günther. *Die Entstehung des Kosakentums*. Munich: Isar Verlag, 1953.

Subtelny, Maria Eva. "Art and Politics in Early 16th Century Central Asia." *Central Asiatic Journal* 27, nos. 1-2 (1983), pp. 121~148.

_____. "Bābur's Rival Relations: A Study of Kinship and Conflict in 15th-16th Century Central Asia." *Der Islam* 66, no. 1 (1989), pp. 102~118.

_____. "The Symbiosis of Turk and Tajik." In *Central Asia in Historical Perspective*, edited by Beatrice F. Manz, pp. 45~61. John M. Olin Critical Issues Series. Boulder, CO: Westview, 1994.

_____. "Tamerlane and His Descendants: From Paladins to Patrons." In *The New Cambridge History of Islam*. Vol. 3, *The Eastern Islamic World, Eleventh to Eighteenth Centuries*, edited by David Morgan and Anthony Reid, pp. 169~200. Cambridge: Cambridge University Press, 2010.

_____. "The Timurid Legacy: A Reaffirmation and a Reassessment." In "L' héritage timouride: Iran—Asie centrale—Inde, IVe-IVIIIe siècles," edited by Maria Szuppe, special issue, *Cahiers d'Asie Centrale* 3-4 (1997), pp. 9~19.

_____. *Timurids in Transition: Turko-Persian Politics and Acculturation in Medieval Iran*. Brill's Inner Asian Library, vol. 19. Leiden: Brill, 2007.

Subtelny, Orest. *Ukraine: A History*. 4th ed. Toronto: University of Toronto Press, 2009.

Sukhbaatar, N. "Clear Scripts Sources on Oirat History. Classification, Values, and Significance." In *Oirat People. Cultural Uniformity and Diversification*, Senri Ethnological Studies 86. Osaka: National Museum of Ethnology, 2014.

Sultanov, T. I. *Kochevyye plemena Priaral'ya v XV-XVII vv. (Voprosy etnicheskoy i sotsial'noy istorii)*. Moscow: Nauka, 1982.

_____. *Podnyatye na beloy koshme: Potomki chiniz-khana*. Almaty: Dayk, 2001.

Tezcan, Baki. "The Memory of the Mongols in Early Ottoman Historiography." In *Writing History at the Ottoman Court: Editing the Past, Fashioning the Future*. Edited by Erdem Çıpa and Emine Fetvacı. Bloomington, IN: Indiana University Press.

Togan, A. Zeki Velidi. *Bugünkü Türkili (Türkistan) ve yakın tarihi*. Istanbul: Arkadaş, Ibrahim Horoz ve Güven Basımevleri, 1942.

_____. "Mogollar Devrinde Anadolu'nun İktisadî Vaziyeti." *Türk Hukuk ve İktisat Tarihi Mecmuast* 1 (1931), pp. 1~42.

Trepavlov, V. V. *The Formation and Early History of the Manghït Yurt*. Papers on Inner Asia 35. Bloomington: Indiana University, Research Institute for Inner Asian Studies, 2001.

Uskenbay, Kanat Z. "Stanovleniye Kazakhskogo khanstva i politicheskoy organizatsii kazakhov (seredina XV-nachalo XVII v.)." In *Istoriko-kul'turnyy atlas kazakhskogo naroda*, pp. 22~39. Almaty: Print-S, 2011.

_____. *Vostochnyy Dasht-i Kypchak v XIII-nachale XV veka, Problemy etnopoliticheskoy istorii Ulusa Dzhuchi*, red. I. M. Mirgaleyev. Kazan: Izd-vo Fen AN RT, 2013.

Usmanov, M. A. *Tatarskie istoricheskie istochniki XVII-XVIII vv.* Kazan: Izdatel'stvo Kazanskogo Universiteta, 1972.

Valikhanov, Chokan. *Izbrannye proizvedeniya*, edited by S. Mazhitov et al., pp. 120~135. Almaty: Izdatel'stvo Arys, 2009.

Vámbéry, Arminius. *Travels in Central Asia: Being the Account of a Journey from Teheran across the Turkoman Desert on the Eastern Shore of the Caspian to Khiva, Bokhara, and Samarcand Performed in the Year 1863.* New York: Harper & Brothers, 1865.

Vásáry, István. "The Beginnings of Coinage in the Blue Horde." *Acta Orientalia* 62, no. 4 (2009), pp. 371~385.

_____. "The Crimean Khanate and the Great Horde (1440s-1500s): A Fight for Primacy." In *The Crimean Khanate between East and West (15th - 18th century)*, edited by Denise Klein, pp. 13~26. Wiesbaden: Harrassowitz, 2012.

_____. "Hungarians and Mongols as "Turks": On the Applicability of Ethnic Names." In *Between Byzantium and the Steppe. Archaeological and Historical Studies in Honour of Csanád Bálint on the Occasion of His 70th Birthday*, edited by Ádám Bollók, Gergely Csiky and Tivadar Vida, pp. 537~543. Budapest: Institute of Archaeology, Research Centre for the Humanities, Hungarian Academy of Sciences, 2016.

_____. "The Jochid realm: the Western Steppe and Eastern Europe." In *The Cambridge History of Inner Asia: The Chinggisid Age*, edited by Nicola Di Cosmo, Allen J. Frank, and Peter B. Golden, pp. 67~86. Cambridge: Cambridge University Press, 2009.

_____. "The Tatar Factor in the Formation of Muscovy's Political Culture." In *Nomads as Agents of Cultural Change: The Mongols and Their Eurasian Predecessors*, edited by Reuven Amitai and Michal Biran, pp. 252~270. Hawai'i: University of Hawai'i Press, 2015.

_____. "The Tatar Ruling Houses in Russian Genealogical Sources." *Acta*

Orientalia 61, no. 3 (2008), pp. 365~372.

_____. *Turks, Tatars and Russians in the 13th-16th Centuries*. Aldershot: Ashgate, 2007.

Vel'yaminov-Zernov, V. V. *Izsledovanie o kasimovskikh tsaryakh i tsarevichakh*. Trudy Vostochnogo Otdeleniya Imperatorskogo Arkheologicheskogo Obshchestva 9-11. 4 vols. St-Petersburg: V tipografii Imperatorskoy Akademii nauk, 1863~1887.

Vernadsky, George. *A History of Russia*. Vol. 3, *The Mongols and Russia*. New Haven, CT: Yale University Press, 1953.

Wei, Lan-Hai et al. "Genetic Trail for the Early Migrations of Aisin Gioro, the Imperial House of the Qing Dynasty." *Journal of Human Genetics* 62, no. 3 (2016): doi:10.1038/jhg.2016.142.

_____. "Whole-Sequence Analysis Indicates That the Y Chromosome C2*-Star Cluster Traces Back to Ordinary Mongols, Rather Than Genghis Khan." *Eur J Hum Genet* 26 (2018), pp. 230~237.

Wells, R. S., N. Yuldasheva, R. Ruzibakiev, et al. "The Eurasian Heartland: A Continental Perspective on Y-Chromosome Diversity." *PNAS* 98, no. 18 (2001), pp. 10244~10249.

Welsford, Thomas. *Four Types of Loyalty in Early Modern Central Asia: The Tūqāy-Timūrid Takeover of Greater Mā Warā al-Nahr, 1598-1605*. Brill's Inner Asian Library, vol. 27. Leiden: Brill, 2012.

Wilde, Andreas. *What is Beyond the River? Power, Authority and Social Order in Transoxania (18th-19th Centuries)*. Vienna: Verlag der Österreichischen Akademie der Wissenschaften, 2016.

_____. "The Emirate of Bukhara." In *The Oxford Research Encyclopedia of Asian History*. Ed. David Ludden. New York: Oxford University Press, DOI: https://dx.doi.org/10.1093/acrefore/9780190277727.013.14

Wing, Patrick. *The Jalayirids: Dynastic State Formation in the Mongol Middle East*. Edinburgh: Edinburgh University Press, 2016.

Wink, André. *Al-Hind: The Making of the Indo-Islamic World. Vol. 2, The Slave Kings and the Islamic Conquest, 11th-13th Centuries*. Leiden: Brill, 1997.

Wood, William. "Khorezm and the Khanate of Khiva." In *The Oxford Research Encyclopedia of Asian History*. Ed. David Ludden. New York: Oxford University Press, DOI: 10.1093/acrefore/9780190277727.013.284

Woods, John E. "Timur's Genealogy." In *Intellectual Studies on Islam: Essays Written in Honor of Martin B. Dickson*, edited by Michel M. Mazzaoui and Vera B. Moreen, pp. 85~125. Salt Lake City: University of Utah Press, 1990.

Wu, Ch'î-Yu. "Who Were the Oirats?." *Yenching Journal of Social Studies* 3, no 2 (1941), pp. 174~219.

Yudin, V. P. *Tsentral'naya Aziya v XIV-XVIII vekakh glazami vostokoveda*. Edited by Yu. G. Baranova. Almaty: Dayk, 2001.

_____. "Ordy: Belaya, Sinyaya, Seraya, Zolotaya." In *Kazakhstan, Srednyaya i Tsentral'naya Aziya v XVI-XVIII vv.*, edited by E. A. Tulepbaev, pp. 106~165. Alma-Ata: Nauka, 1983.

Zaitsev, I. V. *Krymskaia istoriograficheskaia traditsiia XV-XIX vekov: Puti razvitiia; Rukopisi, teksty i istochniki*. Moscow: "Vostochnaia literatura," 2009.

Zerjal, Tatiana et al. "The Genetic Legacy of the Mongols." *American Journal of Human Genetics* 72 (2003), pp. 717~721.

Zerjal, T., R. S. Wells, N. Yuldasheva, R. Ruzibakiev, and C. Tyler-Smith. "A Genetic Landscape Reshaped by Recent Events: Y-Chromosomal Insights into Central Asia." *The American Journal of Human Genetics* 71 (2002), pp. 466~482.

Zhdanko, T. A. "Ethnic Communities with Survivals of Clan and Tribal Structure in Central Asia and Kazakhstan in the Nineteenth and Early Twentieth Centuries." In *The Nomadic Alternative: Modes and Models of Interaction in the African-Asian Deserts and Steppes*, edited by Wolfgang Weissleder, pp. 137~145. The Hague: Mouton, 1978.

赤坂恒明,《ジュチ裔諸政権史の研究》. 東京: 風間書房, 2005.

마노 에이지 외, 현승수 옮김,《교양인을 위한 중앙아시아사》, 책과함께, 2009.
미야와끼 쥰코. 조병학 옮김,《최후의 몽골유목제국》, 백산출판사, 2000.
오카다 히데히로, 이진복 옮김,《세계사의 탄생》, 황금가지, 2002.

찾아보기

ㄱ

가잔 칸(Ghāzān Khan) 27, 58, 115, 119,
　120, 132, 134
가지 기레이 2세(Ghāzī Girāy II) 180, 181
갈단(Galdan) 105, 264, 267, 277~279
건륭제 208, 251, 253
공민왕 262
구레겐(güregen) 48, 58, 59, 68, 262
구르칸 왕조(Gūrkhāni) 68
기레이 왕조(Girays) → 크림 칸국

ㄴ

나디르 샤(Nādir Shah) 83, 207, 230, 244
나리슈킨(Naryshkin) 가문 159
나스르알라 칸(Naṣrallāh Khan) 233, 234,
　236
남동 투르크어(Southeastern Turkic) 107,
　213

노가이(Noghay) 113, 114
노가이 오르다(Noghay Orda) → 망기트
　울루스
노가이(Noghay)인 174, 280
노예 무역 179, 182, 245
누르하치(Nurhachi) 29, 250, 252~254,
　274, 276

ㄷ

다얀 왕조(Dayan Khanids) → 북원
다얀 칸(Dayan Khan) 22, 258, 261, 269~
　272, 276
달라이 라마 275, 279
대원大元 21, 22, 250~261
대칸 울루스 21, 290
데블레트 기레이(Devlet Girāy) 174, 175,
　179~181, 301
델리 술탄국(Delhi Sultanate) 25, 49, 51,
　56, 71~73, 83, 85~89, 285, 286

돈 코삭(Don Cossacks) 184
돌궐 38, 39, 42, 44, 106, 107, 259, 267
돌궐 정체성 42, 43, 213
동로마제국 53, 116, 149
동슬라브(East Slavic)인 215
동차가다이 울루스 → 모굴 칸국
동투르키스탄 21, 24, 92, 99, 101, 102, 107,
   203, 285

ㄹ

라즈푸트(Rajput) 72, 79, 82
러시아 군대 146, 175~179, 185~188, 207,
   234
러시아제국 19, 20, 23, 26, 28, 29, 140,
   142, 148, 149, 152~159, 162~164, 169,
   172~174, 179, 181, 184~188, 190, 202,
   207, 208, 226, 234, 236, 238, 243, 245,
   280, 283, 284, 286~289, 302, 303
로디 왕조(Lodi dynasty) 72, 73, 86, 88
루스(Rus´) 공국 144
리투아니아 148, 149, 184, 302
릭단 칸(Ligdan Khan) 274

ㅁ

마라타(Maratha)인 82, 83
마와라안나흐르(Mā Warāʾ an-Nahr, =트란
   스옥시아나) 44~46, 49, 55, 71, 84, 95,
   97, 99, 101, 155, 192, 200, 203, 204,
   207, 210, 213, 216, 217, 220~222, 225~
   231, 233, 236, 238, 242, 243, 245
만두하이 카툰(Mandukhai Khatun) 269~

271
만사브다리(manṣabdārī) 제도 78, 79
만주滿洲 250~252, 289, 308
만주인 29, 250~256, 275~277, 288, 308
맘룩(mamluk. 노예 군인) 52, 131~133,
   136, 286
맘룩 술탄국(Mamluk Sultanate) 25, 49,
   51, 52, 56, 86, 124, 130~136, 166, 285,
   286
맘룩 왕조(Mamluk dynasty. 델리 술탄국)
   86
망기트/망구트(부족) 38, 164, 172, 173,
   191, 212, 229, 230, 234, 240, 306
망기트 왕조(Manghit dynasty) 24, 172,
   211, 216, 230~234, 236, 238, 244, 245,
   280, 307
망기트 울루스(Manghit Ulus, =노가이 오
   르다) 156, 170, 172~174, 178, 201,
   202, 206, 218, 280
메흐메트 기레이 칸(Meḥmed Girāy Khan)
   23, 151, 169, 170
멩글리 기레이 칸(Menglī Gīray) 23, 167~
   169
명明제국 22, 102, 250, 252. 258, 262~264,
   268, 273, 274, 284, 285, 304
모굴리스탄(Moghulistan) 44~46, 92, 95,
   97, 99~104, 197, 199, 201, 206, 218,
   236, 279
모굴 칸국(Moghul Khanate, =동차가다이
   울루스) 24, 45, 46, 49, 56, 59, 70~72,
   75, 92~105, 107, 197, 198, 201, 206,
   218, 219, 221, 261, 268, 279, 285, 290,
   304

모스크바 23, 79, 140, 164, 169, 174, 175, 177, 179~181, 284

모스크바 대공국(Grand Principality of Moscow) 23, 28, 140, 142~153, 155~159, 166, 173, 176, 196, 286

몽골계 부족 22, 24, 35, 38, 41, 45, 49, 50, 59, 93~95, 124, 126, 166, 173, 191, 212, 229, 231, 234, 239, 240, 244, 266, 272, 306

몽골계 언어(Mongolic) 86, 264, 272

몽골 관습 53, 216, 232

몽골 기병 28, 146, 147, 175, 176, 253

몽골로이드 외모 47, 57, 213

몽골어 35, 37, 40, 67, 86, 94, 216, 254, 259, 260, 264, 265, 272, 284, 310

몽골인 20, 22, 25~29, 35~42, 44, 47, 52, 53, 56, 58, 61, 66, 67, 69, 71, 73, 75, 76, 86~89, 93, 94, 101, 104, 112, 114, 117, 121, 125, 126, 131, 133~135, 141, 142, 148, 149, 157, 158, 164, 192, 193, 199, 213, 215, 216, 228, 231, 232, 235, 237, 239, 244, 252~255, 259~262, 264~267, 270~273, 276, 277, 279, 284~289, 291, 292, 297, 298, 306, 308

몽골인 정체성 36, 37, 56, 58, 67, 75, 94, 164, 259, 260, 284, 306

몽골인 혈통 29, 59, 141, 148, 149, 157, 158

몽골제국(Mongol Empire) 6, 19~21, 25~29, 34, 38~44, 47~49, 53, 54, 57, 63, 76, 79, 80, 84, 93, 113~121, 125, 131, 136, 141~148, 158, 159, 163, 164, 175, 191, 193, 201, 207, 211, 212, 216, 228, 231, 235, 238, 239, 245, 253, 259~262, 265, 269, 272, 273, 277, 281, 283, 284, 286, 287, 290

몽골제국 계승의식 48, 58, 228, 231, 234, 244, 259, 261

몽골제국의 유산 6, 19, 27, 29, 141~143, 283

몽골제국 후예의식 57, 94, 120, 121, 192, 228, 231, 234, 235, 244, 259, 260, 267

몽골활 146, 175, 176, 178, 186

무굴(Mughul) 명칭 25, 69, 295

무굴인 25, 40, 68~69, 77, 92, 305

무굴제국(Mughul Empire) 20, 24~26, 34, 37, 39, 40, 59, 62, 63, 66~70, 74, 76~85, 94, 98, 103, 201, 202, 204, 205, 207, 210, 223, 224, 228~230, 260, 261, 269, 283~285, 290

무자파르 왕조(Muzaffarids) 51, 129, 299

무함마드 라힘 칸(Muḥammad Raḥīm Khan) 230~232

무함마드 시바니 칸(Muḥammad Shībānī Khan) 24, 70, 71, 84, 85, 99, 100, 102, 200, 204, 211~213, 218~221, 223, 231, 231, 305

무함마드 아민(Muḥammad Amīn) 244

뭉케 칸(Möngke Khan) 21, 262

밍(Ming) 왕조 → 코칸드 칸국

ㅂ

바를라스(부족) 40, 41

바부르(Babur) 25, 59, 66, 68~77, 84, 85, 94, 98, 219~221, 235

바키 무함마드(Bāqī Muḥammad) 204, 225~227

바투(Batu) 186, 194, 307

바투르 홍타이지(Batur Hongtaiji) 278, 279

바투 울루스 165, 195

바흐체 사라이(Bāghche Sarāy) 170, 172, 182, 188, 207

발흐(Balkh) 48, 81, 204, 205, 216, 221, 222, 225, 227~229

보르지긴(Borjigin) 가문 → 칭기스 일족

보리스 고두노프(Boris Godunov) 28, 140, 158, 181, 286

부케이 오르다(Bukey Orda) 208

부하라 44, 213, 221, 222, 225, 233

북원北元 20, 29, 79, 93, 103, 201, 207, 251, 258~266, 268~279, 283, 285, 287, 290, 308

ㅅ

사르트(Sart)인 → 이란계 정주민

사마르칸드 43, 44, 53, 71, 213

사이드 칸(Sa'īd Khan. 모굴 칸국) 102

사파비야(Safavīyya) 교단 27, 120, 220, 287

사파비제국(Safavid empire) 24, 27, 29, 57, 71, 75, 77, 79, 83, 120, 178, 181, 200, 202, 211, 220~224, 226~230, 233, 241, 242, 283, 284, 286, 287, 290

사힙 기레이 칸(Ṣāḥib Girāy Khan) 152, 169~172, 174, 301, 302

샤루흐(Shāhrukh. 티무르 왕조) 35, 54~56, 58~60, 96

샤루흐 비(Shāhrukh Biy. 우즈벡/밍 왕조)

234, 235

샤루흐 왕조(Shahrukhids) → 밍 왕조

샤리아(sharia) 58, 116, 117, 182, 205

샤 이스마일(Shāh Ismā'īl Safavī) 27, 71, 120, 220, 221, 241

샤이흐 우와이스(Shaikh Uvays) 22, 120, 124, 128~130

샤이흐 하산 잘라이르(Shaikh Ḥasan Jalayir) 120, 124, 126~128

샤 자한 (Shāh Jahān) 25, 66, 81, 82, 228

셀림 1세(Selīm I) 169

셀주크제국(Seljuk Empire) 37~39, 57, 76, 113, 290

수피 왕조(Sufi dynasty) 49, 239, 307

순치제 29, 252, 287

술레이만(Süleyman) 26, 116, 117, 170, 171, 286

술탄 아부 사이드(Sulṭān-Abū Sa'īd) 59~61, 63, 97~99, 217, 219

술탄 후사인 바이카라(Sulṭān-Ḥusain Bayqara) 62, 63, 84

스키타이(Scythian) 유목민 73, 214, 215

시메온 백불라토비치(Simeon Bekbulatovich) 28, 154, 157, 158, 286

시반(Shībān) 156, 192, 196, 199, 210, 217, 239, 241

시반 왕조(Shibanids) 155

시비르 칸국(Sibir Khanate) 154~156, 199, 217

시크(Sikh) 교도 80, 82, 83

신장(신강新疆) 101

ㅇ

아가 무함마드(Āghā Muḥammad Khan)
120
아랍샤 왕조(Arabshahids) 210, 223, 229,
230, 239, 241~244, 269
아룩타이(Aruqtai) 263, 264, 268
아르군 왕조(Arghun dynasty) 84, 85
아르군 칸(Arghun Khan) 84, 126
아리아(Aryan)인 73, 214, 215
아릭 부케(Ariq Böke) 21, 262
아미르(amir) 칭호 43, 128
아바타이 칸(Abatai Khan) 276, 277
아부 사이드 칸(Abū Saʿīd Khan. 일 칸국)
115, 120, 125, 126, 135, 292
아불 가지 칸(Abū al-Ghāzī Khan) 19, 42,
229, 241~243, 245
아불 하이르 왕조(Abulkhairids) 199, 200,
202, 210, 216, 220~227, 240, 241, 243,
269
아불 하이르 일족 200, 218~222
아불 하이르 칸(Abū al-Khair Khan) 24,
60, 97, 100, 192, 196~200, 211, 212,
216, 217, 219, 220
아블라이 칸(Ablai Khan) 205, 208
아스트라한 왕조(Astrakhanids) → 토카이
티무르 왕조
아스트라한 칸국(Astrakhan Khanate) 23,
148, 149, 151, 153, 154, 163, 165, 170,
172, 174, 175, 179, 218, 225, 226
아우랑제브(Aurangzīb. 무굴 왕조) 25, 66,
69, 81~83, 228
아이신 기오로(Aisin Gioro) 가문 254, 255

아제르바이잔 22, 124
아프간인 51, 72, 73, 77, 83, 86~89, 230
악바르(Akbar) 25, 67, 76, 78~82, 85, 223,
224, 284
악 코윤루(Aq Qoyunlu) 57, 60, 61, 63,
119
알나시르 무함마드(al-Nāṣir Muḥammad)
133~135
알란 고아(Alan Goa) 40, 164, 193, 231,
235, 266, 285, 303, 308
알림 칸(ʿĀlim Khan) 211, 216, 232, 234,
245
알타이어족 254
알탄 칸(Altan Khan) 22, 103, 258,
272~277, 285
알티샤흐르 45, 101
압둘라 칸(ʿAbdallāh Khan) 103, 202~204,
210, 222~226, 243, 284
야르칸드 칸국(Yarkand Khanate) 102
에디구(Edigü) 173, 196
에센 부카 2세(Esen Buqa II) 97, 98, 100,
197, 304
에센 타이시(Esen Taishi) 97, 217, 264,
268~271
역참(jam) 28, 74, 145
오구즈(Oghuz) 39, 42, 57, 88, 113, 290
오르다(Orda) 194, 195, 304, 307
오르다 울루스(주치 울루스의 좌익) 194,
195
오르한(Orhan) 115
오스만(ʿOsmān) 113, 114
오스만 왕조(Ottomans) 20, 25~27, 29,
36, 37, 51~53, 56, 57, 72, 113~118,

125, 152, 163, 164, 168~172, 174, 175, 179~183, 186~188, 210, 223, 230, 283~287, 290, 297, 301, 302

오이라드/오이라트 22, 24, 92, 97, 104, 132, 133, 173, 190, 208, 217, 242, 259, 260, 262~271, 273, 275~278, 280, 281, 285, 309, 310

우구데이(Ögödei) 21, 54, 290

우루스 칸(Urus Khan) 49, 50, 165, 190, 195, 196, 200, 216~218, 269, 293, 304

우바이달라('Ubaidallāh) 71, 220~222

우즈벡 칸(Uzbek Khan) 23, 55, 59, 143, 145, 192, 197, 239

우즈벡 칸국(Uzbek Khanate) 20, 24, 37~ 42, 53, 57, 70, 81, 92, 99, 100, 103, 116, 155, 172, 178, 190, 193~195, 199, 201~204, 210~213, 216, 218, 220~228, 230, 234, 238, 239, 261, 269, 280, 283, 284, 290, 305

우즈벡인 36, 40, 75, 93, 94, 100, 192, 197~200, 211~213, 216, 220, 221, 228, 237, 240, 306

우크라이나 독립 전쟁 182

우크라이나인 182~185, 215, 267

울루 오르다(Ulu Orda) 23, 165~167, 169

울룩 무함마드(Ulu Muḥammad) 150~ 152, 166, 196

울룩 벡(Ulugh Beg) 55, 59~61, 97, 290

울룩 유르트(Ulugh yurt) 308

올제이투 칸(Öljeitü Khan) 119, 120

위구르 42, 212, 240, 253, 259, 260, 272

위구르스탄 45, 101, 102, 106, 279

위구르어 107

위구르제국 106, 107

위구르인 39, 106, 107, 266~267

유누스 칸(Yūnus Khan) 59, 70, 97~99, 197, 304

유전자 조사 39, 47, 73, 104, 107, 192, 214, 215, 254, 292

이란계(Iranic) 언어 47, 73, 86, 214, 215

이란계(Iranic) 정주민(=사르트(Sart)인, 타직(Tajik)인) 42, 44, 47, 57, 73, 76, 106, 212~215, 235, 237, 239, 240, 244, 272, 291

이란인 73, 214, 215, 291, 298

이란(Iran) 정체성 28, 118, 119, 287

이반 4세((Ivan IV) 23, 28, 140, 148, 149, 152, 154~159, 174, 175, 226, 284, 286, 300

이븐 바투타(Ibn Baṭūṭah) 87, 88, 239

이슬람 기레이 2세(Islām Girāy II) 182, 183

인도유럽인 104

인종人種 38, 57, 237

일바르스 칸(Ilbārs Khan) 241

일 칸국(Ilkhanate) 21~29, 37, 42, 43, 49~52, 54, 56~58, 60, 63, 75, 80, 81, 84, 87, 112~115, 124~135, 265, 283, 285~287, 289~292, 298, 299

ㅈ

자니 무함마드(Jānī-Moḥammad) 225, 226

자니벡(Jānībeg) 97, 100, 191, 195, 197~ 202, 206, 212, 217, 293, 304

자니벡 칸(Jānībeg Khan) 127, 128

자삭(jasaq) 27, 48, 58, 76, 116, 117, 182,

205, 287

자포로지예 코삭(Zaporozhian Cossacks) 184

자한기르(Jahāngir. 무굴제국) 66, 81

자한기르(Jahāngīr. 카자흐 칸국) 204, 205, 278

잘라이르 왕조(Jalayirids) 22, 25, 27, 50~52, 56, 119~121, 124~131, 285~287

주치(Jöchi) 23, 163, 165, 166, 194~196, 201, 210, 217, 226, 241, 265, 284, 290, 307

주치 울루스 21, 23~25, 28, 29, 36~40, 47, 49~51, 55, 56, 59, 60, 79, 80, 92, 97, 99, 100, 103, 113, 127, 128, 140, 142~150, 152~156, 159, 162, 163, 165~167, 169, 170, 172, 173, 176, 184, 188, 190~198, 201, 205, 210~213, 216, 239, 260, 265, 272, 280, 283, 284, 286, 290, 293, 302, 304

준가르제국 24, 93, 105, 190, 204~207, 230, 235, 267, 277~280, 310

준가리아 101, 173, 208, 280

중국 한인漢人 22, 252, 253, 262, 284, 288

ㅊ

차가다이 왕조 25, 66, 68, 285

차가다이 울루스 21, 22, 24, 25, 34~37, 39~41, 43~46, 49, 51, 52, 59, 69, 71, 76, 79, 87, 88, 92, 94~96, 99, 130, 196, 260, 263, 265, 272, 283~285, 290, 293

차가다이인 36, 40, 41, 54, 61, 67, 68, 71, 73, 76, 87, 93, 94, 99, 205, 305

차가다이 칸(Chaghaday Khan. 칭기스 왕조) 24, 38, 43, 44, 48, 68, 69, 92, 102

차가타이 투르크어(Chaghatay Turkic) 75

청淸제국 20, 22, 250, 252, 253, 258, 271, 277, 278, 287

체르카스(Cherkess)인 52, 133, 172

칭기스 왕조 24, 27, 36, 41, 48, 58~59, 68, 84, 98, 102, 115, 117, 167, 191, 201, 208, 231~233, 235, 261, 262, 268~270, 278~281, 287

칭기스 울루스 39, 265, 266

칭기스 일족(Chinggisid, =보르지긴 (Borjigin) 가문) 19, 20, 22, 24, 28, 35, 36, 48, 49, 56, 59, 86, 89, 95, 97, 102, 105, 117, 118, 125, 128, 146~149, 151, 153~157, 193, 225, 226, 231, 243, 244, 254, 255, 263, 268, 270, 279, 284, 286, 287, 292, 300, 305

칭기스 칸(Chinggis Khan) 19, 20, 25, 35, 37~40, 42, 43, 48, 55, 59, 66~70, 75, 76, 93, 96, 115~117, 121, 125, 126, 128, 157, 173, 186, 193, 233, 252~254, 259, 260, 262, 265, 268, 269, 271, 285, 287, 290, 303, 305, 307~309

칭기스 칸의 법 27, 48, 56, 76, 116, 117, 182, 205, 287

ㅋ

카라우나스(Qara'unas) 41, 45, 47, 87, 88, 95, 286

카라차르(Qarachar) 43, 68

카라 코윤루(Qara Qoyunlu) 51, 56, 57,

60, 119, 125, 129, 131

카라한 왕조(Qarakhanids) 38, 39, 42, 44, 45, 76, 106, 107, 213

카르트 왕조(Kartid dynasty) 49

카슈가리아 → 타림 분지

카스피해 초원 154, 195, 238, 280, 289

카시모프 칸국(Kasimov Khanate) 23, 147, 152~154, 156, 157, 165

카심(Qāsim. 카시모프 칸국) 147, 152, 153

카심 칸(Qāsim Khan. 카자흐 칸국) 24, 190, 200, 201, 218

카자르 왕조(Qajars) 27, 120, 121, 287

카자흐인(Kazakhs) 41, 43, 75, 93, 94, 104, 174, 191~194, 198, 199, 206, 212, 213, 305

카자흐 초원(Kazakh Steppe) 86, 97, 173, 191~196, 200, 201, 203, 216, 217, 236, 280

카자흐 칸국(Kazakh Khanate) 20, 24, 37~39, 81, 92, 98, 100, 103, 104, 116, 154, 173, 190, 192~195, 198~208, 210, 216~218, 226~228, 236, 237, 243, 260, 261, 278~280, 283, 284, 290, 293

카자클륵(qazaqlïq) 198, 305

카작(qazaq) 184, 192, 197~199, 303, 305

카잔 칸국(Kazan Khanate) 23, 147, 148, 150~153, 163, 165, 166, 169, 171, 172, 174, 196

칼라지 왕조(Khalaji dynasty) 87

칼막(Qalmaq)인 93, 260, 280

칼믹인(Kalmyks) 174, 208, 264, 280

코삭(Cossack) 156, 184, 198

코작(Kozak) 184~185, 198

코칸드 칸국(Khoqand Khanate, =밍(Ming) 왕조, 샤루흐 왕조(Shahrukhids)) 24, 208, 210, 233~238, 245, 307

쿠빌라이 칸(Khubilai Khan) 21~22, 258, 261, 262, 268, 269, 275, 285

쿠춤 칸(Kuchum Khan) 154, 156

쿵그라트(부족) 38, 164, 166, 191, 192, 212, 234, 240, 244, 266, 307

쿵그라트 왕조(Qunghrat dynasty) 210, 216, 237, 238, 244, 245

크림 칸국(Crimean Khanate, =기레이 왕조) 20, 23, 27, 37~41, 79, 116, 117, 150~ 152, 155, 157, 158, 162~188, 201, 207, 260, 261, 269, 280, 283, 284, 287, 290, 301~303

크림 타타르(Crimean Tatar)인 40, 43, 212, 303

키르기즈인 42, 103, 104, 192, 214, 236, 237, 259

키예프 공국 144

키질바슈(Qizilbash)인 75

키트부가(Kitbughā. 맘룩 술탄국) 132, 133, 286

킵착 초원(Qipchaq Steppe) 21, 35, 39, 43, 97, 114, 169, 173, 175, 190~192, 194, 195, 199~201, 212, 216~219, 223, 228, 238, 240, 266, 280, 283, 284

킵착 투르크(부족) 51, 131, 132, 193

ㅌ

타르마쉬린 칸(Tarmashirin Khan) 88, 94

타림 분지(=카슈가리아) 45, 56, 92, 101~

107, 279, 307 101, 279

타왁쿨 칸(Tawakkul Khan) 190, 202~204, 223, 224, 226

타이부가 왕조(Taybughid dynasty) 155, 156

타직(Tajik)인 → 이란계 정주민

타타르스탄 공화국 150

타타르(Tatar)인 20, 27, 40, 43, 53, 114, 159, 164, 178, 193, 260, 289, 302, 303

토가 테무르(Togha Temür. 일 칸국) 22, 125~127

토카이 티무르 왕조(Toqay-Timurids, =아스트라한 왕조(Astrakhanids)) 155, 204, 207, 210, 211, 225~227, 229~231, 234, 235, 242, 243, 280

토카 테무르(Toqay-Temür. 주치 울루스) 164, 165, 190, 195, 196, 217, 226, 304

톡타미슈 칸(Toqtamïsh Khan) 49, 50, 149, 165, 173, 196, 198, 212, 216, 217

투글룩 왕조(Tughluq dynasty) 51, 86~88

투글룩 테무르(Ṭughluq Temür) 45, 46, 48, 92, 94~96, 286

투르크(Turk. 내륙아시아 유목민) 19, 20, 42, 43, 75, 76, 88, 164, 213, 239

투르크(Türk. 돌궐) 38, 39, 41, 42, 45, 88, 94, 106, 107

투르크(어족) 38, 45, 51, 75, 86~88, 106, 119, 131~133, 150, 164, 165, 191~193, 212, 214, 215, 240, 253, 254, 271, 272, 290, 291, 301

투르크계 언어(Turkic) 35, 37, 42, 43, 75, 86, 94, 107, 115, 238, 240, 272, 284, 291

투르크멘(Turkmen)인 26~28, 39, 51, 57, 60, 75, 83, 113, 114, 120, 121, 124, 132, 192, 207, 220, 230, 233, 240~242, 244, 245, 280, 287, 290, 298

투르크인의 형질 57, 293

투르크인 정체성 42, 74, 75, 164, 192, 213, 291

투르크 인종 237

투르크화 35, 107, 164, 212, 213, 215, 240

투르키스탄(광의廣義) 203

투르키스탄(현대적 의미) 203

투르키스탄(협의俠義) 203, 221, 233

투르키스탄시(야시Yasi) 203~205, 219, 279

투르판 45, 92, 101~103, 105, 106, 279

툴루이(Tolui) 290

트란스옥시아나(Transoxiana) → 마와라안나흐르

트란실바니아 공국 185, 186

티무르(Temür) 22~25, 34~38, 40, 43, 45, 46, 48~56, 58, 59, 61, 63, 66~70, 95, 96, 121, 124, 128, 130, 136, 165, 196, 224, 235, 239, 263, 268, 285, 289~293, 297

티무르 왕조(Timurids) 25, 34, 36, 56, 58, 66, 68, 70~73, 75, 84, 114, 221, 304

티무르 일족(Timurid) 25, 35, 36, 38, 40, 54, 58, 59, 61, 63, 69, 75, 93, 94, 220, 285, 305, 306

티무르제국 20, 25~26, 34~36, 39~41, 48, 50, 53, 55~63, 67, 68, 70~72, 75, 80, 81, 84, 92, 94, 96, 97, 99, 100, 116, 129, 192, 197, 200, 211, 216~222, 228, 231, 239, 260, 261, 283~285, 289, 292, 306

티베트 21, 250, 253, 255, 275, 278

티베트 불교 253, 255, 272, 275, 277, 288

ㅍ

파슈툰(Pashtun)인 47, 73, 215, 234
팍스 몽골리카(Pax Mongolica) 142
팔기제八旗制 29, 252, 253, 288
페르가나(Fergana) 80
페르시아어(farsi) 73, 75, 94, 118, 213, 242
폴란드 23, 163, 169, 178, 179, 183~187, 215, 280, 284, 301, 302
표트르 대제(Peter the Great) 28, 141, 158, 159, 188

ㅎ

하미 101, 102, 105
하자라(Hajara) 47, 73
하지 기레이 칸(Hājjī Gīray Khan) 150, 162, 165, 166, 168, 301
학 나자르 칸(Ḥaqq Naẓar Khan) 191, 201,
202
한국인 251, 256, 308
할하 252, 267, 270, 274, 276~279
합스부르크제국 117, 164, 181, 187, 287, 302
헤라트 55, 63, 222
호라산(Khorasan) 55, 60, 63, 222
호레즘(Khorezm) 238, 239
홍타이지(Hongtaiji) 250, 252, 253, 274, 276
화기火器 176~178, 186, 202, 233, 235
후마윤(Humāyūn) 76~78, 85
훌레구 칸(Hülegü Khan) 69, 76, 126, 128, 283
흐멜니츠키(Khmelnytsky) 183
흑해 초원(Black Sea Steppe) 20, 23, 86, 162, 165, 181, 184, 187, 195
히바 칸국(Khivan Khanate) 212, 238~245, 280
힌두교 79~83
힌두(Hindu)인 79, 82, 88

몽골제국의 후예들

티무르제국부터 러시아까지, 몽골제국 이후의 중앙유라시아사

1판 1쇄 2020년 4월 29일
1판 4쇄 2023년 8월 31일

지은이 | 이주엽

펴낸이 | 류종필
편집 | 이정우, 이은진, 권준
경영지원 | 김유리
표지 디자인 | 박미정
본문 디자인 | 박애영

펴낸곳 | (주) 도서출판 책과함께
　　　주소 (04022) 서울시 마포구 동교로 70 소와소빌딩 2층
　　　전화 (02) 335-1982
　　　팩스 (02) 335-1316
　　　전자우편 prpub@daum.net
　　　블로그 blog.naver.com/prpub
　　　등록 2003년 4월 3일 제2003-000392호

ISBN 979-11-88990-69-6　93910